T0166190

INDEX DES PIÈCES DE THÉÂTRE

TABLE DES MATIÈRES

AMPHITRYON

LE GRAND DIVERTISSEMENT
ROYAL DE VERSAILLES

GEORGE DANDIN,
OU LE MARI CONFONDU

Tartuffe, ou L'Imposteur

Molière

Tartuffe,
ou L'Imposteur

Édition critique par Charles Mazouer

PARIS
CLASSIQUES GARNIER
2022

Charles Mazouer, professeur honoraire à l'université de Bordeaux Montaigne, est spécialiste de l'ancien théâtre français. Outre l'édition de textes de théâtre des XVIᵉ et XVIIᵉ siècles, il a notamment publié *Molière et ses comédies-ballets*, les trois tomes du *Théâtre français de l'âge classique*, ainsi que *Théâtre et christianisme. Études sur l'ancien théâtre français*.

Visuel de couverture : *Le Tartuffe*. Artiste inconnu. Source : www.meisterdrucke.de

ISBN 978-2-406-12445-0
ISSN 2417-6400

ABRÉVIATIONS USUELLES

Acad.   *Dictionnaire de l'Académie (1694)*
C.A.I.E.F.   *Cahiers de l'Association Internationale des Études Françaises*
FUR.   *Dictionnaire universel* de Furetière (1690)
I. L.   *L'Information littéraire*
P.F.S.C.L.   *Papers on French Seventeenth-Century Literature*
R.H.L.F.   *Revue d'Histoire Littéraire de la France*
R.H.T.   *Revue d'Histoire du Théâtre*
RIC.   *Dictionnaire français* de Richelet (1680)
S.T.F.M.   Société des Textes Français Modernes
T.L.F.   Textes Littéraires Français

AVERTISSEMENT

L'ÉTABLISSEMENT DES TEXTES

Il ne reste aucun manuscrit de Molière.

Si l'on s'en tient au XVIIᵉ siècle[1], comme il convient – Molière est mort en 1673 et la seule édition posthume qui puisse présenter un intérêt particulier est celle des *Œuvres* de 1682 –, il faut distinguer cette édition posthume des éditions originales séparées ou collectives des comédies de Molière.

Sauf cas très spéciaux, comme celui du *Dom Juan* et du *Malade imaginaire*, Molière a pris généralement des privilèges pour l'impression de ses comédies et s'est évidemment soucié de son texte, d'autant plus qu'il fut en butte aux mauvais procédés de pirates de l'édition qui tentèrent de faire paraître le texte des comédies avant lui et sans son aveu. C'est donc le texte de ces éditions originales qui fait autorité, Molière ne s'étant soucié ensuite ni des réimpressions des pièces séparées, ni des recueils factices constitués de pièces

---

1 Le manuel de base : Albert-Jean Guibert, *Bibliographie des œuvres de Molière publiées au* XVIIᵉ *siècle*, 2 vols. en 1961 et deux *Suppléments* en 1965 et 1973 ; le CNRS a réimprimé le tout en 1977. Mais les travaux continuent sur les éditions, comme ceux d'Alain Riffaud, qui seront cités en leur lieu. Voir, parfaitement à jour, la notice du t. I de l'édition dirigée par Georges Forestier avec Claude Bourqui des *Œuvres complètes de Molière*, 2010, p. cxi-cxxv, qui entre dans les détails voulus.

déjà imprimées. Ayant refusé d'endosser la paternité des
Œuvres de M. Molière parues en deux volumes en 1666, dont
il estime que les libraires avaient obtenu le privilège par
surprise, Molière avait l'intention, ou aurait eu l'intention
de publier une édition complète revue et corrigée de son
théâtre, pour laquelle il prit un privilège ; mais il ne réalisa
pas ce travail et l'édition parue en 1674 (en six volumes ;
un septième en 1675), qu'il n'a pu revoir et qui reprend des
états anciens, n'a pas davantage de valeur.

En revanche, l'édition collective de 1682 présente davantage d'intérêt – même si, pas plus que l'édition de 1674, elle
ne représente un travail et une volonté de Molière lui-même
sur son texte[2]. On sait, indirectement, qu'elle a été préparée
par le fidèle comédien de sa troupe La Grange, et un ami
de Molière, Jean Vivot. Si, pour les pièces déjà publiées par
Molière, le texte de 1682 ne montre guère de différences,
cette édition nous fait déjà connaître le texte des sept pièces
que Molière n'avait pas publiées de son vivant (*Dom Garcie
de Navarre, L'Impromptu de Versailles, Dom Juan, Mélicerte, Les
Amants magnifiques, La Comtesse d'Escarbagnas, Le Malade
imaginaire*). Ces pièces, sauf exception, seraient autrement
perdues. En outre, les huit volumes de cette édition entourent
de guillemets les vers ou passages omis, nous dit-on, à la
représentation, et proposent un certain nombre de didascalies censées représenter la tradition de jeu de la troupe de
Molière. Quand on compare les deux états du texte, pour les
pièces déjà publiées du vivant de Molière, on s'aperçoit que
1682 corrige (comme le prétend la Préface)... ou ajoute des
fautes et propose des variantes (ponctuation, graphie, style,

2   Voir Edric Caldicott, « Les stemmas et le privilège de l'édition des
     Œuvres complètes de Molière (1682) », [in] *Le Parnasse au théâtre...*, 2007,
     p. 277-295, qui montre que Molière n'a jamais entrepris ni contrôlé une
     édition complète de son œuvre, ni pour 1674 ni pour 1682.

texte) passablement discutables. Bref, cette édition de 1682, malgré un certain intérêt, n'autorise pas un texte sur lequel on doute fort que Molière ait pu intervenir avant sa mort.

Voici la description de cette édition :

Pour les tomes I à VI : LES / ŒUVRES / DE / MONSIEUR / DE MOLIERE. Reveuës, corrigées & augmentées. / *Enrichies de Figures en Taille-douce.* / A PARIS, / Chez DENYS THIERRY, ruë saint Jacques, à / l'enseigne de la Ville de Paris. / CLAUDE BARBIN, au Palais, sur le second / Perron de la sainte Chapelle. / ET / Chez PIERRE TRABOUILLET, au Palais, dans la / Gallerie des Prisonniers, à l'image S. Hubert ; & à la / Fortune, proche le Greffe des Eaux & Forests. / M. DC. LXXXII. / *AVEC PRIVILEGE DV ROY.*

Pour les tomes VII et VIII, seul le titre diffère : LES / ŒUVRES / POSTHUMES / DE / MONSIEUR / DE MOLIERE. / Imprimées pour la première fois en 1682.

Je signale pour finir l'édition en 6 volumes des *Œuvres de Molière* (Paris, Pierre Prault pour la Compagnie des Libraires, 1734), qui se permet de distribuer les scènes autrement et même de modifier le texte, mais propose des jeux de scène plus précis dans ses didascalies ajoutées.

La conclusion s'impose et s'est imposée à toute la communauté des éditeurs de Molière. Quand Molière a pu éditer ses œuvres, il faut suivre le texte des éditions originales. Mais force est de suivre le texte de 1682 quand il est en fait le seul à nous faire connaître le texte des œuvres non éditées par Molière de son vivant. *Dom Juan* et *Le Malade imaginaire* posent des problèmes particuliers qui seront examinés en temps voulu.

Au texte des éditions originales, ou pourra adjoindre quelques didascalies ou quelques indications intéressantes de 1682, voire, exceptionnellement, de 1734, à titre de variantes – en n'oubliant jamais que l'auteur n'en est certainement pas Molière.

Selon les principes de la collection, la graphie sera modernisée. En particulier en ce qui concerne l'usage ancien de la majuscule pour les noms communs. La fréquentation assidue des éditions du XVIIᵉ siècle montre vite que l'emploi de la majuscule ne répond à aucune rationalité, dans un même texte, ni à aucune intention de l'auteur. La fantaisie des ateliers typographiques, que les écrivains ne contrôlaient guère, ne peut faire loi.

La ponctuation des textes anciens, en particulier des textes de théâtre, est toujours l'objet de querelles et de polémiques. Personne ne peut contester ce fait : la ponctuation ancienne, avec sa codification particulière qui n'est plus tout à fait la nôtre, guidait le souffle et le rythme d'une lecture orale, alors que notre ponctuation moderne organise et découpe dans le discours écrit des ensembles logiques et syntaxiques. On imagine aussitôt l'intérêt de respecter la ponctuation ancienne pour les textes de théâtre – comme si, en suivant la ponctuation d'une édition originale de Molière[3], on pouvait en quelque sorte restituer la diction qu'il désirait pour son théâtre !

Il suffirait donc de transcrire la ponctuation originale. Las ! D'abord, certains signes de ponctuation, identiques

---

3   À cet égard, Michael Hawcroft (« La ponctuation de Molière : mise au point », *Le Nouveau Moliériste*, nº IV-V, 1998-1999, p. 345-374) tient pour les originales, alors que Gabriel Conesa (« Remarques sur la ponctuation de l'édition de 1682 », *Le Nouveau Moliériste*, nº III, 1996-1997, p. 73-86) signale l'intérêt de 1682.

dans leur forme, ont changé de signification depuis le XVIIᵉ siècle : trouble fâcheux pour le lecteur contemporain. Surtout, comme l'a amplement démontré, avec science et sagesse, Alain Riffaud[4], là non plus on ne trouve pas de cohérence entre les pratiques des différents ateliers, que les dramaturges ne contrôlaient pas – si tant est que, dans leurs manuscrits, ils se soient souciés d'une ponctuation précise ! La ponctuation divergente de différents états d'une même œuvre de théâtre le prouve. On me pardonnera donc de ne pas partager le fétichisme à la mode pour la ponctuation originale.

J'aboutis donc au compromis suivant : respect autant que possible de la ponctuation originale, qui sera toutefois modernisée quand les signes ont changé de sens ou quand cette ponctuation rend difficilement compréhensible tel ou tel passage.

PRÉSENTATION
ET ANNOTATION DES COMÉDIES

Comme l'écrivait très justement Georges Couton dans l'Avant-propos de son édition de Molière[5], tout commentaire d'une œuvre est toujours un peu un travail collectif, qui tient compte déjà des éditions antécédentes – et les éditions de Molière, souvent excellentes, ne manquent pas, à commencer par celle de Despois-Mesnard[6], fondamentale et

---

4 *La Ponctuation du théâtre imprimé au* XVIIᵉ *siècle*, Genève, Droz, 2007.
5 *Œuvres complètes*, t. I, 1971, p. xi-xii.
6 *Œuvres complètes de Molière*, pour les « Grands écrivains de la France », 13 volumes de 1873 à 1900.

remarquable, et dont on continue de se servir… sans toujours le dire. À partir d'elles, on complète, on rectifie, on abandonne dans son annotation, car on reste toujours tributaire des précédentes annotations. On doit tenir compte aussi de son lectorat. Une longue carrière dans l'enseignement supérieur m'a appris que mes lecteurs habituels – nos étudiants (et nos jeunes chercheurs) sont de bons représentants de ce public d'honnêtes gens qui auront le désir de lire les classiques – ont besoin de davantage d'explications et d'éléments sur les textes anciens, qui ne sont plus maîtrisés dans l'enseignement secondaire. Le texte de Molière sera donc copieusement annoté.

Mille fois plus que l'annotation, la présentation de chaque pièce engage une interprétation des textes. Je n'y propose pas une herméneutique complète et définitive, et je n'ai pas de thèse à imposer à des textes si riches et si polyphoniques, dont, dans sa seule vie, un chercheur reprend inlassablement (et avec autant de bonheur !) le déchiffrement. Les indications et suggestions proposées au lecteur sont le fruit d'une méditation personnelle, mais toujours nourrie des recherches d'autrui qui, approuvées ou discutées, sont évidemment mentionnées.

En sus de l'apparat critique, le lecteur trouvera, en annexes ou en appendice, divers documents ou instruments (comme une chronologie) qui lui permettront de mieux contextualiser et de mieux comprendre les comédies de Molière.

Mais, malgré tous les efforts de l'éditeur scientifique, chaque lecteur de goût sera renvoyé à son déchiffrement, à sa rencontre personnelle avec le texte de Molière !

Nota bene :

1/ Les grandes éditions complètes modernes de Molière, que tout éditeur (et tout lecteur scrupuleux) est amené à consulter, sont les suivantes :

MOLIÈRE (Jean-Baptiste Poquelin, dit), *Œuvres*, éd. Eugène Despois et Paul Mesnard, Paris, Hachette et Cie, 13 volumes de 1873 à 1900 (Les Grands Écrivains de la France).

MOLIÈRE (Jean-Baptiste Poquelin, dit), *Œuvres complètes*, éd. Georges Couton, Paris, Gallimard, 1971, 2 vol. (La Pléiade).

MOLIÈRE (Jean-Baptiste Poquelin, dit), *Œuvres complètes*, édition dirigée par Georges Forestier avec Claude Bourqui, Paris, Gallimard, 2010, 2 vol. (La Pléiade).

2/ Signalons quelques études générales, classiques ou récentes, utiles pour la connaissance de Molière et pour la compréhension de son théâtre – étant entendu que chaque comédie sera dotée de sa bibliographie particulière :

BRAY, René, *Molière homme de théâtre*, Paris, Mercure de France, 1954.

CONESA, Gabriel, *Le Dialogue moliéresque. Étude stylistique et dramaturgique*, Paris, PUF, s. d. [1983] ; rééd. Paris, SEDES, 1992.

DANDREY, Patrick, *Molière ou l'esthétique du ridicule*, Paris, Klincksieck, 1992 ; seconde édition revue, corrigée et augmentée, en 2002.

DEFAUX, Gérard, *Molière ou les métamorphoses du comique : de la comédie morale au triomphe de la folie*, 2ᵉ éd., Paris, Klincksieck, 1992 (Bibliothèque d'Histoire du Théâtre) (1980).

DUCHÊNE, Roger, *Molière*, Paris, Fayard, 1998.

FORESTIER, Georges, *Molière*, Paris, Gallimard, 2018.

GUARDIA, Jean de, *Poétique de Molière. Comédie et répétition*, Genève, Droz, 2007 (Histoire des idées et critique littéraire, 431).

JURGENS, Madeleine et MAXFIELD-MILLER, Élisabeth, *Cent ans de recherches sur Molière, sur sa famille et sur les comédiens de sa troupe*, Paris, Imprimerie nationale, 1963. – Complément pour les années 1963-1973 dans *R.H.T.*, 1972-4, p. 331-440.

McKENNA, Anthony, *Molière, dramaturge libertin*, Paris, Champion, 2005 (Essais).

MONGRÉDIEN, Georges, *Recueil des textes et des documents du* XVIIᵉ *siècle relatifs à Molière*, Paris, CNRS, 1965, 2 volumes.

PINEAU, Joseph, *Le Théâtre de Molière. Une dynamique de la liberté*, Paris-Caen, Les Lettres Modernes-Minard, 2000 (Situation, 54).

3/ Sites en ligne :

Tout Molière.net donne déjà une édition complète de Molière.

Molière 21, conçu comme complément à l'édition 2010 des *Œuvres complètes* dans la Pléiade, donne une base de données intertextuelles considérable et offre un outil de visualisation des variantes textuelles.

CHRONOLOGIE

(du 12 mai 1664 au 23 mars 1669)

1664   30 avril – 22 mai. La troupe de Molière est à Versailles pour les fêtes des « Plaisirs de l'île enchantée ».

8 mai. Création dans ce cadre de *La Princesse d'Élide*.

12 mai. Dans le même cadre, création du premier *Tartuffe*.

Très rapidement, avant le 17 mai, sous la pression de la Compagnie du Saint-Sacrement (elle avait eu vent du texte dès avril et travaillait déjà à sa suppression) et des dévots, *Tartuffe* est interdit.

12 juillet. Selon Brossette, Boileau lit à Molière, chez M. Le Broussin ou Du Broussin, le texte de sa *Satire II. À M. de Molière*, publiée ultérieurement (« Rare et fameux esprit… »).

1er août. Le curé Pierre Roullès ou Roullé, dans *Le Roi glorieux du monde, ou Louis XIV le plus glorieux de tous les rois du monde*, en appendice de *L'Homme glorieux, ou La Dernière Perfection de l'homme, achevée par la gloire éternelle*, consacre quelques pages violentes et haineuses à l'auteur du *Tartuffe*.

Août. Premier placet présenté au Roi, sur la comédie du Tartuffe, où Molière défend sa pièce et demande justice contre le curé Roullé.

20-27 septembre. Sur ordre de Monsieur, toujours protecteur de la troupe de Molière, celle-ci est à Villers-Cotterêts ; elle y donne aussi les trois premiers actes de *Tartuffe*, dont le roi put être spectateur.

Fin septembre. Mort de l'abbé Le Vayer, ami de Molière.

9 novembre. Première de *La Princesse d'Élide* au théâtre du Palais-Royal.

29 novembre. Sur ordre de Condé, la troupe de Molière se rend au Raincy, chez la princesse Palatine, pour y jouer *Tartuffe* en cinq actes – comédie toujours interdite au public.

3 décembre. Signature d'un marché de décors pour *Dom Juan* – comédie qui n'est connue et désignée alors que sous le nom du *Festin de Pierre* – avec deux peintres.

En 1663 et en 1664, paraissent deux volumes des *Œuvres* de Molière, qui sont des éditions collectives factices composées d'éditions séparées.

1665   31 janvier. L'imprimeur Robert Ballard publie *Les Plaisirs de l'île enchantée*, qui contiennent *La Princesse d'Élide*.

15 février. Création du *Dom Juan*, ou *Festin de Pierre*. La scène du Pauvre est coupée dès la seconde représentation. La pièce est exploitée jusqu'au relâche de Pâques ; elle disparaît de l'affiche après ces quinze représentations.

Avril et mai. *Observations sur une comédie de Molière intitulée Le Festin de Pierre*, par le Sieur de Rochemont.

24 mai. Le libraire Louis Billaine fait enregistrer un privilège pour l'impression du *Festin de Pierre*; en vain, car Molière ne lui donnera jamais son texte.

12 juin. Lors d'un séjour de la troupe à Versailles, le roi fait connaître son désir que la troupe de Molière, toujours troupe de Monsieur jusqu'ici, devienne *troupe du roi*. La Grange recule cette date au *14 août*, parce que c'est alors que le roi versa une première pension de 6 000 livres à sa nouvelle troupe.

Fin juillet. *Réponse aux Observations touchant le Festin de Pierre de Monsieur de Molière*.

Début août. *Lettre sur les Observations sur une comédie du sieur Molière intitulée Le Festin de Pierre*.

14 septembre. Création à Versailles de *L'Amour médecin*, « avec musique et ballet », dit La Grange dans son Registre, qui désigne aussi cette comédie sous le titre des *Médecins*.

22 septembre. Première de *L'Amour médecin* au théâtre du Palais-Royal.

15 octobre. Molière et Armande signent un bail pour trois ans et s'installent dans la maison Millet, rue Saint-Thomas-du-Louvre.

6 novembre. Le Roi accorde une gratification de 1000 livres à Molière.

8 novembre. Sur ordre de Monsieur le prince, Condé, la troupe, qui s'était déplacée chez la Princesse Palatine, joue *Tartuffe* (encore interdit sur les théâtres publics) et *L'Amour médecin*.

4 décembre. Création d'*Alexandre le Grand* de Racine au Palais-Royal. Dix jours plus tard, le 14, les comédiens de l'Hôtel de Bourgogne jouent la tragédie devant le Roi, puis dans leur théâtre. Racine a ainsi trahi Molière, à qui il avait réservé sa pièce.

28 décembre 1665 – 20 février 1666. Long relâche de la troupe, dû entre autres à la maladie de Molière, mais aussi à la mort de la Reine mère Anne d'Autriche, le 20 janvier 1666.

1666

15 janvier. Édition originale de *L'Amour médecin*.

19 janvier. Nouveau bail de sous-location pour deux étages d'une maison place du Palais-Royal, dans la même rue Saint-Thomas-du-Louvre.

20 février. Mort du prince de Conti.

21 février. Réouverture du théâtre du Palais-Royal.

12 avril – 8 mai. Clôture de Pâques.

4 juin. Mention de la gratification royale de 1000 livres pour l'année 1665 (Pensions et gratifications aux gens de Lettres).

4 juin. Création du *Misanthrope* au Palais-Royal.

6 août. Création du *Médecin malgré lui* au Palais-Royal.

23 août. Parution de la *Dissertation sur la condamnation du théâtre*, où l'abbé d'Aubignac se plaint que le théâtre retourne « à sa vieille corruption » avec farces et comédies libertines. Molière va être pris dans la querelle de la moralité du théâtre ; il sera bientôt la cible du *Traité de la comédie et des spectacles selon la tradition de l'Église* de Conti.

1er décembre. Départ de la troupe invitée à Saint-Germain-en-Laye pour participer, avec les autres troupes françaises et étrangères, au *Ballet des Muses* ; elle y restera jusqu'au 20 février 1667. À cette occasion la troupe reçoit du Roi le défraiement et deux années de pension – soit 12 000 livres.

2 décembre. Le *Ballet des Muses* est donné pour la première fois (il sera donné au total quinze fois). Molière y aura contribué pour trois spectacles : *Mélicerte*, probablement, pour la 3° entrée du *Ballet*, *La Pastorale comique* (qui a remplacé *Mélicerte* à partir du 5 janvier) et *Le Sicilien, ou L'Amour peintre*, pour la 14e et dernière entrée ajoutée à partir du 14 février 1667.

24 décembre. Édition originale du *Médecin malgré lui*. Édition originale du *Misanthrope* avec, en tête, la *Lettre écrite sur la comédie du « Misanthrope »*.

1667

4 mars. Création d'*Attila* de Pierre Corneille au Palais-Royal.

30 mars. Clôture de Pâques. Marquise Du Parc quitte la troupe de Molière et passe chez les rivaux de l'Hôtel de Bourgogne ; elle y joue *Andromaque*.

16 avril. Selon le gazetier Robinet, le bruit a couru que Molière était à l'extrémité.

15 mai. Réouverture du théâtre du Palais-Royal. Mais La Grange signale plusieurs interruptions : du 28 mai au 9 juin ; du 29 juin au 7 juillet ; du 6 août au 24 septembre ; et encore du 19 décembre au 2 janvier 1668. Sont-elles

explicables par des maladies de Molière ? ou par le contrecoup de la guerre de Dévolution, qui finit par entraîner la cour dans le Nord ?

10 juin. Première représentation du *Sicilien* au Palais-Royal.

5 août. Première et unique représentation de *L'Imposteur*, nouvelle version du *Tartuffe*. La pièce est immédiatement interdite. La Grange et La Thorillière partent aussitôt avec un placet (c'est le deuxième rédigé par Molière) pour solliciter le roi, qui est au siège de Lille ; selon La Grange, le roi fit savoir aux comédiens « qu'à son retour à Paris il ferait examiner la pièce de *Tartuffe* et que nous la jouerions ».

11 août. L'archevêque de Paris, Hardouin de Péréfixe, lance son *Ordonnance*, qui interdit aux fidèles l'assistance à la comédie de Molière, sous peine d'excommunication.

20 août. Parution de la *Lettre sur la comédie de L'Imposteur*, qui défend la pièce de Molière.

21 août. Première mention de la maison de campagne de Molière à Auteuil.

6-9 novembre. La troupe joue à Versailles, mais ne donne aucune pièce de son chef. Elle reçoit les 6000 livres de son année de pension.

9 novembre. Édition originale du *Sicilien*.

18 décembre. Mention de la gratification de 1000 livres à Molière, pour l'année 1667 (Pensions et gratifications aux gens de Lettres).

1668   6 janvier. Molière revient sur scène. La troupe joue *Le Médecin malgré lui* aux Tuileries, pour la cour.

13 janvier. Création d'*Amphitryon* au Palais-Royal.

16 janvier. *Amphitryon* est donné aux Tuileries, dans la salle des machines aménagée par Vigarani, qui permettait décors et machinerie somptueux.

Février. La conquête de la Franche-Comté est achevée le 19 février. Molière écrit le sonnet *Au Roi, sur la conquête de la Franche-Comté*, publié dans la deuxième édition (100 pages) d'*Amphitryon*, achevée d'imprimer, comme la première, le 5 mars.

20 février. Privilège accordé pour l'impression du *Mariage forcé* et d'*Amphitryon*.

4 mars. *Tartuffe* est donné pour Condé, en son Hôtel.

5 mars. Édition originale d'*Amphitryon*.

9 mars. Édition originale du *Mariage forcé*.

18 mars – 12 avril. Clôture de Pâques.

25-29 avril. La troupe de Molière, qui séjourne à Versailles sur ordre, donne, de son chef, *Amphitryon*, *Le Médecin malgré lui* et *L'École des femmes*. Le 26 juin, Molière recevra 400 livres « pour les ajustements et augmentations des habits de la Fête de Versailles ».

2 mai. Traité d'Aix-la-Chapelle et paix avec l'Espagne.

14-24 mai. Interruption des représentations au théâtre du Palais-Royal.

2-7 juillet. Nouvelle interruption.

10-19 juillet. La troupe est à Versailles pour le *Grand Divertissement royal de Versailles*, donné le 16 ou le 18, dans lequel s'insère *George Dandin*, créé à cette occasion.

13-18 août et 20-25 août : deux interruptions.

9 septembre. Création de *L'Avare* au Palais-Royal.

17 septembre. Selon la *Relation* de Santot, la troupe de Molière représente, à Versailles, *Amphitryon* pour l'ambassadeur de Russie, son fils et toute sa suite. La Grange ne mentionne pas cette représentation, mais signale que le 18 septembre, au théâtre parisien du Palais-Royal, *L'Avare* fut exceptionnellement remplacé par *Amphitryon*. Toujours pour l'ambassade russe ? Ou bien y a-t-il confusion dans les dates et dans les lieux ?

20 septembre. Représentation du *Tartuffe* chez le Prince de Condé à Chantilly, en présence de Monsieur et de Madame.

22 au 29 septembre. Interruption des représentations au Palais-Royal.

26 septembre. Néanmoins, au moment de son départ de Paris, l'ambassade moscovite assiste à une nouvelle représentation d'*Amphitryon*.

30 septembre. Molière prend, pour sept ans, un privilège pour l'impression de *George Dandin* et de *L'Avare* ; privilège enregistré le 2 novembre.

10 au 20 octobre. Nouvelle interruption.

Octobre. Obsèques, à l'église Saint-Sauveur, de Marie Pocquelin, troisième enfant de Molière.

2 au 7 novembre. La troupe est à Saint-Germain-en-Laye, où elle joue trois fois *George Dandin* (probablement les 3, 4 et 5) et une fois *L'Avare*. Elle reçoit du roi 3000 livres.

9 novembre. Création de *George Dandin* au Palais-Royal.

11 novembre. Molière reçoit du Trésorier de l'argenterie une somme de 440 livres pour la nourriture et le logement de la troupe à Saint-Germain-en-Laye au début du mois.

20 novembre. Deuxième édition, chez Pierre Trabouillet, de *L'Amour médecin*.

5 décembre. Molière obtient un privilège pour cinq ans pour *La Gloire du Val-de-Grâce*, que Ribou publiera en 1669.

11 décembre. Mort de Marquise Du Parc, qui sera inhumée le 13 aux Billettes.

22 décembre. Robinet affirme que Molière a lu son poème de *La Gloire du Val-de-Grâce* en divers lieux, et il en fait l'éloge.

31 décembre. Gratification royale de 1000 livres accordée à Molière « en considération de son application aux belles-lettres ».

1669 12 janvier. Il est ordonné au Trésorier des Menus-Plaisirs de délivrer à la troupe de Molière la somme de 3000 livres accordées pour la représentation de la *Pastorale comique* donnée à Saint-Germain-en-Laye en janvier 1667 dans le cadre du *Ballet des Muses*.

31 janvier. La Fontaine fait paraître *Les Amours de Psyché et de Cupidon*.

5 février. Première représentation publique autorisée de *L'Imposteur, ou Tartuffe* [sic], le *Tartuffe* définitif, au Palais-Royal, avec une extraordinaire recette de 2860 livres. Énorme succès avec 44 représentations consécutives au théâtre ou en visite (ainsi chez la reine, le 21 février) en février, mars et avril, les recettes diminuant naturellement un peu au fil du temps.

18 février. Édition originale de *L'Avare* et probablement aussi de *George Dandin*. C'est Ribou
qui publie *George Dandin, ou Le Mari confondu*,
avec le privilège du 30 septembre 1668, mais
sans achevé d'imprimer.

27 février. Acte de décès du père de Molière,
Jean II Poquelin, au registre de la paroisse
Saint-Eustache.

1er mars. Pour le carnaval, le duc d'Enghien
offre un régale à Monsieur et à Madame, et
fait représenter *Tartuffe* dans la grande salle du
Palais-Royal, parée et décorée.

15 mars. Molière obtient un privilège de dix
ans pour l'impression de *Tartuffe*.

23 mars. Édition originale de *Tartuffe, ou
L'Imposteur* aux frais de Molière, qui en confie
la diffusion à Jean Ribou.

TARTUFFE,
OU L'IMPOSTEUR

INTRODUCTION

À peine créé, le 12 mai 1664, à l'avant-dernier jour des fêtes des *Plaisirs de l'île enchantée* – contraste étonnant ! –, et avec l'autorisation du roi malgré la sourde opposition des dévots de la Compagnie du Saint-Sacrement, le *Tartuffe* fut en butte à des attaques redoutables, venues des milieux dévots qui s'étaient déjà insurgés contre *L'École des femmes*. En visant l'hypocrisie religieuse, au risque d'atteindre les vrais dévots, Molière s'en prenait à très forte partie et déclenchait une querelle très grave[1] ; que le combat lui tînt à cœur, son obstination à faire jouer la pièce vite interdite, pendant près de cinq années – le *Tartuffe* définitif fut brillamment créé au Palais-Royal le 5 février 1669 –, le signala assez.

L'affaire Tartuffe[2] se situe au cœur de la création moliéresque. Entre *Dom Juan* – réplique rapide de Molière après l'interdiction du *Tartuffe* –, comédie elle-même très vite retirée de l'affiche, et *L'Avare* – donné quatre mois avant le *Tartuffe* autorisé –, Molière produisit huit spectacles d'une grande variété, allant, sans compter l'inclassable *Dom Juan*, de la farce (*Le Médecin malgré lui*) à la comédie-ballet (*L'Amour médecin, Le Sicilien, George Dandin*), en passant par une pièce mythologique à machines (*Amphitryon*) et des comédies sérieuses (*Le Misanthrope* et *L'Avare*). Certains,

---

1   Voir Herman Prins Salomon, *Tartuffe devant l'opinion française*, 1962 ; et toujours Jean-Pierre Collinet, *Lectures de Molière*, 1974.

2   François Rey et Jean Lacouture, *Molière et le roi. L'affaire Tartuffe*, 2007.

comme Gérard Defaux[3], veulent même discerner dans
cette période une mutation et une réorientation du travail comique de Molière, qui serait passé d'une comédie
morale, enseignant une sagesse, à une comédie qui, devant
l'absurdité du monde, s'étourdirait de la folie des hommes.
La thèse est assurément excessive et fort discutable. Il reste
qu'après *Tartuffe* et *Dom Juan*, si la comédie moliéresque
garde, et jusqu'au bout, son mordant et sa profondeur,
elle abandonne à tout jamais les sujets les plus graves que
traitaient ces deux pièces.

Ajoutons que la période 1664-1669 fut à la fois, dans
une plénitude de la création moliéresque, marquée par le
succès, puis par les difficultés et les inquiétudes. Si le roi,
après avoir sans doute conseillé le retrait du *Dom Juan*,
maintint l'interdiction du *Tartuffe* – sa deuxième version,
L'Imposteur, n'eut qu'une représentation en 1667 –, il garda
toute sa faveur à Molière et à sa troupe, devenue en 1665
« troupe du roi » ; à Versailles, à Saint-Germain-en-Laye,
Molière ne cessa de contribuer aux spectacles musicaux et
dansés des fêtes royales. Le succès et l'aisance de Molière
s'accompagnèrent d'inquiétudes pour sa santé ; en 1665,
1666, 1667 et 1668, le Registre de La Grange signale plus
d'une interruption dans l'activité du théâtre du Palais-
Royal, très souvent dues à la maladie du chef de troupe.
Et pendant toute cette période, Molière lutta pour que
son *Tartuffe* parût sur les planches tandis que flambait la
fameuse querelle de la moralité du théâtre, alimentée par les
milieux rigoristes de l'Église, qui condamnaient le théâtre.

---

3   *Molière, ou les métamorphoses du comique : de la comédie morale au triomphe
de la folie*, 1980 (2ᵉ éd. en 1992).

L'AUDACE DE MOLIÈRE

Oser le sujet de *Tartuffe* dans le contexte de la société catholique de l'époque relève d'une rare intrépidité[4].

Tandis qu'elle s'efforce de mettre en place la réforme tridentine, l'Église catholique du XVIIe siècle voit s'épanouir les différents courants de la spiritualité française : à l'optimisme dévot si bien représenté par François de Sales, s'opposait un courant moins humaniste et moins optimiste, illustré par son ami Pierre de Bérulle, et un courant augustinien qui connut sa forme extrême dans le jansénisme, bête noire de Richelieu, de Mazarin, puis de Louis XIV.

Dans le cadre de l'opposition entre une théologie humaniste et plutôt optimiste sur les facultés de l'homme (mais non sans rectitude ni rigueur) et une théologie très pessimiste sur l'homme qu'elle pensait radicalement marqué par la faute originelle et ne pouvant espérer son salut que de Dieu seul, selon une terrifiante prédestination, on s'explique parfaitement les positions des uns et des autres concernant le divertissement théâtral – aspect assurément mineur de ce conflit théologique. En face des ministres et des rois qui favorisaient le théâtre, les jansénistes furent le fer de lance de l'opposition des rigoristes au théâtre.

Alliés des jansénistes contre le théâtre, on trouve un certain nombre de membres de la secrète et inquiétante Compagnie du Saint-Sacrement[5] qui, à sa manière, se rattache au grand mouvement de la pastorale post-tridentine, visant à remodeler les fidèles. Ce n'est pas leur dévotion au

---

4   Voir Charles Mazouer, *Le Théâtre français de l'âge classique, II : L'apogée du classicisme*, chapitre I, p. 23-37.
5   Voir Alain Tallon, *La Compagnie du Saint-Sacrement (1629-1667)*, 1990.

Christ, ni leur pratique de l'action charitable, mais leur système de surveillance des pécheurs (hérétiques, jureurs et blasphémateurs, libertins de tout poil) et de délation qui était insupportable aux particuliers, et leur action politique tramée dans le secret qui inquiétait l'État contre cette « cabale des dévots » et amenèrent Mazarin à prendre des mesures d'interdiction, qui ne furent pas immédiatement efficaces : la dernière trace de l'organisation nationale de la Compagnie date de 1678. Étant donné la règle de vie des confrères, qui ne laissait aucune place au divertissement profane, et leurs idées sur l'ordre d'une société chrétienne, on imagine qu'ils furent des adversaires acharnés du théâtre, comme le converti Conti.

Les historiens font d'ailleurs remarquer que cette montée des exigences religieuses et morales, dont témoignent le jansénisme et la Compagnie du Saint-Sacrement, fut d'une certaine façon une raison du développement du mouvement libertin, où se rencontrent évidemment des défenseurs du plaisir théâtral.

Les rigoristes ne représentent pas l'avis officiel de l'Église, les évêques comme les croyants les plus authentiques eux-mêmes étant partagés sur la question du théâtre. Il reste que la querelle pour ou contre le théâtre toucha particulièrement, au centre de leur projet créateur, nos grands dramaturges.

La polémique avait repris vigueur à partir de 1659, date à laquelle le grand Pierre Nicole rédigea son *Traité de la comédie* dont la première édition ne paraîtra qu'en 1667[6]. Les adversaires du théâtre vont multiplier les attaques pendant une bonne dizaine d'années, rattrapant Molière et l'affaire *Tartuffe*, après avoir pris Pierre Corneille pour cible.

---

6   Autre édition en 1675, au t. III de ses *Essais de morale*. Il faut se servir de l'édition moderne due à Laurent Thirouin (*Traité de la comédie et autres pièces d'un procès du théâtre*, 1998).

Les arguments des adversaires du théâtre, d'ailleurs lar-
gement repris de ceux qu'avaient mis au point les Pères de
l'Église (Tertullien, Jean Chrysostome et Augustin) dans les
premiers siècles du christianisme, devant des spectacles au
demeurant fort différents, se répètent beaucoup. Ils peuvent
se regrouper sous deux chefs : la morale des pièces de théâtre
et le danger de la représentation. Montrant des passions et
des vices (au lieu de donner en spectacle les vertus chrétiennes), le théâtre est un plaisir dangereux et pernicieux ;
la comédie, avec ses intrigues faites de désir, d'amour, de
corruptions et de tromperies, est particulièrement abominable. Et ces passions sont incarnées, données à voir sur la
scène, ce qui en multiplie l'effet dévastateur. La comédie ne
laisse pas d'être l'objet de griefs particuliers, la théologie
chrétienne ne concédant guère d'espace au rire – rire est
incompatible avec le sérieux de la vie humaine. Raison de
plus pour s'en prendre à l'immoralité du théâtre comique[7].

Qu'il le voulût ou non, Molière fut embarqué dans la
querelle et une grande partie de la préface de *Tartuffe*, enfin
édité en 1669, répond aux adversaires du théâtre. Considéré
dans sa pureté (et non dans sa décadence), la comédie n'est
« autre chose qu'un poème ingénieux qui, par des leçons
agréables, reprend les défauts des hommes » : « on ne saurait
la censurer sans injustice ». Ainsi, dans *Tartuffe*, Molière fait
régner « l'instruction et l'honnêteté ». Ayant repris l'argument
essentiel et très ancien des défenseurs du théâtre (la valeur
morale de la comédie : « *castigat ridendo mores* »), Molière pousse
au-delà la réplique aux rigoristes pour qui les passions sont
dangereuses, et encore plus quand elles sont représentées :
ce n'est pas un crime de s'attendrir à la vue d'une passion

---

7   Voir Charles Mazouer, « L'Église, le théâtre et le rire au XVIIe siècle »,
     [in] *L'Art du théâtre. Mélanges en hommage à Robert Garapon*, Paris, PUF,
     1992, p. 349-360.

honnête et mieux vaut « travailler à rectifier et adoucir les passions des hommes, que de vouloir les retrancher entièrement ». Resterait à examiner, dans cette argumentation, le contenu des passions exhibées par le théâtre... Mais telle est la réponse de Molière. Voici sa conclusion :

> J'avoue qu'il y a des lieux qu'il vaut mieux fréquenter que le théâtre ; et, si l'on veut blâmer toutes les choses qui ne regardent pas directement Dieu et notre salut, il est certain que la comédie en doit être, et je ne trouve point mauvais qu'elle soit condamnée avec le reste. Mais, supposé, comme il est vrai, que les exercices de la piété souffrent des intervalles et que les hommes aient besoin de divertissement, je soutiens qu'on ne leur en peut trouver un qui soit plus innocent que la comédie.

Où l'on rencontre déjà des arguments (le divertissement nécessaire ; la comédie honnête) à la fois déjà connus et qui seront déployés un peu plus tard dans le siècle par les défenseurs du théâtre.

Étant donné ce contentieux entre les rigoristes et le théâtre comique, oser prendre pour sujet les menées d'un imposteur qui singe si précisément les comportements de la dévotion et empaume un croyant sincère mais sot qui s'en remet pour son salut au faux dévot, au (presque) parfait hypocrite, c'était un coup d'audace inouï, qui devait soulever une tempête.

Le moins que devait faire la comédie était de fuir tout sujet religieux ! Or Molière, acharné contre le vice à la mode qu'est l'hypocrisie, Molière le libertin se lança dans une telle comédie sur la fausse dévotion. Comment l'Église, si opposée au théâtre, en particulier dans ses secteurs rigoristes, pouvait-elle admettre qu'un dramaturge comique se mêlât de faire la morale contre le vice le plus grave à ses yeux, l'hypocrisie religieuse ?

L'évêque Antoine Godeau, dans un sonnet sur le théâtre
(« Sonnet sur la comédie ») de ses *Poésies chrétiennes* (Paris,
1654), après avoir reconnu la purification du théâtre (celle
qui fut voulue et réalisée par Richelieu), limite sa portée
morale aux esprits idolâtres et y voit toujours un « poison » ;
quant aux chrétiens, ce n'est pas au théâtre à leur faire la
morale :

> Mais pour changer leurs mœurs et régler leur raison
> Les chrétiens ont l'Église et non pas le théâtre[8].

Dans un chapitre resté manuscrit et inédit de son vivant
(« Des discours de piété ») qu'on peut dater de 1663, de sa
Pratique du théâtre, le théoricien d'Aubignac condamne le
projet même du *Tartuffe* :

> Je ne dis pas seulement qu'une pièce entière qui serait contre
> la mauvaise dévotion serait mal reçue, mais je prétends qu'un
> seul vers, une seule parole qui mêlera quelque pensée de reli-
> gion dans la comédie, blessera l'imagination des spectateurs,
> leur fera froncer le sourcil, et leur donnera quelque dégoût[9].

Et le président Lamoignon, membre de la Compagnie du
Saint-Sacrement comme Godeau, tint en substance ce même
discours à Boileau et à Molière venus tenter une démarche
pour lui faire lever l'interdiction du *Tartuffe* :

> [...] il ne convient pas à des comédiens d'instruire les hommes
> sur les matières de la morale chrétienne et de la religion ; ce
> n'est pas au théâtre à se mêler de prêcher l'Évangile[10].

---

8 Dernier tercet, p. 464 (même texte et même page dans la nouvelle
   édition de 1660).
9 *La Pratique du théâtre*, éd. Hélène Baby, 2001, p. 456 (même pagination
   dans l'édition de 2011).
10 Note de Brossette (dans *Correspondance Boileau-Brossette*), citée par Georges
   Mongrédien, *Recueil des textes et des documents du XVIIᵉ siècle relatifs à Molière*,

Le sujet de l'hypocrisie religieuse, de la fausse dévotion, était donc particulièrement sulfureux. Mais Molière tenait à ce sujet, pour des raisons qui seront précisées plus tard ; disons d'un mot que le libertin Molière ne supportait pas l'ordre étouffant que voulaient faire régner les rigoristes de tout acabit, qui avait d'ailleurs pour effet de pousser au conformisme, et surtout de multiplier les hypocrites, habiles à se servir de ce masque pour faire prospérer leurs affaires.

Au demeurant, Molière n'était ni le premier moraliste, ni le premier écrivain, ni le premier dramaturge à s'en prendre à l'hypocrisie ; la critique a fait le tour et le bilan des sources possibles du *Tartuffe*[11], sans faire avancer – mais c'est toujours le cas avec la chasse aux sources ! – l'herméneutique de la comédie de Molière. Les clés pour le personnage éponyme se sont également multipliées, de directeurs de conscience laïcs ou même d'ecclésiastiques. Mais pas plus que les personnages fictifs de Boccace, de l'Arétin ou de Scarron, les personnages réels et vivants évoqués comme modèles n'aident à comprendre *Tartuffe*. Le nom même de Tartuffe est d'origine controversée ; son succès fut immédiat, et il passa très vite en nom commun – en 1680, dans son *Dictionnaire*, Richelet le signale, et comme inventé et introduit par Molière. Création géniale, en tout cas, qui renvoie bien par sa sonorité à la douceur insinuante, rusée et scélérate de l'hypocrite, en particulier avec les séquences vocaliques et consonantiques qu'on retrouve, a-t-on fait remarquer[12], dans le Mon*tufar* de Scarron, dans T*artuffe*, dans Pan*ulphe* (nom du personnage en 1667) et dans On*uphre*, le faux dévot de La Bruyère,

---

t. I, 1965, p. 291.

11 Récapitulatif dans Claude Bourqui, *Les Sources de Molière. Répertoire critique des sources littéraires et dramatiques*, 1999.

12 Jean Serroy, dans la notice de son édition de *Tartuffe*, 1997, p. 178.

qui reprend et nuance celui de Molière – ce qui montre assez que la dénonciation des hypocrites ne s'arrête pas avec Molière.

HISTOIRE DU *TARTUFFE*

Presque aussitôt après sa création, *Tartuffe* fut interdit à la représentation publique. Commençait alors la longue histoire de cette comédie, jusqu'à son ultime version, celle de 1669, enfin jouée et imprimée. C'est la seule dont nous ayons le texte.

1664

Malgré les pressions des dévots, Louis XIV autorisa la création et voulut voir la comédie nouvelle à la fin des festivités des *Plaisirs de l'île enchantée*. Relisons la Relation officielle, celle qui enchâssa l'édition de *La Princesse d'Élide*, au lundi 12 mai[13] :

> Le soir, Sa Majesté fit jouer une comédie nommée *Tartuffe*, que le sieur de Molière avait faite contre les hypocrites ; mais quoiqu'elle eût été trouvée fort divertissante, le Roi connut tant de conformité entre ceux qu'une véritable dévotion met dans le chemin du Ciel, et ceux qu'une vaine ostentation des bonnes œuvres n'empêche pas d'en commettre de mauvaises, que son extrême délicatesse pour les choses de la religion ne put souffrir cette ressemblance du vice avec la vertu, qui pouvaient être pris l'une pour l'autre ; et quoiqu'on ne doutât

---

13   Voir notre transcription de cette édition des *Plaisirs de l'île enchantée* de 1667, au t. 6 de la présente série : *Le Mariage forcé. Les Plaisirs de l'île enchanté*, p.

point des bonnes intentions de l'auteur, il la défendit pourtant
en public, et se priva soi-même de ce plaisir, pour n'en pas
laisser abuser à d'autres, moins capables d'en faire un juste
discernement.

Il conviendra de ne pas perdre de vue ce texte, qui dit
beaucoup, et sur le rôle du roi dans cette affaire devenue
affaire religieuse, et sur la manière dont pouvaient être
comprises les intentions de Molière.

L'interdiction tomba très vite, sous l'influence de la
Compagnie du Saint-Sacrement, de l'archevêque de Paris
Péréfixe, peut-être de la reine mère : la *Gazette* du 17 mai
félicite le roi d'avoir interdit cette comédie, qu'elle appelle
L'Hypocrite, comme « absolument injurieuse à la religion et
capable de produire de très dangereux effets ». Observons
que l'interdiction publique n'empêcha pas les représentations
privées chez les grands : pour Monsieur, qui régalait le roi
et la cour en septembre ; pour Condé, le grand Condé, qui
fut le défenseur de Molière et suivit les remaniements du
Tartuffe, en novembre de la même année 1664.

La question est de savoir quels étaient le contenu et la
portée de ce premier *Tartuffe*.

Selon le Registre de la Grange – que la critique récente
pense passablement sujet à caution –, ce sont les trois premiers actes seulement de la comédie qui furent représentés
à Versailles, et non une comédie complète, autonome en
trois actes. Le débat occupe les érudits depuis beau temps
et paraît à jamais indécidable, réduisant les historiens à des
hypothèses et à des reconstructions plus ou moins fragiles.

Docile au témoignage de La Grange et en suivant l'avis
de Gustave Michaut[14] et de Georges Couton[15], Robert

---

14 *Les Luttes de Molière*, 1925 (Slatkine Reprints, 1968), p. 56-86.
15 Dans son édition de la Pléiade, t. I, 1971, p. 834-835.

McBride[16] pencherait pour la représentation d'une pièce inachevée, des trois premiers actes d'un *Tartuffe* que Molière n'aurait pas eu le temps d'achever. Les récents éditeurs de la Pléiade, Georges Forestier et Claude Bourqui[17], sont au contraire persuadés que le roi a vu un *Tartuffe* complet[18]. Si cela a vraiment un intérêt de pendre parti, nous pencherions pour un *Tartuffe* incomplet, constitué des trois premiers actes qui furent sans doute remaniés quand Molière compléta sa comédie.

Ce qui est certain, c'est que dans ce premier *Tartuffe*, le faux dévot était un directeur de conscience laïc, mais dans un costume austère semblable à celui des ecclésiastiques. La charge contre l'Église à travers l'hypocrisie religieuse était donc violente, que Molière adoucira quelque peu en habillant son Tartuffe en homme du monde et en en faisant un escroc qui prend le masque de la dévotion mais qui est finalement rattrapé par la justice royale.

Quoi qu'il en soit, les ennemis de Molière ne désarmèrent pas et Molière ne cessa de se battre par faire approuver son texte. L'obscur curé parisien Pierre Roullé, dans son maladroit opuscule *Le Roi glorieux du monde...*, félicita Louis XIV d'avoir interdit *Tartuffe*, et s'acharna avec une violence haineuse contre le dramaturge, « un démon vêtu de chair et habillé en homme, et le plus signalé impie et libertin qui fut jamais dans les siècles passés », et qui mériterait le feu, avant-coureur du feu de l'enfer. Aussitôt, en août 1664,

---

16   *Molière et son premier « Tartuffe » : genèse et évolution d'une pièce à scandale*, 2005 et 2011.

17   Voir la longue notice au t. II, 2010, p. 1361-1365.

18   Aidé par Isabelle Grellet, Georges Forestier a même proposé, en 2010, une reconstruction du *Tartuffe* originel en trois actes (en ligne à l'adresse suivante : http://moliere.paris-sorbonne.fr/propositions.php). À notre avis, cela ne convainc guère et donne un ensemble assez éloigné du talent habituel de Molière.

Molière réagit par un premier placet présenté au roi sur
la comédie du *Tartuffe*, où il se défend. C'était son devoir
de dramaturge comique d'attaquer les faux-monnayeurs
en dévotion, tout en prenant bien soin de distinguer la
vraie dévotion de la fausse ; et il se montre scandalisé que
les tartuffes soient justement parvenus à faire interdire
sa pièce et qu'un fanatique (le curé Roullé) l'ait voué à la
damnation. Que le roi lui permette de se défendre de toutes
ces calomnies – c'est-à-dire (mais Molière a l'habileté de
ne pas le demander explicitement) qu'il lui soit permis de
représenter sa comédie[19].

Se battre ne suffisait pas : Molière compléta ou remania
la comédie, transformant son *Tartuffe* pour le rendre acceptable. Des lectures privées portent témoignage de tout un
travail sur la comédie, mais sans en révéler le contenu. Et
il ne faudrait pas oublier *Dom Juan*, créé en février 1665, et
dont le cinquième acte est un règlement de compte explicite
contre les hypocrites ; nous y reviendrons en temps voulu.

1667

Tous les remaniements aboutirent à une nouvelle version
du *Tartuffe*, sous le titre suivant : *Panulphe, ou L'Imposteur*.
Personne ne s'y trompa : c'était bien le retour du *Tartuffe*,
malgré concessions, adoucissements et ajustements. Peut-
être tacitement encouragée par le pouvoir royal, le 5 août
1667 la troupe donna *L'Imposteur* ; il n'y en eut qu'une seule
représentation, la pièce ayant été immédiatement interdite.

Le roi faisant la guerre en Flandre, le pouvoir admi-
nistratif et judiciaire était attribué au premier président
Lamoignon, qui pensait, comme d'autres bons esprits,

---

19 Le lecteur trouvera ci-après, dans les annexes, tous les textes de cette
affaire, p. 217-289.

nous l'avons vu, que ce n'est pas au théâtre de régenter les
mœurs et de s'occuper de religion. C'est ce membre de la
Compagnie du Saint-Sacrement qui prononça l'interdiction
et fit fermer les portes du théâtre, au nom du pouvoir royal.
Mais le pouvoir religieux ne fut pas en reste : l'archevêque
de Paris, Hardouin de Péréfixe, promulgua un mandement,
daté du 11 août 1667, qui interdisait aux catholiques le
spectacle ou la lecture de *Panulphe, ou L'Imposteur* – comédie
« très dangereuse » et capable de nuire à la religion –, sous
peine, gravissime, d'excommunication.

Sur ce *Panulphe*, nous sommes beaucoup mieux rensei-
gnés, grâce à la *Lettre sur la comédie de L'Imposteur*, datée du
20 août 1667 et parue anonymement. Diverses hypothèses
concernent l'attribution de cet écrit ; la dernière, assez
solide mais non unanimement acceptée, est celle de Robert
McBride, qui voit là la main de La Mothe Le Vayer, phi-
losophe très proche de Molière[20]. Ce long texte comporte
deux parties. La seconde défend la valeur morale de la
comédie en s'appuyant sur une analyse du ridicule intéressante. La première surtout nous intéresse ici, car l'auteur y
résume assez précisément, scène à scène, et avec une bonne
intelligence du texte, les cinq actes de la comédie. Il en
cite même beaucoup – « à peu près » les mots du texte,
précise-t-il, et sans respecter les vers. La comparaison de ce
résumé avec le texte de 1669 a poussé Robert McBride à
tenter la reconstitution du texte de 1667 – reconstitution
intéressante mais toujours aléatoire[21]. Quoi qu'il en soit,
Molière a dû voir et approuver le texte de cette *Lettre*, qui
est une défense sincère du dramaturge, se veut impartiale et
de ton mesuré, mais n'est peut-être pas absolument adroite

---

20   Il publia donc la *Lettre* sous ce nom, en 1994.
21   *Molière. « L'Imposteur » de 1667, prédécesseur du « Tartuffe »*, 1999.

dans sa hargne contre les faux dévots et dans des prises de position assez nettement libertines.

Le *Panulphe* de 1667 est désormais très proche du *Tartuffe* définitif, avec l'histoire du difficile désabusement du bigot maître de maison – le *bigot* est un dévot qui se dévoie dans la superstition – pour son cagot – le *cagot* est carrément le faux dévot – de Panulphe, qu'il prend pour un saint homme. L'intrigue, ses péripéties et les personnages sont ceux que nous connaissons.

Molière ne renonça pas à obtenir l'autorisation de jouer. Dès le 8 août – soit deux jours après l'interdiction –, deux de ses camarades (La Grange et La Thorillière) partirent au camp de Lille pour remettre au roi un second placet. Celui-ci mettait en avant tous les changements apportés à la pièce pour la rendre acceptable et représentable : l'Imposteur est désormais un homme du monde (avec chapeau, grands cheveux, grand collet, épée et habillement orné de dentelles) et a bien quitté ses apparences d'ecclésiastique ; tous les « adoucissements » nécessaires ont été apportés pour ne point effaroucher les vais dévots. Et Molière se plaint qu'après une autorisation verbale à lui donnée par le roi, les représentants de ce dernier aient interdit la pièce. Il ne lui restait plus qu'à attendre une décision favorable et ferme de la part du roi.

En attendant, et malgré l'interdiction publique et les menaces d'excommunication, la deuxième version du *Tartuffe* fut représentée en privé chez Condé, en mars et en septembre 1668 – manière sans doute pour Molière de tester sa pièce en représentation et d'entretenir la publicité autour d'elle.

1669

Il est probable que Molière apporta d'ultimes retouches à sa comédie, l'hypocrite retrouvant son nom originel et se présentant bien comme un directeur de conscience qui dissimule sa scélératesse sous ce masque. Et le dramaturge obtint enfin l'autorisation de jouer et de publier son *Tartuffe*, la troisième version de son *Tartuffe*. Le succès public fut vif et durable, et la publication suivit bientôt, avec sa Préface importante, de ton grave, qui se défend de censeurs redoutables, affirme la mission de la comédie contre les vices et s'insère dans la querelle de la moralité du théâtre, comme nous l'avons vu. Un dernier placet, vif et spirituel, chante la « résurrection » de *Tartuffe*. Les placets auront ainsi jalonné le combat mené par Molière pendant cinq années. Quelle obstination et quelle audace il lui aura fallu pour imposer sa comédie !

C'est le roi qui interdit puis autorisa le *Tartuffe*. Il nous faudra certainement revenir sur cette triangulation entre Molière, le roi et le public, afin de préciser la part des intentions de Molière. Disons maintenant, pour faire bref, qu'en 1664, le roi, encore contraint par la vieille cour dévote, n'était pas en position de pouvoir défendre Molière, quel que fût son désir de se servir de lui pour desserrer l'étreinte du parti dévot sur lui-même et sur la société ; mais en 1669, il est en mesure d'imposer sa volonté et de contenter Molière.

L'histoire du *Tartuffe* étant faite et le contexte politique et religieux étant éclairé, il est temps d'entrer dans la présentation et dans l'interprétation de l'œuvre publiée en 1669. Seule cette herméneutique littéraire nous permettra d'entrevoir ce que furent les intentions de Molière.

DRAMATURGIE

Tartuffe se présente d'abord comme une comédie remar-
quablement conçue et réalisée. Il ne saurait être question
d'entreprendre ici une étude dramaturgique ou littéraire
complète[22]. Mais l'analyse de quelques aspects pourra
mettre en valeur l'art du dramaturge.

LE SUJET

Comme dans toutes les comédies bourgeoises de Molière,
le point de départ du drame (au sens de l'action dramatique)
est la situation de trouble généralement engendrée dans
sa famille par le chef de famille lui-même, la situation
devant progresser, à travers accidents et péripéties, jusqu'au
dénouement qui rétablira l'harmonie perdue.

Le responsable du trouble est ici Orgon, père de deux
jeunes gens à marier issus d'un premier mariage, et époux
en secondes noces d'une plus jeune femme, Elmire. Car
Orgon, par un souci qu'il faudra juger de son salut, s'est à
ce point entiché du faux dévot Tartuffe, qui donne toutes
les apparences de la dévotion voire de la sainteté, qu'il l'a
installé chez lui et en a fait son directeur de conscience ;
il l'invite même à régenter toute la maisonnée. Orgon se
fait évidemment illusion et se trompe du tout au tout sur
son Tartuffe. Il est aveuglé, et tous les éléments lucides de
la famille vont se liguer pour sortir Orgon de son entêtement pour Tartuffe, de son illusion, et pour le faire revenir
à une juste appréciation de la réalité qui l'amènera, non

---

22 Voir déjà Jacques Scherer, *Structures de « Tartuffe »*, 1966, et les *Études
sur « Le Tartuffe »* de René Pommier, 1994 et 2005.

sans difficultés ni sans surprises, à chasser le faux dévot qui s'est impatronisé au logis et dont le départ – le vrai départ, c'est-à-dire l'arrestation imprévue – marquera le retour à l'équilibre de la famille[23]. La comédie montre l'entêtement et les étapes du désabusement d'Orgon. Comme le dit la *Lettre sur la comédie de L'Imposteur*, c'est « proprement le sujet de la pièce ».

Mais la passion et l'aveuglement du chef de famille, qui ont amené la présence au logis de Tartuffe, entraînent de plus ou moins graves perturbations dans les liens conjugaux et familiaux qui se croisent.

La plus attendue concerne le projet de mariage prévu entre Mariane, la fille d'Orgon, et Valère ; parole a même été donnée par Orgon pour la réalisation de ce mariage. La présence de Tartuffe compromet désormais ce projet, car Orgon compte, pour se lier mieux l'objet de sa passion, donner Mariane à Tartuffe – selon un égoïsme assez commun chez les pères de Molière, qui ne recherchent pas un gendre pour leur fille mais plutôt pour eux. De même qu'Argan, le malade imaginaire, veut un gendre médecin pour sa santé, Orgon veut un gendre dévot pour son salut. Le mariage contrarié se greffe donc secondairement sur le sujet de la pièce, comme conséquence de l'aveuglement d'Orgon, qui risque de faire le malheur des jeunes gens.

Une autre conséquence dérivée de ce malheur qui menace Mariane et Valère, en un autre enchaînement, est la brouille qui survient entre les jeunes amoureux ; et à ce dépit, Molière a voulu donner une place importante au second acte. Hors de propos et hors de proportion ? Que non pas,

---

23   On peut se demander si cette situation n'est pas une application détournée et caricaturale de la parole du Christ qui dit être venu mettre le feu sur la terre et non la paix, et en particulier introduire la division dans une maison (Mt, 10, 34-36 et Lc, 12, 51-53)

rétorque le défenseur de Molière dans *La Lettre sur la comédie de L'Imposteur*. Outre le rappel de la responsabilité du faux dévot et l'analyse des erreurs de jugement des jeunes gens, la longue scène 4, d'ailleurs habilement préparée par la scène précédente quant à l'état d'esprit de Mariane, permet à Molière une originalité dans le traitement du dépit amoureux : « il naît et finit devant les spectateurs dans une même scène ».

La plus grave perturbation est celle qui mettrait en péril le couple formé par Orgon et sa seconde épouse Elmire. Car Tartuffe désire et convoite la femme d'Orgon et s'apprête à pratiquer un adultère, sous les yeux mêmes du mari qu'il sait aveugle. Elmire devra donc se défendre de ce projet adultère de Tartuffe, tout en ménageant le désir de celui-ci pour contrecarrer le projet de mariage entre Tartuffe et Mariane, puis avec l'intention de détromper son mari aveugle. Jeu délicat pour la droiture d'Elmire[24].

On voit comment Molière a enrichi son sujet en y entre-croisant les données amoureuses, matrimoniales ou adultères.

UNE EXPOSITION GÉNIALE

Concernant la technique dramaturgique, on ne saurait trop insister sur la magnifique réussite de l'exposition – passage toujours délicat pour un dramaturge. Si, en dramaturgie classique, une bonne exposition doit être claire, complète, rapide et naturelle, celle de *Tartuffe* est un modèle du genre, peut-être la plus réussie de tout notre théâtre classique.

---

24   La référence à la farce médiévale, parfois faite, ne s'impose guère, car le trio adultère des farces n'a rien à voir avec la situation de *Tartuffe*. Dans les farces conjugales, la femme adultère se rue à la satisfaction de son désir avec un amant qui n'a pas besoin de séduire, tandis que le mari, ou bien est et reste complètement aveugle, ou bien, par lâcheté, voit et consent.

Qu'on relise seulement la première scène ! Un début doit *introduire* le spectateur, le faire entrer dans un lieu, dans une situation. Or Molière nous prend d'abord très exactement à rebours en choisissant comme moteur de sa première scène un personnage qui ne veut que *sortir*, quitter le lieu. « Allons, Flipote, que d'eux je me délivre » est le premier vers de la pièce, prononcé par la belle-mère et grand-mère Madame Pernelle, et elle conclura les quelque 170 vers de la scène par cette injonction à sa malheureuse servante : « Marchons, gaupe, marchons » (v. 171). En somme, tout le dynamisme de la scène repose sur un mouvement de fuite, qui surprend et éclaire à la fois.

Car si, pris dans cet élan, il en est mal conscient, le spectateur s'instruit beaucoup. Il constate d'abord une scission entre Madame Pernelle et tous les autres membres de la famille présents, son fils Orgon, qui est de son bord et qu'elle défend précisément, étant absent ; tous les autres sont condamnés pour ne pas suivre les règles imposées par Tartuffe. D'un côté, Orgon et sa mère entichés de celui qu'ils prennent pour un dévot ; de l'autre, ceux qui leur résistent. Les camps sont parfaitement délimités. Et tous les personnages présentés, car Madame Pernelle envoie son paquet à chacun : à Elmire, trop coquette et qui règle mal son ménage ; à Dorine, la suivante de Mariane, jugée trop forte en gueule ; à Damis, jeune sot ; à sa sœur Mariane, dissimulée ; à Cléante, le frère d'Elmire, trop souvent chez son beau-frère. Les portraits, vifs et acérés, sont assurément faussés par le regard de la vieille femme et injustes dans le sens de la critique, comme est injuste la défense qu'elle produit de Tartuffe, que tous les autres considèrent comme un hypocrite ; mais les personnages sont présentés, ainsi que le rapport des forces au logis.

Deux absents cependant sur la scène : Orgon et Tartuffe, duquel pourtant il est fort question. À son fils Orgon, Madame Pernelle ne consacre qu'un seul vers (v. 54) pour regretter qu'il ne parvienne pas à faire aimer Tartuffe aux siens. Qu'importe ! La suite et la fin de ce premier acte, en même temps que les autres informations nécessaires, vont nous présenter Orgon tout au long, avec son terrible aveuglement.

Et Tartuffe ? Après un second acte entièrement consacré au mariage contrarié de Mariane, il ne paraîtra qu'au troisième acte – et comment ! –, dans l'ostentation de sa dévotion fausse. On sait déjà beaucoup de lui, depuis le début. Le retard de son apparition a cristallisé une attente, qui met en valeur son apparition sur la scène. C'est encore un beau coup dramaturgique, que souligne la *Lettre sur la comédie de L'Imposteur*, sensible au fait que Tartuffe ne pouvait apparaître avec tout l'effet voulu que dans le feu de l'action :

> C'est peut-être une adresse de l'auteur de ne l'avoir pas fait voir plus tôt, mais seulement quand l'action est échauffée ; car un caractère de cette force tomberait, s'il paraissait sans faire d'abord un jeu digne de lui, ce qui ne se pouvait que dans le fort de l'action.

LA MARCHE DE L'ACTION

L'art de la *dispositio* ne s'arrête pas là, mais se remarque dans tout le traitement de l'action.

Jacques Scherer observe[25] que l'action est construite sur la succession des périls, selon une technique de l'engrenage. Il faut ajouter que sa progression suit le fil principal du sujet : le désabusement d'Orgon. Échecs, retours en arrière et réussites partielles se succèdent, disons mieux : s'enchaînent parfaitement.

---

25   Dans ses *Structures de « Tartuffe »*, *op. cit.*

Le premier péril à éviter est que Tartuffe épouse Mariane ;
c'est d'abord un échec car le père aveuglé reste déterminé
dans son projet, malgré le refus viscéral mais trop timide de
Mariane et les escarmouches insolentes de son alliée Dorine.
L'acte III va montrer la conjonction de deux intentions :
pour éviter ce mariage, Elmire tente d'agir sur Tartuffe ;
mais celui-ci en profite pour déclarer son amour à Elmire.
Les deux projets tournent court, car Damis intervient
maladroitement pour, croit-il, désabuser son père en lui
rapportant ce qu'il a vu. On sait que c'est un magistral
échec : Orgon ne croit pas son fils et se trouve renforcé
dans son aveuglement pour Tartuffe ; il chasse et déshérite
Damis, propose une donation de ses biens à Tartuffe et
enjoint à celui-ci de fréquenter Elmire.

De toutes les manières, la situation paraît donc bloquée
au début de l'acte IV, la question restant : comment, une
fois pour toutes, désabuser Orgon de ce Tartuffe qui fait
tant de ravages ? Elmire parvient à le désabuser, en le faisant assister, caché sous la table, à l'entreprise de séduction
scélérate de Tartuffe. Réussite : Orgon voit clair, enfin, et
chasse Tartuffe. Danger : Tartuffe reste propriétaire des
biens d'Orgon et va utiliser la cassette à lui confiée pour
le dénoncer et lui nuire en le faisant mettre en prison.
D'où l'atmosphère particulièrement sombre, et même
sinistre – fort bien mise en valeur dans la mise en scène
historique de Roger Planchon – du dernier acte où les périls
atteignent un sommet, Molière les faisant régner jusqu'à
l'extrême limite : la famille est chassée du logis, Orgon
n'a que le temps de penser à fuir quand Tartuffe survient
pour accompagner son arrestation.

Au comble de la détresse survient le dénouement
heureux, dans les soixante derniers vers de la comédie :
un véritable *deus ex machina*, une magistrale surprise

avec l'intervention, de grand sens, du monarque éclairé, juste et magnanime, mais qui s'enchaîne comme il convient à la dénonciation de Tartuffe. On peut partager l'admiration du rédacteur de la *Lettre sur la comédie de L'Imposteur* :

> Il me semble que si, dans tout le reste de la pièce, l'auteur a égalé tous les anciens et surpassé tous les modernes, on peut dire que dans ce dénouement il s'est surpassé lui-même, n'y ayant rien de plus grand, de plus magnifique et de plus merveilleux, et cependant rien de plus naturel, de plus heureux et de plus juste…

ORGON ET TARTUFFE

Il est temps d'aborder l'analyse de l'imposteur et de sa dupe, qui lui est liée très longtemps[26].

L'HYPOCRITE

S'il est quelque peu tributaire d'une tradition de figures littéraires, Molière proposa un original et remarquable portrait théâtral de l'hypocrite en matière religieuse, du faux dévot. On attend son apparition pendant deux actes, mais Molière le dénonce d'emblée comme un imposteur et le désigne aussitôt à la vindicte des spectateurs. Ce personnage à double face est connu autant par le discours d'autrui que par ce que révèle sa présence.

---

26 Pour ces deux personnages, comme pour tous les autres, les analyses de Jacques Guicharnaud demeurent de la plus grande pertinence (*Molière, une aventure théâtrale : Tartuffe, Dom Juan, Le Misanthrope*, 1963 et 1989, aux pages 17-173).

La réalité ? Un « fourbe renommé », dit l'Exempt[27], un aventurier connu de la police et qui change de nom selon ses succès ou ses échecs. Quant il a été recueilli par Orgon, il n'était qu'un gueux, un indigent qui appelait la charité ; il faut l'aveuglement d'Orgon pour croire Tartuffe gentil-homme. C'est un forban, et calculateur : il s'est fait remettre la cassette compromettante qui lui donne barre sur Orgon ; il se fait faire une donation des biens d'Orgon en spoliant les héritiers (II, 7) ; et il s'apprête à faire déloger Orgon, qu'il a dénoncé, et sa famille, à laquelle il avait imposé sa tyrannie avant d'être démasqué. C'est un charnel, un sensuel, un vorace qui s'apprête à déguster la femme de sa dupe tout en acceptant d'épouser sa fille. « Gros et gras, le teint frais, et la bouche vermeille » (v. 234) – malgré de célèbres interprétations qui firent de Tartuffe un personnage austère, il faut en croire Dorine –, Tartuffe se livre à ses appétits, à tous ses appétits. Elmire en sait quelque chose qui, après avoir été serrée de très près par lui, devrait lui accorder les dernières faveurs, là même, dans la salle commune.

Sur ce visage hideux et inquiétant, Tartuffe a su poser le masque de l'hypocrisie. Dès la première scène, Dorine a vu et dit juste : « Tout son fait, croyez-moi, n'est rien qu'hypocrisie » (v. 70). C'est un *cagot* (Dorine parle encore de son *cagotisme*), un faux dévot qui pense tromper « par cent dehors fardés[28] », qui ne propose que les apparences, que la grimace de la dévotion. S'il le fait avec une ostenta-tion qui trompe Orgon mais le dénonce aux autres – voyez son entrée fabuleuse en III, 2, où Dorine dénonce aussitôt l'affectation et la forfanterie –, il singe à merveille les comportements et les actes des vrais dévots, que la religiosité

---

27 Acte V, scène dernière, v. 1923.
28 I, 2, vers 290-291.

de la Contre-Réforme portait à quelque emphase. Il prie ardemment à l'église, se soucie des pauvres et des prisonniers, dit livrer son corps à l'ascèse et aux macérations (la haire et la discipline), marque des scrupules de conscience et jusque dans des détails infimes, se dit entièrement soumis à la volonté du Ciel, se montre exact à la régularité de ses dévotions… L'apparence de ses actions est chrétienne et, selon une jolie formule[29], il parle chrétien, maîtrisant le langage de la dévotion et même de la mystique. Mensonge que tout cela ; mais c'est du moins ce qu'il montre et ce qu'il dit, et qui lui a permis de s'introduire et de s'impatroniser chez Orgon comme directeur de conscience. Le plus apparent et le plus inquiétant pour les vrais dévots, reste son attitude en III, 6. Il donne l'apparence de l'aveu, de la reconnaissance de son péché, et demande grâce à genoux pour son accusateur Damis, à qui, à la scène suivante, quand Orgon est bien persuadé que Damis a calomnié, il dira pardonner sa calomnie. Parodie de la pénitence, de la confession et du pardon des offenses. Oui, comme dit le roi dès 1664 et comme le redira plus tard le prédicateur Bourdaloue, la fausse dévotion est très proche de la vraie dévotion – l'espace de la sincérité…

Cette utilisation scélérate de la dévotion semble pouvoir longtemps réussir à Tartuffe. À preuve les deux scènes de l'acte III que je viens d'évoquer, où Tartuffe, qui a complètement dupé Orgon pris aux apparences de la dévotion, fait triompher l'hypocrisie. Dénoncé par le maladroit et intempestif Damis, Tartuffe parvient à se disculper en jouant parfaitement la comédie du pécheur humble et

---

29 Thérèse Goyet, « Tartuffe parle-t-il chrétien ? Essai sur l'emploi des "termes consacrés" à la scène », [in] *Mélanges offerts à Georges Couton*, Presses Universitaires de Lyon, 1981, p. 419-441.

repentant, et même à pousser son avantage, à retourner la situation et à mieux assurer sa prise sur Orgon.

Les choses vont changer avec Elmire, car vouloir entraîner la maîtresse de maison, qui sait son Tartuffe, dans une aventure adultère est radicalement contradictoire avec le masque de dévot. Le désir ou la passion, authentiques, qui le poussent vers Elmire vont entraîner son échec. Voyez d'abord III, 3, où Elmire avec beaucoup de finesse, enferme Tartuffe, trahi par son corps même et par les attouchements extravagants à quoi le pousse son instinct, dans son personnage de dévot, et l'oblige à de plaisantes contorsions qui fissurent le masque. Et alors Tartuffe prête à rire[30] : il est pris à son jeu et doit chercher des justifications à l'injustifiable, dans une rhétorique religieuse qui le contraint. Il exhibe donc ses scrupules de conscience (sa passion pour Elmire serait-elle tentation du démon ?), qu'il dit vite rassurée. Plus tard, en IV, 5-7, au cours de deux dialogues admirables, il dénoncera lui-même son hypocrisie, mais toujours en ayant recours à un langage religieux – celui du laxisme, de la morale relâchée que les *Provinciales* de Pascal reprochaient aux jésuites –, bien loin du rigorisme affiché jusqu'ici. Pour faire passer le péché, il prône la direction d'intention (la pureté de l'intention compense le mal de l'action) – comme il avait enseigné à Orgon la restriction mentale pour la dangereuse cassette. Grâce à la casuistique, on trouve des accommodements avec le Ciel. Le masque, devenu gênant et entravant l'instinct, est arraché. Et c'était le piège qu'avait

---

30 Marcel Gutwirth (*Molière ou l'invention comique. La métamorphose des thèmes et la création des types*, 2ᵉ édition 1978, chapitre VI) voit aussi Tartuffe comique en III, 2 (mépris excessif de la chair contredit par l'attente impatiente de la venue d'Elmire) et en III, 6 et 7 (l'aveu excessif de son péché, qui fait partie de son jeu d'hypocrite auprès d'Orgon l'amène à dire la vérité) – ce dernier cas est à discuter.

préparé Elmire : Orgon a tout entendu, y compris le mépris profond de Tartuffe pour sa sotte dupe, qu'il ne savait pas cachée sous la table.

Désormais, Tartuffe, chassé mais propriétaire des biens d'Orgon, ne fait plus le dévot ; il le prend de haut et menace. C'est en vain qu'il tentera de prendre le masque de sujet loyal : le Prince lui arrachera ce masque.

LA DUPE NAÏVE

En tout cas, jusqu'au sommet de l'acte IV, l'hypocrite en aura beaucoup imposé à sa dupe. L'imposture de Tartuffe est rendue possible par la naïveté[31] et la sottise comiques d'Orgon et de Madame Pernelle – tous deux étant disqualifiés par Molière.

Comment un honnête bourgeois, un homme sage et courageux à l'occasion (il garde la cassette compromettante d'un ami) a-t-il pu prendre un hypocrite pour un saint, s'enticher de lui au point que sa pensée et son cœur en sont pervertis, et devenir sa dupe ? Il faut aller au fond des choses et bien voir chez lui un souci religieux authentique et sincère. Porté aux extrêmes, Orgon devait être ébloui par la piété excessive et ostentatoire d'un Tartuffe. Plus profondément, selon Molière, Orgon tente de réaliser son aspiration au salut par des moyens radicalement faussés ; et si Tartuffe a pu s'emparer de l'esprit d'Orgon, c'est qu'il comblait son attente religieuse. En Tartuffe, qu'il prend pour un saint, il a trouvé la meilleure et la plus commode voie d'accès au Ciel ; il s'attache à Tartuffe pour réaliser son salut. S'en remettre à lui, en faire son directeur de conscience, lui laisser régenter sa famille, c'est une manière

---

31 Voir Charles Mazouer, *Le Personnage du naïf dans le théâtre comique du Moyen Âge à Marivaux*, 1979, p. 219-224.

de gagner la vie éternelle. À Dorine, qui préfère évidement à Tartuffe Valère (qu'Orgon trouve un peu libertin) pour mari de Mariane, Orgon rétorque bonnement ce distique, qui est à méditer :

> Enfin avec le Ciel l'autre est le mieux du monde
> Et c'est une richesse à nulle autre seconde[32].

Mais cette aspiration religieuse est de bout en bout grevée de perversions, qui en font une forme redoutable d'égoïsme religieux. Pour commencer, Orgon n'admire pas seulement le dévot en Tartuffe ; il aime son Tartuffe, et « cent fois plus qu'il ne fait mère, fils, fille et femme », dit justement Dorine[33]. Sans nécessairement parler d'homosexualité, il y a évidemment un excès qui n'a rien de religieux dans les sentiments passionnés d'Orgon à l'égard de Tartuffe, alors que ce chef de famille ne nourrit plus guère d'amour ni d'affection pour les siens (à peine un mouvement de tendresse, une tentation de tendresse pour sa fille qu'il va rendre malheureuse, en IV, 3), en se drapant des préceptes évangéliques – lesquels ordonnent d'aimer le Christ avant même les siens, mais pas d'aimer pour soi un Tartuffe ! Et dans cette passion pour Tartuffe il doit y avoir un goût de la soumission, de se donner, de s'en remettre à un autre pour mieux tyranniser sa famille[34]. Que d'impuretés dans son souci du salut ! Enfin, pour le satisfaire, il abandonne l'honneur de sa femme en péril (pour laquelle il ne montre ni tendresse, ni intérêt), sacrifie sa fille, déshérite son fils, bref, détruirait les siens qu'il devrait aimer – selon le précepte

---

32 II, 2, vers 529-530.
33 I, 1, v. 186.
34 Voir, à divers titres : Erich Auerbach, *Mimèsis*, 1946 ; Jacques Guicharnaud, *op. cit.* ; Joseph Pineau, « Les relations humaines dans l'apologétique de Pascal », [in] *Méthodes chez Pascal*, 1979, p. 319-332.

sévère de saint Paul, formulé dans la première Épître à Timothée (5, 8) : « Si quelqu'un ne prend pas soin des siens, surtout de ceux qui vivent dans sa maison, il a renié la foi, il est pire qu'un incroyant ». Tout cela témoigne d'une aspiration spirituelle bien faussée, bien dévoyée[35].

Restait à Molière à montrer l'aveuglement d'Orgon, puis son désabusement – ce qui est, nous l'avons dit, le sujet de la pièce.

L'aveuglement éclate avec toute sa puissance comique dans les dernières scènes du premier acte, où Orgon doit finalement se justifier devant Cléante, et dans la seconde du deuxième acte, au cours de laquelle le père dénaturé veut imposer à sa fille le mariage avec Tartuffe et rencontre l'opposition résolue de Dorine, en un débat de haute verve. De retour au logis après une absence (I, 4), Orgon, indiffèrent aux malaises de sa femme, ne s'occupe que de la santé de Tartuffe – « Et Tartuffe ? », suivi de l'exclamation également répétée comiquement « Le pauvre homme » –, ou redit (I, 5) dans l'extase la rencontre qu'il fit de Tartuffe à l'église. Alors même qu'Orgon veut donner la preuve de la justesse de son attachement, Cléante et le spectateur ne voient dans ce récit que l'hypocrisie manifeste de Tartuffe et l'aveuglement stupide de sa victime, complètement bernée par les apparences, prenant la fausse monnaie de l'hypocrisie pour de la vraie dévotion. Ne revenons pas en détail sur les dernières scènes de l'acte III, où ce qui devrait éclairer et désabuser le naïf (la dénonciation de Damis) aboutit au

---

35   Voir Charles Mazouer : « Déviations et perversions religieuses dans la comédie moliéresque », [in] *'Jusqu'au sombre plaisir d'un cœur mélancolique'. Études de littérature française du* XVIIe *siècle offertes à Patrick Dandrey*, Paris, Hermann, 2018, p. 37-43 ; et « La religion des personnages de Molière », [in] *Molière Re-Envisioned. Twenty-First Century Retakes, Renouveau et renouvellement moliéresque. Reprises contemporaines*, Paris, Hermann, 2018, p. 295-322.

contraire au renforcement de son illusion et de sa dépen-
dance à l'égard de Tartuffe. L'accusation maladroite de
Damis est trop contradictoire avec l'image de son Tartuffe,
qui lui est si indispensable (« Il y va de ma vie », v. 1165),
pour qu'il puisse l'admettre. Et le jeu de Tartuffe, qui fait
le pénitent, amène l'étonnant renversement : c'est Damis
l'accusé et Tartuffe, plus que jamais innocent, feignant
aussi de s'éloigner du logis, obtient d'y être encore plus
solidement installé, pour se conformer humblement à la
volonté du Ciel, dit-il. Admirable manœuvre pour enfermer
Orgon dans son illusion !

Il faudra l'habileté d'Elmire pour dissiper l'aveuglement
de son mari. S'il n'ajoute pas foi aux rapports des siens, cet
homme qui ne veut croire que les apparences, devra admettre
le témoignage de ses yeux ou de ses oreilles, puisqu'il est
caché – cachette humiliante et ridicule, et fort inédite dans
une grande comédie ! – sous la table. Pris au piège d'Elmire,
Tartuffe se dévoile. C'est un difficile retour au réel pour le
naïf Orgon, qui aura du mal – juste retour des choses – à
convaincre sa mère de l'imposture. Enfin désabusé, avant
d'être menacé de la prison et d'être chassé de son foyer,
l'impulsif (dans cette comédie, on l'est de grand-mère en
petit-fils !) montre qu'il n'est pas revenu à la droite raison
et verse d'un excès dans l'autre ; après s'être enflammé pour
les apparences d'un faux dévot qui l'a trompé, il ne veut
plus croire à la possibilité d'une dévotion sincère :

> C'en est fait, je renonce à tous les gens de bien.
> J'en aurai désormais une horreur effroyable,
> Et m'en vais devenir pour eux pire qu'un diable[36].

---

36 V, 1, vers 1604-1608. Il se laissera encore une dernière fois pendre aux
apparences d'un Monsieur Loyal venu en réalité le faire déloger (V, 4).

LA RÉSISTANCE

Face à l'entêtement d'Orgon soutenu par sa mère, représentants d'une dévotion stricte et des vieilles idées, se tient
le camp de la lucidité et de la sagesse, disons de la raison.
Damis, l'impulsif, partisan des solutions extrêmes, victime
de l'emportement et de la maladresse de sa jeunesse, ne
nous retiendra pas ; ni la tendre Mariane, ni son amant
finalement généreux, Valère : ils restent bien marginaux
dans l'opposition frontale que construit le *Tartuffe*. En
revanche, il faut s'arrêter au rôle et aux idées de la suivante
Dorine, de la seconde épouse Elmire et de son frère Cléante.

DORINE

Il faut apprécier la nouveauté, dans le théâtre de Molière,
de ce personnage dont la seule réplique digne de lui, par-
delà la Nicole du *Bourgeois gentilhomme*, sera Toinette, la servante du *Malade imaginaire*. Dans la maisonnée bourgeoise,
de tels personnages féminins prennent une importance
considérable, sans commune mesure avec leur fonction de
suivante ou de servante. Molière leur donne un souci de
la famille, un bon sens, un dynamisme et un franc-parler
aussi savoureux pour le spectateur qu'entraînant dans le
déroulement de l'action. Dorine en fournit d'emblée un
modèle exemplaire.

N'oublions pas que Damis et Mariane sont orphelins
de leur mère et, même si les rapports semblent affectueux
avec leur belle-mère Elmire, la seconde femme de leur père
Orgon, surtout pour Mariane, dont elle est la suivante,
Dorine représente un peu un substitut de la mère perdue.

Dorine veille au bonheur de Mariane et d'ailleurs en même temps à l'harmonie de la famille bourgeoise que trouble la folie d'Orgon. Elle parlera et agira dans ces visées.

Sa lucidité sur la situation est d'autant plus éclairante que la suivante « forte en gueule » (v. 14) ne craint pas d'être impertinente. Elle dénonce d'emblée le déséquilibre et le trouble apportés par Tartuffe devenu maître de céans et perce à jour le faux dévot : c'est un hypocrite et il en tient pour Elmire. Elle condamne autant la transformation d'Orgon, fort affectionné pour son directeur de conscience[37]. Elle est lucide sur la fragilité des amoureux, sur l'emportement maladroit de Damis. Et sur tout cela, elle tient à dire son mot : « Vous vous mêlez sur tout de dire votre avis[38] », lui reproche Madame Pernelle, qui souligne à juste titre ce franc-parler irrépressible, d'autant plus surprenant et plaisant que la parole directe de Dorine est parole et langage de suivante – doublement détonante et libératrice chez ces bourgeois.

Dorine ne se contente pas de parler ; elle est active. Elle prend véritablement en main le bonheur de Mariane, la pousse à la rébellion contre son père, réconcilie les deux amoureux sottement brouillés. La défense du bonheur de Mariane lui donne l'audace de contredire et de contrecarrer son maître, qui doit quitter la place après une belle scène de mouvement et de gestes (II, 2).

Et comme l'action de la suivante reste forcément limitée dans la gravité des enjeux et de l'entreprise d'Elmire, il lui reste le regard railleur ; on rit avec elle. En I, 4, son ironie dénonce la folie d'Orgon qui se soucie de son Tartuffe et non de sa femme ; « à votre nez, mon frère, elle se rit de vous »,

---

37 « Il le choie, il l'embrasse, et pour une maîtresse / On ne saurait, je pense, avoir plus de tendresse » (I, 2, vers 189-190).

38 I, 1, v. 15.

peut commenter Cléante[39]. Il suffit qu'elle considère l'entrée
affectée de Tartuffe et rétorque droitement à sa remarque
sur la vision du sein qui blesse l'âme pieuse, pour que le
faux dévot soit débusqué et dénoncé. Jusqu'à la fin, alors
que la situation est presque désespérée, elle trouve le moyen
d'aiguiser son ironie à l'encontre d'Orgon et de Madame
Pernelle, qui doivent admettre qu'ils ont été trompés par
un faussaire en dévotion[40]. On n'est jamais parvenu à la
faire taire. Mais son esprit aura singulièrement éclairé et
tempéré le climat plutôt sérieux et grave de la comédie.

ELMIRE

La sagesse équilibrée de la savoureuse servante face à
un maître obsédé par la dévotion se passe de religion. Et
Elmire ? Si elle laisse un mouchoir de col entre les pages
du gros in-folio d'une *Fleur des saints* fort apte à servir de
presse, peut-être lit-elle quelques pages de ce livre de piété,
qui a sa place à la maison. On peut l'imaginer bonne et fade
chrétienne du temps – car tout le monde est chrétien –,
avisée sur ce qu'est le péché ; mais elle reste étrangère à
toute question religieuse, occupée qu'elle est à se défendre
d'Orgon et de Tartuffe.

Seconde et plus jeune épouse d'Orgon, Elmire a les goûts
du présent – justement ce que lui reproche sa belle-mère :
elle aime se parer, recevoir et être reçue dans les assemblées où l'on converse, danse, fait de la musique. Bref, elle
s'adonne à une vie mondaine, où Madame Pernelle, qui en
tient pour les mœurs rigides et dévotes de l'ancien temps,
voit inévitablement l'action du diable.

---

39 I, 5, v. 259.
40 En V, 3 voir « Le pauvre homme » du v. 1657, et en V, 5 la réplique des
    vers 1815-1820.

Cette vie mondaine ne compense probablement pas l'abandon d'Orgon, qui, mauvais époux, a tourné son amour vers son Tartuffe, et qui même, dans son aveuglement pour le faux dévot, n'a pas remarqué l'appétit de ce dernier pour sa femme et le pousse vers Elmire, comme s'il désirait son cocuage. Ayant pris à cœur la défense du bonheur de Mariane et sachant que son charme n'est pas indifférent au faux dévot, elle fait une démarche auprès de Tartuffe, qui se déclare carrément et entreprend de la séduire.

D'où une double exigence désormais pour Elmire : se défendre du séducteur, et détromper son mari sur l'imposteur. La critique a toujours mis en valeur, en même temps que sa droiture, la finesse et l'habileté d'Elmire en cette affaire. Des travaux récents[41] se montrent plus soupçonneux et se demandent si cette honnête femme est tout à fait irréprochable. Après tout, si Tartuffe joue la comédie de la dévotion, elle va jouer la comédie de la séduction – entreprise sans doute assez peu chrétienne, malgré la bonté du but –, faire semblant d'être devenue infidèle, se masquer pour démasquer Tartuffe, qui la pousserait dans ses derniers retranchements ; d'où son extrême embarras en IV, 5, quand son mari tarde à intervenir et à quitter sa cachette. Y aurait-il, non dite, une tendance libertine chez cette jeune femme séduisante, assez libre et insatisfaite ? On l'imagine mal attirée par Tartuffe ; mais, dans sa comédie, Elmire frôle l'équivoque et côtoie des parages dangereux pour son honnêteté. À mon sens, il ne convient pas d'aller plus loin.

---

41 Gilles Declercq, « Équivoques de la séduction : Elmire entre honnêteté et libertinage », [in] *Libertinism and Literature in Seventeenth-Century France*, 2009, p. 71-127 ; et Julia Prest, « Elmire and the erotics of the ménage à trois in Molière's Tartuffe », *Romanic Review*, 102. 1-2, 2011, p. 129-144.

CLÉANTE

Le personnage du frère est étranger à ce genre de problématique, car son rôle reste purement idéologique, fort en marge des réalités de l'intrigue, même s'il prend sa part dans le combat contre l'aveuglement d'Orgon et pour son désabusement. Il paraît d'ailleurs peu, à l'acte I et à l'acte V, où il s'efforce de conseiller Orgon (sa rhétorique échoue complètement au premier acte), et au début de l'acte IV, où il ne parvient pas à faire revenir Tartuffe à des sentiments vraiment chrétiens.

Mais ses propos, en particulier sa grande discussion avec Orgon en I, 5, ont toujours été scrutés avec attention, car Cléante passe pour le raisonneur de la comédie et le porte-parole de Molière. Contre l'aveuglement d'Orgon, qui est fasciné par une dévotion excessive et ostentatoire, Cléante prêche la lucidité sur les faux dévots, dénonce les manœuvres intéressées de ces « francs charlatans » (v. 361) et leur oppose les vrais dévots, ceux qu'il appelle « les dévots de cœur » (v. 382) – autrement dit les vrais chrétiens selon Cléante, et peut-être bien selon Molière.

Ils sont définis, à la fin de la tirade de Cléante, en une quinzaine de vers, qui ont donné à penser. Cléante veut des chrétiens discrets, à la vertu modeste, qui se gardent de reprendre autrui. Au contraire, bienveillants et indulgents, ils pratiquent la tolérance et le pardon. Ils ne s'arrogent pas la mission de défenseurs des intérêts du Ciel et ils ne cabalent pas. Telle est la dévotion « humaine » et « traitable » que prône Cléante, sorte de milieu entre l'imposture des faux dévots et la crédulité superstitieuse d'un Orgon.

Qu'en penser[42] ? Cette dévotion serait-elle un reflet de l'humanisme dévot d'un François de Sales ? Mais alors d'un

---

42   Voir déjà : Jacqueline Plantié, « Molière et François de Sales », *R.H.L.F.*, 1972, 5-6, p. 902-927 ; Gérard Ferreyrolles, *Molière. Tartuffe, op. cit.* de

François de Sales qui n'aurait pas écrit le *Traité de l'amour de Dieu* ! Pourrait-elle être assimilée à la *Dévotion aisée* du P. Le Moyne, fort éloignée des excès des rigoristes ? Peut-être. Faut-il y voir l'illustration d'une troisième voie entre le libertinage mondain et le zèle dévot des rigoristes, voie proposée par la philosophie sceptique, de Montaigne à La Mothe Le Vayer en passant par Charron ? C'est davantage de ce côté que doit pencher la religion de Cléante, discrète et de bonne compagnie, quelque peu affadie, plus proche de la raison naturelle que marquée par la ferveur ou la flamme d'une foi véritable...

LES INTENTIONS DE MOLIÈRE

En cette affaire qui lui tint tant à cœur, que voulut Molière ? Son *Tartuffe* suscita une hargne immédiate et durable, la haine même des dévots, qui se sentaient attaqués et ridiculisés et qui obtinrent longtemps que la comédie fût interdite. Mais qui Molière visait-il ? À qui s'en prenait-il[43] ?

1987 ; Anthony McKenna, *Molière, dramaturge libertin*, 2005 ; la notice de Georges Forestier et de Claude Bourqui pour leur édition de Molière, Pléiade, t. II, 2010, p. 1371-1373.

43 Quelques références dans une abondante littérature : Paul Bénichou, *Morales du Grand Siècle*, 1948 ; Jean Calvet, *Essai sur la séparation de la religion et de la vie. I. Molière est-il chrétien ?*, s. d. [1950] ; les travaux de John Cairncross (*Molière bourgeois et libertin*, 1963 ; « *Tartuffe* ou Molière hypocrite », *R.H.L.F.*, 1972, 5-6, p. 890-901 ; « Molière subversif », *XVIIᵉ siècle*, 1987, n° 157, p. 403-413) ; Raymond Picard, « *Tartuffe*, "production impie" ? », [in] *Mélanges Lebègue*, 1969, p. 229-239 ; Pierre Clarac, « La morale de Molière d'après le *Tartuffe* » *R.H.T.*, 1974-1, p. 15-21 (et la discussion p. 21-26) ; Gérard Ferreyrolles, *Molière, Tartuffe, op. cit.* de 1987 ; les deux essais de Philip F. Butler (« *Tartuffe* et la direction

RÉCAPITULATION

Le bon biais pour répondre à ces questions est de s'appuyer sur les analyses précédentes et d'en tirer les conséquences. Récapitulons.

Tartuffe fournit d'abord une contrefaçon assez admirable de la véritable dévotion des rigoristes, nous l'avons vu, dans le comportement apparent et dans le langage. Certes, il sera démasqué. Mais, en attendant, il continuerait d'en imposer à Orgon et à sa mère. Et probablement à d'autres. Comment distinguer le faux du vrai ? Dénoncer l'hypocrisie n'est-ce pas aussi, inévitablement, faire suspecter la véritable piété ? La réaction initiale des milieux dévots et l'interdiction royale de 1664 sont assez explicables.

Un peu plus de vingt ans plus tard, dans son sermon sur l'hypocrisie prêché à Versailles le 16 décembre 1691, troisième dimanche de l'avent (mais prononcé ailleurs, car il est publié dans les *Dominicales*, au septième dimanche après la Pentecôte) – l'année même où La Bruyère publia la sixième édition de ses *Caractères* qui proposaient un autre portrait d'hypocrite, Onuphre[44] –, le P. Bourdaloue souligna encore le danger de cette proximité entre la vraie et la fausse piété :

---

spirituelle au XVIIᵉ siècle », p. 57-69 et « Orgon le dirigé », p. 71-84), dans *L'Humanité de Molière*, éd. John Cairncross, 1988 ; Marc Fumaroli, « *Sacerdos sive orator, orator sive histrio* : rhétorique, théologie et moralité du théâtre en France de Corneille à Molière », dans son recueil d'études *Héros et orateurs*, 1990, p. 449-491 ; les essais de Charles Mazouer (« Molière et l'ordre de l'Église » et « Molière et ses défenseurs ecclésiastiques ») repris dans son *Théâtre et christianisme*, 2015, p. 471-499.

44 « De la mode », 24. Le parallèle était classique entre Onuphre et Tartuffe. Disons d'un mot qu'à la différence de Tartuffe, Onuphre évite l'excès : il donne les apparences de la dévotion quand de besoin ; il ménage ses intérêts sans être un escroc ; il se garde bien de se laisser entraîner par la passion à convoiter la femme d'un bienfaiteur. Ce prudent personnage maîtrise son masque, contrairement à Tartuffe.

> [...] comme la fausse dévotion tient en beaucoup de choses
> de la vraie, comme la fausse et la vraie ont je ne sais combien
> d'actions qui leur sont communes ; comme les dehors de l'une
> et de l'autre sont presque tout semblables, il est non seulement
> aisé, mais d'une suite presque nécessaire, que la même raillerie
> qui attaque l'une intéresse l'autre, et que les traits dont on
> peint celle-ci défigurent celle-là[45]...

Pis encore sans doute : la bêtise de la dupe de l'hypocrite, sa religion faussée (et non fausse, car il est sincère), superstitieuse, rend Orgon aussi insupportable aux yeux des croyants authentiques. Il a son directeur de conscience à qui il soumet sa conduite et qui lui prêche le détachement des choses de ce monde. Le directeur et le dirigé seraient parfaitement dans la ligne d'une mise en pratique stricte et édifiante de la Contre-Réforme catholique. Malheureusement, la directeur est un escroc hypocrite et le dirigé un imbécile, tous deux poussant ces beaux principes à l'excès et les discréditant pour finir. Caricature du rigorisme.

Dans la polyphonie des voix des personnages, rencontrerait-on l'antidote de ce poison ? En la personne de Cléante, qui prêche une dévotion humaine et traitable ? C'est assez douteux, car cette dévotion raisonnable n'est pas l'image d'une foi authentique et fervente, et se rapproche plutôt d'une religion mondaine, réservée et discrète, qui se garde de toute manifestation publique, de tout excès, et que les rigorismes jugeaient, à juste titre, trop fade, privée du sel évangélique qui vivifie.

Alors ?

---

45 « Sermon sur l'hypocrisie », publié comme sermon pour le septième
    dimanche après la Pentecôte, dans les *Dominicales* (au deuxième volume
    des *Œuvres complètes*, éd. de 1864, numérisée sur le site de l'abbaye Saint
    Benoît de Port-Valais, en 2007, p. 235).

POSITION DE MOLIÈRE

Pendant cinq années, Molière se défendit obstinément, inlassablement, en disant qu'il était de sa tâche d'attaquer un vice social à la mode, l'hypocrisie, et qu'au demeurant il avait pris toutes les précautions pour qu'on ne confonde pas la vraie et la fausse dévotion. Il s'était livré en quelque sorte à une entreprise de salubrité publique, où le moraliste dramaturge ne faisait que suivre les sermonnaires de l'époque qui tonnaient en chaire contre l'hypocrisie religieuse, comme Bossuet (*Sermon sur le jugement dernier*, 1665) ou Bourdaloue (*Sermon sur l'hypocrisie*, 1691). Et ils n'étaient pas les seuls dans l'Église à poursuivre le péché d'hypocrisie et, en particulier, à stigmatiser les dangers que faisaient courir à la piété et à la dévotion chrétiennes les directeurs de conscience sans vocation ou carrément imposteurs. Et certains confrères du prédicateur jésuite, qui firent mine d'oublier les attaques contre la casuistique et la morale relâchée qu'on trouve à travers le rôle de Tartuffe amoureux[46], louèrent Molière de cette entreprise satirique. Une longue épigramme latine du P. Vavasseur souligne les bienfaits du *Tartuffe* dans la lutte contre la fausse dévotion[47].

Las ! Tous les confrères de Vavasseur n'eurent pas ce point de vue indulgent, à commencer par Bourdaloue. En complément des textes déjà allégués qui indiquent fermement que ce n'est pas à un dramaturge laïc de faire la morale aux chrétiens (Godeau, Lamoignon, d'Aubignac), surtout si ce laïc était visiblement étranger à la foi et à la

---

46   Tartuffe pratique la direction d'intention pour se justifier vis-à-vis d'Elmire (II, 3 er IV, 5), et a enseigné la restriction mentale à Orgon (V, 1) (voir Andrew Calder, « Dramaturgie et politique dans *Tartuffe* », [in] *Les Jésuites parmi les hommes..*, 1987, p. 235-243).

47   Épigramme XXVI, au *Liber epigrammatum* de sa *Multiplex et varia poesis* de 1683, p. 121-122.

morale de l'Église, poursuivons la citation précédente du *Sermon sur l'hypocrisie*, où Bourdaloue blâme les libertins qui se mêlent d'attaquer l'hypocrisie. En fait, sans jamais nommer Molière, il se lance dans une attaque extrêmement significative et pertinente contre *Tartuffe*. Voici ce texte fort riche :

> Et voilà, chrétiens, ce qui est arrivé, lorsque des esprits profanes, et bien éloignés de vouloir entrer dans les intentions de Dieu, ont entrepris de censurer l'hypocrisie, non pour en signaler les abus, ce qui n'est pas de leur ressort, mais pour faire une espèce de diversion dont le libertinage pût profiter, en concevant et faisant concevoir d'injustes soupçons de la vraie piété, par de malignes représentations de la fausse. Voilà ce qu'ils ont prétendu, exposant sur le théâtre et à la risée publique un hypocrite imaginaire, ou même, si vous voulez, un hypocrite réel, et tournant dans sa personne les choses les plus saintes en ridicule, la crainte des jugements de Dieu, l'horreur du péché, les pratiques les plus louables en elles-mêmes et les plus chrétiennes. Voilà ce qu'ils ont affecté, mettant dans la bouche de cet hypocrite des maximes de religion faiblement soutenues, au même temps qu'ils les supposaient fortement attaquées ; lui faisant blâmer les scandales du siècle d'une manière extravagante ; le représentant consciencieux jusqu'à la délicatesse et au scrupule sur des points moins importants, où toutefois il faut l'être, pendant qu'il se portait d'ailleurs aux crimes les plus énormes ; le montrant sous un visage de pénitent, qui ne servait qu'à couvrir ses infamies ; lui donnant, selon leur caprice, un caractère de piété la plus austère, ce semble, et la plus exemplaire, mais, dans le fond, la plus mercenaire et la plus lâche[48].

On pourrait relire *Tartuffe* avec ce texte, qui méritait d'être longuement cité. Le sagace moraliste Joseph Joubert, qui ne publia rien avant sa mort en 1824, mais dont les écrits parurent à partir de 1838, approuva la censure de *Tartuffe* par Bourdaloue :

---

48   P. 235-236.

Il voulait et avec raison que la religion seule décriât l'hypocrisie. La religion seule en effet peut s'arracher à elle-même ce masque sans se blesser[49].

De fait, Molière était mal placé pour réformer les comportements religieux. Non qu'il fût un impie ou un démon, un athée, un antichrétien militant qui, lui-même hypocrite, s'en prendrait, sous prétexte de combattre l'hypocrisie religieuse, à la vraie dévotion. La philosophie qui se dégage de son théâtre, d'une manière générale, est plutôt celle des libertins modérés – une honnêteté mondaine assez étrangère à la question religieuse. Et il était mal armé, malgré sa connaissance du langage de la dévotion, de la théologie et de la mystique, pour traiter des mystères intimes de la conscience dans ses rapports avec Dieu.

Mais il n'est pas douteux que le libertin Molière s'en prend aux rigoristes qui appliquent les principes de la Contre-Réforme. Il n'attaque pas seulement les hypocrites, mais discrédite aussi, indirectement, les dévots sincères et leur rigorisme – avec leurs directeurs, leurs scrupules, leurs excès et déviations.

Or, ces rigoristes[50], à travers l'institution ecclésiale du royaume très chrétien, et de redoutables auxiliaires comme la Compagnie du Saint-Sacrement, faisaient régner sur la société classique un ordre que Molière et les libertins considéraient comme par trop étouffant. Prévoyant sans doute qu'il choquerait indirectement et inévitablement les vrais dévots dans leurs sentiments religieux authentiques et toute l'institution de l'Église, Molière comptait certainement

---

49 *Carnets*, I, éd. André Beaunier, Paris, Gallimard, 1994, p. 522, au 25 mars 1803.

50 Dont les jansénistes étaient le fer de lance ; mais plutôt que de se jeter dans l'arène sociale et dans le combat contre le libertinage, ils préféraient souvent le retrait du monde.

sur la protection du roi, à ce moment-là fort peu dévot, et qui aurait pu se servir de Molière pour desserrer l'étreinte du parti dévot et du pouvoir occulte de la redoutable Compagnie du Saint-Sacrement, qui faisait la police de la morale et de la religion; et peut-être au-delà, comme le suggère Marc Fumaroli, pour commencer d'imaginer une société laïque où la religion serait du domaine privé, dont ne s'occuperait pas le pouvoir. En tout cas, l'alliance ne fut pas aisée. En 1664, le roi n'était pas en position, contraint encore par la vieille cour dévote, de soutenir Molière. Il fallut attendre 1669 et des conditions différentes de la politique intérieure, pour que Louis XIV pût imposer sa volonté et autoriser la représentation du *Tartuffe*.

Le souhait d'un changement social était parfaitement utopique, mais la révolte de Molière sans doute saine. Quelle audace, en tout cas – et qui lui coûta cher, tout en nous valant un chef-d'œuvre – chez lui pour avoir osé, malgré l'hostilité de l'Église au théâtre, s'en prendre, dans un théâtre, à l'ordre de l'Église!

LE TEXTE

Comme toujours, nous suivons le texte de l'édition originale :

LE / TARTUFFE, / OV / L'IMPOSTEVR, / *COMEDIE.* / PAR I. B. P. DE MOLIERE. / *Imprimé aux dépens de l'Autheur; & se vend* / A PARIS, / Chez IEAN RIBOV, au Palais, vis-à-vis / la Porte de l'Eglise de la Sainte Chapelle, / à l'Image S. Loüis. / M. DC. LXIX. / AVEC PRIVILEGE DV ROY. In-12 : [III : titre; V-XII : Préface; XXIII : Privilège : XXIV : liste des Acteurs] 1-96.

L'exemplaire BnF Tolbiac a été numérisé : NUMM-70156 (texte numérisé) ou IFN-8610800 (images numérisées). Cinq exemplaires sont conservés aux Arts du Spectacle.

BIBLIOGRAPHIE COMPLÉMENTAIRE

ÉDITIONS DU *TARTUFFE*

MOLIÈRE, Jean-Baptiste Poquelin, dit, *Le Tartuffe*, éd. Bénédicte Louvat, Paris, Flammarion, 1997 (GF Flammarion, 1376) ; mise à jour en 2017.

MOLIÈRE, Jean-Baptiste Poquelin, dit, *Le Tartuffe*, éd. Jean Serroy, Paris, Gallimard, 1997 (Folio classique) ; mise jour en 2012.

MOLIÈRE, Jean-Baptiste Poquelin, dit, *Le Tartuffe*, éd. Gérard Ferreyrolles et Delphine de Garidel, Paris, Larousse-Bordas, 1998 (Petits classiques Larousse).

CRITIQUE

MICHAUT, Gustave, *Les Luttes de Molière*, Paris, Hachette, 1925 (Genève, Slatkine, 1968).

AUERBACH, Erich, *Mimèsis. La représentation de la réalité dans la littérature occidentale*, Paris, Gallimard, 1968 (1946 en allemand) (Tel, 14).

BÉNICHOU, Paul, *Morales du Grand Siècle*, Paris, Gallimard, 1948 (Bibliothèque des idées) (Collection Idées, 143, en 1985).

CALVET, Jean, *Essai sur la séparation de la religion et de la vie. I. Molière est-il chrétien ?*, Paris, Lanore, s. d. [1950].

SALOMON, Herman Prins, *« Tartuffe » devant l'opinion française*, Paris, PUF, 1962.

GUICHARNAUD, Jacques, *Molière, une aventure théâtrale*, Paris, Gallimard, 1963 et 1989 (Bibliothèque des Idées).

CAIRNCROSS, John, *Molière bourgeois et libertin*, Paris, Nizet, 1963.

SCHERER, Jacques, *Structures de « Tartuffe »*, Paris, SEDES, 1966.

GUTWIRTH, Marcel, *Molière ou l'invention comique. La métamorphose des thèmes et la création des types*, Paris, Minard, « Lettres modernes », 1966 (2ᵉ éd. 1978).

PICARD, Raymond, « *Tartuffe*, "production impie" ? », [in] *Mélanges d'histoire littéraire (XVIᵉ-XVIIᵉ siècle) offerts à Raymond Lebègue*, Paris, Nizet, 1969, p. 227-239.

CAIRNCROSS, John, « *Tartuffe*, ou Molière hypocrite », *R.H.L.F.*, 1972, nº 5-6, p. 890-901.

PLANTIÉ, Jacqueline, « Molière et François de Sales », *R.H.L.F.*, 1972, 5-6, p. 902-927.

CLARAC, Pierre, « La morale de Molière d'après le *Tartuffe* », *R.H.T.*, 1974-1, p. 15-21 (et la discussion p. 21-26).

COLLINET, Jean-Pierre, *Lectures de Molière*, Paris, A. Colin, 1974 (U2).

MAZOUER, Charles, *Le Personnage du naïf dans le théâtre comique du Moyen Âge à Marivaux*, Paris, Klincksieck, 1979 (Bibliothèque française et romane. Série C, 76).

PINEAU, Joseph, « Les relations humaines dans l'apologétique de Pascal », [in] *Méthodes chez Pascal*, Paris, PUF, 1979, p. 319-332.

DEFAUX, Gérard, *Molière ou les métamorphoses du comique : de la comédie morale au triomphe de la folie*, 2ᵉ éd, Paris, Klincksieck, 1992 (Bibliothèque d'Histoire du Théâtre) (1980).

GOYET, Thérèse, « Tartuffe parle-t-il chrétien ? Essai sur l'emploi des "termes consacrés" à la scène », [in] *Mélanges offerts à Georges Couton*, Presses Universitaires de Lyon, 1981, p. 419-441.

BRODY, Jules, « Amours de Tartuffe », [in] *Les Visages de l'amour au XVIIᵉ siècle*, article de 1984, repris dans ses *Lectures classiques*, Charlottesville (Va.), Rookwood press, 1996, p. 118-135.

CALDER, Andrew, « Dramaturgie et polémique dans le *Tartuffe* », [in] *Les Jésuites parmi les hommes aux XVIᵉ et XVIIᵉ siècles*, p. p. Geneviève et Guy Demerson, Association des publications de la Faculté des Lettres et Sciences humaines de Clermont-Ferrand, 1987, p. 235-243.

FERREYROLLES, Gérard, *Molière, « Tartuffe »*, Paris, PUF, 1987 (repris en 2016).

CAIRNCROSS, John, « Molière subversif », XVIIe *siècle*, 1987, n° 157, p. 403-413.

BUTLER, Philip F., « *Tartuffe* et la direction spirituelle au XVIIe siècle », [in] Cairncross, John, *L'Humanité de Molière. Essais choisis ou écrits par...*, Paris, Nizet, 1988, p. 57-69.

BUTLER, Philip F., « Orgon le dirigé », [in] Cairncross, John, *L'Humanité de Molière. Essais choisis ou écrits par...*, Paris, Nizet, 1988, p. 71-84.

TALLON, Alain, *La Compagnie du Saint-Sacrement (1629-1667) : spiritualité et société*, Paris, Cerf, 1990.

FUMAROLI, Marc, « *Sacerdos sive orator, orator sive histrio* : rhétorique, théologie et moralité du théâtre en France de Corneille à Molière », [in] *L'Art du théâtre. Mélanges en hommage à Robert Garapon*, réunis pas Yvonne Bellenger, Gabriel Conesa, Jean Garapon, Charles Mazouer et Jean Serroy, Paris, PUF, 1992, p. 311-348.

MAZOUER, Charles, « L'Église, le théâtre et le rire au XVIIe siècle », [in] *L'Art du théâtre. Mélanges en hommage à Robert Garapon*, réunis pas Yvonne Bellenger, Gabriel Conesa, Jean Garapon, Charles Mazouer et Jean Serroy, Paris, PUF, 1992, p. 349-360.

MAZOUER, Charles, « Molière et l'ordre de l'Église », [in] *Ordre et contestation au temps des classiques*, p. p. Roger Duchêne et Pierre Ronzeaud, t. I, Paris-Seattle-Tübingen, *Papers on French Seventeenth-Century Literature*, 1992 (*Biblio 17*, 73), p. 45-58.

POMMIER, René, *Études sur « Le Tartuffe »*, Paris, SEDES, 1994 et 2005.

Seminari Pasquali di analisi testuale. 9. Tartuffe, Pisa, ETS Editrice, 1994.

MAZOUER, Charles, « Les défenseurs ecclésiastiques de Molière », *Le Nouveau Moliériste*, II, 1995, p. 57-68.

PHILLIPS, Henry, « Molière : la querelle du *Tartuffe* et la querelle du théâtre », *Le Nouveau Moliériste*, II, 1995, p. 69-88.

McBRIDE, Robert, *Molière. « L'Imposteur » de 1667, prédécesseur du « Tartuffe »*, University of Durham, 1999 (Durham Modern

Language Series, 27); repris en 2011 à Manchester, U.K., Manchester University Press.

McBride, Robert, *Molière et son premier « Tartuffe » : genèse et évolution d'une pièce à scandale*, University of Durham, 2005.

McKenna, Anthony, *Molière, dramaturge libertin*, Paris, Champion, 2005.

Rey, François et Lacouture, Jean, *Molière et le roi. L'affaire « Tartuffe »*, Paris, Seuil, 2007.

Declercq, Gilles, « Équivoques de la séduction : Elmire entre honnêteté et libertinage », [in] *Libertinism and Literature in Seventeenth-Century France*, 2009, p. 71-127.

Serroy, Jean, « Le *Tartuffe*, roman », [in] *Molière et le romanesque, du XXᵉ siècle à nos jours*, sous la direction de Gabriel Conesa et de Jean Emelina, Pézenas, Domens, 2009, p. 149-170.

Mazouer, Charles, *Le Théâtre français de l'âge classique. II : L'apogée du classicisme*, Paris, Champion, 2010, 757 p. (Dictionnaires & Références, 20).

Prest, Julia, « Elmire and the erotics of the ménage à trois in Molière's Tartuffe », *Romanic Review*, 102. 1-2, 2011, p. 129-144.

Mazouer, Charles, « Molière et le Roi », [in] *Le Pouvoir et ses écritures*, études réunies par Denis Lopez, *Eidôlon*, nº 101, 2012, p. 135-144.

Peacock, Noël, *Molière sous les feux de la rampe*, Paris, Hermann, 2012.

Thirouin, Laurent, « *Tartuffe* raconté aux enfants : exercices d'idéologie », *P.F.S.C.L.*, 39, 77, 2012, p. 449-468.

Prest, Julia, *Controversy in French Drama : Molière's "Tartuffe" and the Struggle for influence*, New York, Palgrave Macmillan, 2014.

Cornuaille, Philippe, *Les Décors de Molière. 1658-1674*, Paris, PUPS, 2015.

Mazouer, Charles, *Théâtre et christianisme. Études sur l'ancien théâtre*, Paris, Champion, 2015 (Convergences [Antiquité – XXIᵉ siècle], 2).

Cagnat-Debœuf, Constance, « "Les parures du diable" : les marques de l'hypocrisie dans *Tartuffe* », *XVIIᵉ siècle*, nº 271, 2016, p. 219-234.

DOUGUET, Marc, et PARINGAUX, Céline, *Le Tartuffe et le Misanthrope*, Neuilly, Atlande, 2016 (Clefs concours. Lettres XVIIe siècle).

HAWCROFT, Michael, « Mise en scène et mise en page du *Tartuffe* de Molière : décor, entrées et sorties, et division en scènes », *P.F.S.C.L.*, 43, 85, 2016, p. 139-155.

PIOT, Coline, « Le *Tartuffe* de Molière sous l'œil de ses premiers spectateurs », *Littératures classiques*, n° 89, 2016, p. 115-129.

DANDREY, Patrick, « D'un *Tartuffe* à l'autre : Molière s'est-il renié ? », *R.H.L.F.*, 1, 2017, p. 149-158.

MAZOUER, Charles, « Déviations et perversions religieuses dans la comédie moliéresque », [in] *'Jusqu'au sombre plaisir d'un cœur mélancolique'. Études de littérature française du XVIIe siècle offertes à Patrick Dandrey*, sous la direction de Delphine Amstutz, Boris Donné, Guillaume Peureux et Bernard Teyssandier, Paris, Hermann, 2018, p. 37-43.

KENNEDY, Theresa Varney, « Revisiting the 'Woman Question' in Molière's Theater », [in] *Molière Re-Envisioned. Twenty-First Century Retakes. Renouveau et renouvellement moliéresques. Reprises contemporaines*, sous la direction de M. J. Muratore, Paris, Hermann, 2018, p. 417-441.

MAZOUER, Charles, « La religion des personnages de Molière », [in] *Molière Re-Envisioned. Twenty-First Century Retakes, Renouveau et renouvellement moliéresque. Reprises contemporaines*, sous la direction de M. J. Muratore, Paris, Hermann, 2018, p. 295-322.

ROUSSILLON, Marine, « *Tartuffe* entre interdiction et création », [in] *Querelles et création*, éd. Jeanne-Marie Hostiou et Alexis Tadié, Paris, Classiques Garnier, 2019, p. 223-242.

ALBANESE, Ralph, « Science et parole dans *Tartuffe* », *P.F.S.C.L.*, 93, 2020, p. 243-254.

LE TARTUFFE,
OU
L'IMPOSTEUR,

COMÉDIE

PAR I. B. P. MOLIÈRE

Imprimé aux dépens de l'Auteur; et se vend
À PARIS,
Chez JEAN RIBOU, au Palais, vis-à-vis
la Porte de l'Église de la Sainte-Chapelle,
à l'Image Saint-Louis.

M. DC. LXIX.
AVEC PRIVILÈGE DU ROI.

PRÉFACE [n. p.]

Voici une comédie dont on a fait beaucoup de bruit, qui a été longtemps persécutée ; et les gens qu'elle joue[1] ont bien fait voir qu'ils étaient plus puissants en France que tous ceux que j'ai joués jusqu'ici. Les marquis, les précieuses, les cocus et les médecins ont souffert[2] doucement qu'on les ait représentés et ils ont fait semblant de se divertir, avec tout le monde, des peintures que l'on a faites d'eux. Mais les hypocrites n'ont point entendu raillerie ; ils se sont effa[ã iij] [n. p.]rouchés d'abord[3], et ont trouvé étrange[4] que j'eusse la hardiesse de jouer leurs grimaces, et de vouloir décrier un métier dont tant d'honnêtes gens se mêlent. C'est un crime qu'ils ne sauraient me pardonner ; et ils se sont tous armés contre ma comédie avec une fureur épouvantable. Ils n'ont eu garde de l'attaquer par le côté qui les a blessés ; ils sont trop politiques pour cela, et savent trop bien vivre pour découvrir le fond de leur âme. Suivant leur louable coutume, ils ont couvert leurs intérêts de la cause de Dieu ; et le *Tartuffe* dans leur bouche est une pièce qui offense la piété. Elle est d'un bout à l'autre pleine d'abominations, et l'on n'y trouve rien qui ne mérite le feu[5]. Toutes les syllabes en sont impies. Les gestes même y sont criminels ; et le moindre [n. p.] coup d'œil, le moindre branlement de tête, le moindre pas à droite ou à gauche, y cache des mystères

---

1 *Jouer quelqu'un* : se moquer de quelqu'un.
2 *Souffrir* : supporter.
3 *D'abord* : aussitôt.
4 *Étrange* : anormal, scandaleux.
5 C'est bien ce que réclamait le sinistre curé Roullé : que le sacrilège et l'impie Molière soit condamné au feu, en un supplice public, avant-coureur du feu de l'enfer.

qu'ils trouvent moyen d'expliquer à mon désavantage. J'ai
eu beau la soumettre aux lumières de mes amis et à la censure de tout le monde ; les corrections que j'y ai pu faire, le
jugement du roi et de la reine qui l'on vue, l'approbation
des grands princes et de messieurs les ministres qui l'ont
honorée publiquement de leur présence, le témoignage des
gens de bien qui l'ont trouvée profitable, tout cela n'a de
rien servi. Ils n'en veulent point démordre, et tous les jours
encore, ils font crier en public des zélés indiscrets[6] qui me
disent des injures pieusement et me damnent par charité.

Je me soucierais fort peu de tout ce [n. p.] qu'ils peuvent
dire, n'était l'artifice[7] qu'ils ont de me faire des ennemis
que je respecte, et de jeter dans leur parti de véritables gens
de bien, dont ils préviennent la bonne foi[8], et qui par la
chaleur qu'ils ont pour les intérêts du Ciel, sont faciles à
recevoir les impressions[9] qu'on veut leur donner. Voilà ce
qui m'oblige à me défendre. C'est aux vrais dévots que je
veux partout me justifier sur la conduite de ma comédie ;
et je les conjure de tout mon cœur de ne point condamner
les choses avant que de les voir, de se défaire de toute prévention et de ne point servir la passion de ceux dont les
grimaces les déshonorent.

Si l'on prend la peine d'examiner de bonne foi ma
comédie, on verra sans doute[10] que mes intentions y sont
partout [n. p.] innocentes, et qu'elle ne tend nullement à
jouer les choses que l'on doit révérer ; que je l'ai traitée avec

---

6   Les *zélés indiscrets* sont ici les dévots qui manifestent un zèle sans retenue
     et sans discernement.
7   *Artifice* : adresse, ruse.
8   Les zélés indiscrets inspirent des préventions aux véritables gens de bien,
     qui les acceptent en toute bonne foi.
9   Sont disposés à (*faciles à*) recevoir les impulsions (*impressions*) qu'on veut
     leur donner.
10   Sans aucun doute.

toutes les précautions que me demandait la délicatesse de la matière ; et que j'ai mis tout l'art et tous les soins qu'il m'a été possible pour bien distinguer le personnage de l'hypocrite d'avec celui du vrai dévot. J'ai employé pour cela deux actes entiers à préparer la venue de mon scélérat. Il ne tient pas un seul moment l'auditeur en balance, on le connaît d'abord[11] aux marques que je lui donne, et d'un bout à l'autre il ne dit pas un mot, il ne fait pas une action qui ne peigne aux spectateurs le caractère d'un méchant homme, et ne fasse éclater celui du véritable homme de bien, que je lui oppose.

Je sais bien que, pour réponse, ces [n. p.] Messieurs tachent d'insinuer que ce n'est point au théâtre à parler de ces matières ; mais je leur demande avec leur permission sur quoi ils fondent cette belle maxime[12]. C'est une pro-position qu'ils ne font que supposer[13], et qu'ils ne prouvent en aucune façon ; et sans doute il ne serait pas difficile de leur faire voir que la comédie[14] chez les Anciens a pris son origine de la religion, et faisait partie de leurs mystères ; que les Espagnols nos voisins ne célèbrent guère de fête où la comédie ne soit mêlée, et que, même, parmi nous elle doit sa naissance aux soins d'une confrérie à qui appartient encore aujourd'hui l'Hôtel de Bourgogne[15] ; que c'est un lieu qui

---

11 Voir *supra*, la note 3.

12 Cette maxime vient de l'évêque Godeau, dans un sonnet paru en 1654. Elle sera reprise par tous les adversaires du théâtre.

13 *Supposer* : mettre comme base.

14 C'est-à-dire le théâtre.

15 Il s'agit des confrères de la Passion parisiens, qui avaient plus ou moins le monopole de la représentation des mystères de la Passion ; ils demeu-rèrent propriétaires de leur Hôtel de Bourgogne après l'interdiction des mystères, en 1548, et ils le louèrent longtemps à des comédiens. La troupe installée désormais à demeure à l'Hôtel de Bourgogne, celle des Grands Comédiens, était la rivale principale de la troupe de Molière, comme on l'a vu lors de la querelle de *L'École des femmes*.

fut donné pour y représenter les plus importants mystères
de notre foi ; qu'on en voit encore des comédies imprimées
en [n. p.] lettres gothiques, sous le nom d'un docteur de
Sorbonne[16] ; et sans aller chercher si loin, que l'on a joué
de notre temps des pièces saintes de M. de Corneille[17] qui
ont été l'admiration de toute la France.

Si l'emploi de la comédie est de corriger les vices des
hommes, je ne vois pas par quelle raison il y en aura de
privilégiés. Celui-ci[18] est dans l'État d'une conséquence
bien plus dangereuse que tous les autres, et nous avons
vu que le théâtre a une grande vertu pour la correction.
Les plus beaux traits d'une sérieuse morale sont moins
puissants, le plus souvent, que ceux de la satire, et rien ne
reprend mieux la plupart des hommes que la peinture de
leurs défauts. C'est une grande atteinte aux vices que de
les ex[n. p.]poser à la risée de tout le monde. On souffre
aisément des répréhensions[19] ; mais on ne souffre point
la raillerie. On veut bien être méchant ; mais on ne veut
point être ridicule.

On me reproche d'avoir mis des termes de piété dans la
bouche de mon imposteur. Et pouvais-je m'en empêcher,
pour bien représenter le caractère d'un hypocrite ? Il suffit,

---

16   Les confrères de la Passion jouaient surtout des Mystères de la Passion,
     mais pas uniquement. Les plus célèbres de ces mystères étaient celui
     de Gréban, resté manuscrit, et celui de Jehan Michel, imprimé dès le
     fin du XVᵉ siècle et à de très nombreuses reprises au XVIᵉ siècle. C'est à
     une édition de ce genre, en caractères gothiques, que Molière doit faire
     allusion ; mais avec quelque confusion, car Jehan Michel était docteur
     en médecine et fut régent de l'université d'Angers.

17   Il s'agit de *Polyeucte* et de *Théodore*, qu'on appelait des « comédies de
     dévotion » – des pièces à sujet et à pensée religieuse, qu'on pensait aptes
     à prouver l'innocence et même l'utilité du théâtre et donc à contrer les
     adversaires chrétiens du théâtre.

18   L'hypocrisie.

19   On supporte (*souffre*) bien les réprimandes (*répréhensions*).

ce me semble, que je fasse connaître les motifs criminels qui lui font dire les choses, et que j'en aie retranché les termes consacrés[20], dont on aurait eu peine à lui entendre faire un mauvais usage. Mais il débite au quatrième acte une morale pernicieuse[21]. Mais cette morale est-elle quelque chose dont tout le monde n'eût les oreilles rebattues ? dit-elle rien de nouveau dans ma comédie ? [n. p.] et peut-on craindre que des choses si généralement détestées fassent quelque impression dans les esprits ? que je les rende dangereuses en les faisant monter sur le théâtre ? qu'elles reçoivent quelque autorité de la bouche d'un scélérat ? Il n'y a nulle apparence à cela ; et l'on doit approuver la comédie du *Tartuffe*, ou condamner généralement toutes les comédies.

C'est à quoi l'on s'attache furieusement depuis un temps[22] ; et jamais on ne s'était si fort déchaîné contre le théâtre. Je ne puis pas nier aussi qu'il n'y ait eu des Pères de l'Église qui ont condamné la comédie ; mais on ne peut pas me nier aussi qu'il n'y en ait eu quelques-uns qui l'ont traitée un peu plus doucement. Ainsi l'autorité dont on prétend appuyer la censure est détruite par ce partage ; et toute la consé[e][n. p.]quence qu'on peut tirer de cette diversité d'opinions en des esprits éclairés des mêmes lumières, c'est qu'ils ont pris la comédie différemment,

---

20 Quels sont ces *termes consacrés*, retranchés par Molière dans sa révision du *Tartuffe* ? Probablement ceux qui désignaient les aspects les plus sacrés de la foi et du culte.

21 Terme employé pour désigner la casuistique des jésuites, que les *Provinciales* de Pascal avaient publiquement mise à mal.

22 Nous sommes alors, en effet, dans une phase aiguë de la querelle de la moralité du théâtre, qui avait atteint Corneille avant Molière. Les traités de Nicole (*Traité de la comédie*, publié en 1667 mais rédigé auparavant) et de Conti (*Traité de la comédie et des spectacles selon la tradition de l'Église tirée des conciles et des saints Pères*, 1666) constituaient l'artillerie lourde des adversaires du théâtre. Voir Charles Mazouer, *Le Théâtre français de l'âge classique, II : L'apogée du classicisme*, 2010, chapitre I, p. 23-37.

et que les uns l'ont considérée dans sa pureté, lorsque les autres l'ont regardée dans sa corruption et confondue avec tous ces vilains spectacles qu'on a eu raison de nommer des spectacles de turpitude[23].

Et en effet, puisqu'on doit discourir des choses et non pas des mots, et que la plupart des contrariétés[24] viennent de ne se pas entendre et d'envelopper dans un même mot des choses opposées, il ne faut qu'ôter le voile de l'équivoque et regarder ce qu'est la comédie en soi, pour voir si elle est condamnable. On connaîtra sans doute, que n'étant autre chose qu'un poème ingénieux, qui par des leçons agréa[n. p.] bles reprend les défauts des hommes, on ne saurait la censurer sans injustice. Et si nous voulons ouïr là-dessus le témoignage de l'Antiquité, elle nous dira que ses plus célèbres philosophes ont donné des louanges à la comédie, eux qui faisaient profession d'une sagesse si austère, et qui criaient sans cesse après les vices de leur siècle. Elle nous fera voir qu'Aristote a consacré des veilles au théâtre et s'est donné le soin de réduire en préceptes l'art de faire des comédies[25]. Elle nous apprendra que de ses plus grands hommes, et des premiers en dignité, ont fait gloire d'en composer eux-mêmes[26] ; qu'il y en a eu d'autres qui n'ont pas dédaigné de réciter en public celles qu'ils avaient composées ; que la Grèce a fait pour cet art éclater son estime, par les prix

---

23   À propos du théâtre et des spectacles de son temps, saint Augustin, qui fut passionné puis adversaire farouche du théâtre, parlait, dans sa *Cité de Dieu*, des « *spectacula turpitudinum* » ; Corneille traduisit en « spectacles de turpitudes » dans l'Épître dédicatoire de *Théodore*.

24   *Contrariétés* : opinions contraires.

25   Mais nous n'avons plus la partie de la *Poétique* d'Aristote consacrée à la comédie proprement dite ; *comédies* ici désigne plutôt, en général, les pièces de théâtre. Dans la suite du développement il y aura parfois retour possible au sens restreint de « théâtre comique ».

26   Scipion Émilien, croyait-on encore, aurait mis la main aux comédies de Térence.

glorieux et par les superbes théât[ẽ ij][n. p.]res dont elle a voulu l'honorer[27] ; et que, dans Rome enfin, ce même art a reçu aussi des honneurs extraordinaires – je ne dis pas d'une Rome débauchée, et sous la licence des empereurs ; mais dans Rome disciplinée, sous la sagesse des consuls, et dans le temps de la vigueur de la vertu romaine.

J'avoue qu'il y a eu des temps où la comédie s'est corrompue. Et qu'est-ce que dans le monde on ne corrompt point tous les jours ? Il n'y a chose si innocente où les hommes ne puissent porter du crime, point d'art si salutaire dont ils ne soient capables de renverser les intentions, rien de si bon en soi qu'ils ne puissent tourner à de mauvais usages. La médecine est un art profitable, et chacun la révère comme une des plus excellentes choses [n. p.] que nous ayons ; et cependant il y a eu des temps où elle s'est rendu odieuse, et souvent on en a fait un art d'empoisonner les hommes. La philosophie est un présent du Ciel : elle nous a été donnée pour porter nos esprits à la connaissance d'un Dieu, par la contemplation des merveilles de la nature ; et pourtant on n'ignore pas que souvent on l'a détournée de son emploi et qu'on l'a occupée publiquement à soutenir l'impiété. Les choses, même les plus saintes, ne sont point à couvert de la corruption des hommes ; et nous voyons des scélérats qui tous les jours abusent de la piété et la font servir méchamment aux crimes les plus grands. Mais on ne laisse pas pour cela de faire[28] les distinctions qu'il est besoin de faire. On n'enveloppe point dans une fausse conséquence la bonté des choses [ẽ iij] [n. p.] que l'on corrompt, avec la malice[29] des corrupteurs.

---

27 Allusion aux concours de tragédies et de comédies institués à Athènes lors des cérémonies et fêtes consacrées à Dionysos.

28 *Ne pas laisser de faire* : faire néanmoins.

29 *Malice* : perversité. Il faut bien distinguer la chose bonne et la perversité de ceux qui la corrompent, et il convient que la condamnation des

On sépare toujours le mauvais usage d'avec l'intention de
l'art ; et comme on ne s'avise point de défendre la médecine, pour avoir été bannie de Rome[30], ni la philosophie,
pour avoir été condamnée publiquement dans Athènes[31],
on ne doit point aussi vouloir interdire la comédie, pour
avoir été censurée en de certains temps. Cette censure a eu
ses raisons, qui ne subsistent point ici. Elle s'est renfermée
dans ce qu'elle a pu voir, et nous ne devons point la tirer
des bornes qu'elle s'est données, l'étendre plus loin qu'il ne
faut, et lui faire embrasser l'innocent avec le coupable. La
comédie qu'elle a eu dessein d'attaquer n'est point du tout
la comédie que nous voulons défendre. Il se faut bien garder de confondre celle-là avec celle-ci. [n. p.] Ce sont deux
personnes de qui les mœurs sont tout à fait opposées. Elles
n'ont aucun rapport l'une avec l'autre, que la ressemblance
du nom ; et ce serait une injustice épouvantable, que de
vouloir condamner Olympe, qui est femme de bien, parce
qu'il y a une Olympe[32] qui a été une débauchée. De semblables arrêts, sans doute, feraient un grand désordre dans
le monde. Il n'y aurait rien par là qui ne fût condamné ; et
puisque l'on ne garde point cette rigueur à tant de choses,
dont on abuse tous les jours, on doit bien faire la même
grâce à la comédie, et approuver les pièces de théâtre où
l'on verra régner l'instruction et l'honnêteté.

   Je sais qu'il y a des esprits dont la délicatesse ne peut
souffrir aucune comédie ; [n. p.] qui disent que les plus

---

      corrupteurs n'entraîne pas la condamnation de cette chose bonne.
30   Bien après Caton, dit Pline l'Ancien dans son *Histoire naturelle*, les
      anciens Romains chassèrent les Grecs d'Italie, et avec eux expressément
      les médecins.
31   Allusion surtout à la condamnation de Socrate.
32   Une note de la récente édition de Molière dans la Pléiade (t. II, 2010,
      n. 26, p. 1393-1394) nous apprend qu'une Olympe, maîtresse du pape
      Innocent X, fut dénoncée, en 1666, par la traduction d'un libelle italien.

honnêtes sont les plus dangereuses ; que les passions que l'on y dépeint sont d'autant plus touchantes qu'elles sont pleines de vertu ; et que les âmes sont attendries par ces sortes de représentations. Je ne vois pas quel grand crime c'est que de s'attendrir à la vue d'une passion honnête ; et c'est un haut étage de vertu, que cette pleine insensibilité où ils veulent faire monter notre âme. Je doute qu'une si grande perfection soit dans les forces de la nature humaine ; et je ne sais s'il n'est pas mieux de travailler à rectifier et adoucir les passions des hommes, que de vouloir les retrancher entièrement. J'avoue qu'il y a des lieux qu'il vaut mieux fréquenter que le théâtre ; et, si l'on veut blâmer toutes les choses qui ne regardent pas directement [n. p.] Dieu et notre salut, il est certain que la comédie en doit être, et je ne trouve point mauvais qu'elle soit condamnée avec le reste. Mais supposé, comme il est vrai, que les exercices de la piété souffrent des intervalles[33], et que les hommes aient besoin de divertissement, je soutiens qu'on ne leur en peut trouver un qui soit plus innocent que la comédie. Je me suis étendu trop loin. Finissons par un mot d'un grand prince[34] sur la comédie du *Tartuffe*.

Huit jours après qu'elle eut été défendue[35], on représenta devant la cour une pièce intitulée *Scaramouche ermite*[36] ; et le roi, en sortant, dit au grand prince que je veux dire : « Je voudrais bien savoir pourquoi les gens qui se scandalisent si fort de la [n. p.] comédie de Molière ne disent mot de celle de *Scaramouche* ». À quoi le prince répondit : « La raison

---

33 Autorisent entre eux des pauses.
34 Très probablement Condé.
35 Interdite à la représentation publique.
36 Une pièce représentée par les Italiens, dont le canevas n'est pas resté. Selon Voltaire, qui le résume, il s'agirait d'un ermite qui monte de nuit chez une femme mariée et reparaît de temps en temps au balcon en disant : « Ceci est pour mortifier la chair ».

de cela, c'est que la comédie de *Scaramouche* joue le Ciel et la religion, dont ces messieurs-là ne se soucient point ; mais celle de Molière les joue eux-mêmes. C'est ce qu'ils ne peuvent souffrir ».

EXTRAIT DU PRIVILÈGE DU ROI   [n. p.]

Par grâce et Privilège du Roi, donné à Paris le 15ᵉ jour de mars 1669 Signé, Par le Roi en son Conseil D'ALENCÉ, et scellé du grand sceau de cire jaune : Il est permis à J. B. P. DE MOLIÈRE, de faire imprimer, vendre et débiter, par tel libraire ou imprimeur qu'il voudra choisir, une pièce de théâtre de sa composition, intitulée L'IMPOSTEUR, pendant le temps et espace de dix années, à commencer du jour que ladite pièce sera achevée d'imprimer pour la première fois. Et défenses sont faites à tous autres libraires ou imprimeurs de l'imprimer, faire imprimer, vendre et débiter, sans le consentement de l'exposant, ou de ceux qui auront droit de lui ; à peine aux contrevenants de six mille livres d'amende, confiscation des exemplaires contrefaits, et de tous dépens, dommages et intérêts, ainsi qu'il est porté plus au long par ledit Privilège.

Registré sur le Livre de la Communauté, suivant l'arrêt de la Cour de Parlement du 8ᵉ avril 1653.
Signé, A. SOUBRON.

Achevé d'imprimer pour la première fois, le 23ᵉ mars 1669.

MADAME PERNELLE, mère d'Orgon[37].

ORGON, mari d'Elmire[38].

ELMIRE, femme d'Orgon[39].

DAMIS, fils d'Orgon[40].

MARIANE, fille d'Orgon et amante de Valère.

VALÈRE, amant de Mariane[41].

CLÉANTE, beau-frère d'Orgon[42].

TARTUFFE, faux dévot[43].

DORINE, suivante de Mariane[44].

MONSIEUR LOYAL, sergent.

UN EXEMPT.

FLIPOTE, servante de Madame Pernelle.

La scène est à Paris.

---

37 Rôle créé par Louis Béjart, c'est-à-dire par un acteur masculin, accentuant ici le caractère entêté et revêche de la vieille femme. Nous retrouverons un tel choix de distribution, que Molière ne fait jamais sans intention concernant le personnage joué ; pensons à Madame Jourdain, dans *Le Bourgeois gentilhomme*, ou à la Philaminte des *Femmes savantes*.

38 Rôle comique de Molière.

39 Armande Béjart.

40 Hubert.

41 La Grange.

42 La Thorillière.

43 Du Croisy.

44 Madeleine Béjart.

L'IMPOSTEUR

COMÉDIE

ACTE PREMIER

Scène PREMIÈRE

MADAME PERNELLE, et FLIPOTE SA SERVANTE,
ELMIRE, MARIANE, DORINE, DAMIS, CLÉANTE

MADAME PERNELLE
Allons, Flipote, allons, que d'eux je me délivre.

ELMIRE
Vous marchez d'un tel pas qu'on a peine à vous
[suivre.

MADAME PERNELLE
Laissez, ma bru, laissez ; ne venez pas plus loin ;
Ce sont toutes façons dont je n'ai pas besoin.

ELMIRE   [A] [2]
5   De ce que l'on vous doit, envers vous on s'acquitte.
Mais, ma mère, d'où vient que vous sortez si vite ?

MADAME PERNELLE
C'est que je ne puis voir tout ce ménage-ci,
Et que de me complaire, on ne prend nul souci.
Oui, je sors de chez vous fort mal édifiée ;

10   Dans toutes mes leçons, j'y suis contrariée[45] ;
        On n'y respecte rien ; chacun y parle haut,
        Et c'est, tout justement, la cour du roi Pétaut[46].

                        DORINE
        Si...

                    MADAME PERNELLE
            Vous êtes, mamie, une fille suivante
        Un peu trop forte en gueule, et fort impertinente :
15   Vous vous mêlez sur tout de dire votre avis.

                        DAMIS
        Mais...

                    MADAME PERNELLE
            Vous êtes un sot en trois lettres, mon fils ;
        C'est moi qui vous le dis, qui suis votre grand-mère ;
        Et j'ai prédit cent fois à mon fils votre père,
        Que vous preniez tout l'air d'un méchant garnement,
20   Et ne lui donneriez jamais que du tourment.

                        MARIANE
        Je crois...

                    MADAME PERNELLE
            Mon Dieu, sa sœur, vous faites la discrète,
        Et vous n'y touchez pas, tant vous semblez doucette :
        Mais il n'est, comme on dit, pire eau que l'eau qui
                                        [dort,

----

45 Diérèse.
46 *Pétaud* était le chef des mendiants. On disait « *Cela ressemble à la cour
    du roi Pétaut* pour dire qu'il n'y a que désordre et confusion » (Richelet,
    1719).

Et vous menez sous chape un train que je hais fort.

ELMIRE

25   Mais, ma mère...

MADAME PERNELLE   [3]
          Ma bru, qu'il ne vous en déplaise,
Votre conduite en tout est tout à fait mauvaise :
Vous devriez leur mettre un bon exemple aux yeux,
Et leur défunte mère en usait beaucoup mieux.
Vous êtes dépensière ; et cet état[47] me blesse,
30   Que vous alliez vêtue ainsi qu'une princesse.
Quiconque à son mari veut plaire seulement,
Ma bru, n'a pas besoin de tant d'ajustement[48].

CLÉANTE

Mais, Madame, après tout...

MADAME PERNELLE
                              Pour vous, Monsieur son
                              [frère,
Je vous estime fort, vous aime, vous révère.
35   Mais enfin, si j'étais de mon fils son époux[49],
Je vous prierais bien fort de n'entrer point chez nous.
Sans cesse vous prêchez des maximes de vivre,
Qui par d'honnêtes gens ne se doivent point suivre.
Je vous parle un peu franc, mais c'est là mon humeur,
40   Et je ne mâche point ce que j'ai sur le cœur.

---

47   Train de vie.
48   *Ajustement* : toilette, parure.
49   Si j'étais mon fils, époux d'Elmire.

DAMIS

Votre monsieur Tartuffe est bienheureux sans doute…

MADAME PERNELLE

C'est un homme de bien, qu'il faut que l'on écoute ;
Et je ne puis souffrir[50], sans me mettre en courroux,
De le voir querellé par un fou comme vous.

DAMIS

45   Quoi ! je souffrirai, moi, qu'un cagot de critique[51],
Vienne usurper céans un pouvoir tyrannique ?
Et que nous ne puissions à rien nous divertir,
Si ce beau Monsieur-là n'y daigne consentir ?

DORINE

S'il le faut écouter et croire à ses maximes,
50   On ne peut faire rien qu'on ne fasse des crimes[52],
Car il contrôle tout, ce critiqué zélé[53].   [A ij] [4]

MADAME PERNELLE

Et tout ce qu'il contrôle est fort bien contrôlé.
C'est au chemin du Ciel qu'il prétend vous conduire ;
Et mon fils, à l'aimer, vous devrait tous induire.

DAMIS

55   Non, voyez-vous, ma mère, il n'est père, ni rien
Qui me puisse obliger à lui vouloir du bien.

---

50   Supporter.
51   « *Cagot*, faux dévot et hypocrite, qui affecte de montrer des apparences
de dévotion pour tromper et pour parvenir à ses fins » (FUR.). Tartuffe
est d'emblée exactement défini par ce terme. Le cagot Tartuffe se mêle
de critiquer les membres de la famille.
52   Voir cette précision de Furetière : *Crime*, en termes de dévotion, désigne
« tous les péchés qu'on a commis contre Dieu ».
53   Mû (apparemment) par le zèle de la dévotion.

Je trahirais mon cœur de parler d'autre sorte ;
Sur ses façons de faire, à tous coups je m'emporte ;
J'en prévois une suite, et qu'avec ce pied plat[54]
60   Il faudra que je vienne à quelque grand éclat.

DORINE

Certes, c'est une chose aussi qui scandalise,
De voir qu'un inconnu céans s'impatronise[55] ;
Qu'un gueux qui, quand il vint, n'avait pas de
                                        [souliers,
Et dont l'habit entier valait bien six deniers[56],
65   En vienne jusque-là que de se méconnaître[57],
De contrarier tout[58] et de faire le maître.

MADAME PERNELLE

Hé, merci de ma vie[59] ! il en irait bien mieux,
Si tout se gouvernait par ses ordres pieux.

DORINE

Il passe pour un saint dans votre fantaisie[60] ;
70   Tout son fait, croyez-moi, n'est rien qu'hypocrisie.

MADAME PERNELLE

Voyez la langue !

DORINE
À lui, non plus qu'à son Laurent,

---

54   Le *pied plat* est un « rustre, un paysan, qui a des souliers tous unis »
     (FUR.), c'est-à-dire sans talons.
55   *S'impatroniser* : s'établir comme chez soi.
56   C'est-à-dire presque rien.
57   De ne pas reconnaître ce qu'il est, d'oublier sa basse origine.
58   De s'opposer à tout.
59   Juron employé dans le petit peuple.
60   *Fantaisie* : imagination.

Je ne me fierais, moi, que sur un bon garant.

MADAME PERNELLE

J'ignore ce qu'au fond le serviteur peut être ;
Mais pour homme de bien je garantis le maître.
75   Vous ne lui voulez mal, et ne le rebutez[61],   [5]
Qu'à cause qu'il vous dit à tous vos vérités.
C'est contre le péché que son cœur se courrouce,
Et l'intérêt du Ciel est tout ce qui le pousse.

DORINE

Oui ; mais pourquoi, surtout depuis un certain
                                            [temps,
80   Ne saurait-il souffrir qu'aucun hante[62] céans ?
En quoi blesse le Ciel une visite honnête[63],
Pour en faire un vacarme à nous rompre la tête ?
Veut-on que là-dessus je m'explique entre nous ?
Je crois que de Madame il est, ma foi, jaloux.

MADAME PERNELLE

85   Taisez-vous, et songez aux choses que vous dites.
Ce n'est pas lui tout seul qui blâme ces visites ;
Tout ce tracas qui suit les gens que vous hantez,
Ces carrosses sans cesse à la porte plantés,
Et de tant de laquais le bruyant assemblage,
90   Font un éclat fâcheux dans tout le voisinage.
Je veux croire qu'au fond il ne se passe rien ;
Mais enfin on en parle, et cela n'est pas bien.

---

61 *Rebuter quelqu'un* : le repousser avec dureté, l'empêcher de poursuivre
son dessein.
62 *Hanter* : fréquenter, rendre visite. Tartuffe ne supporte pas que quiconque
fréquente la maison.
63 *Visite* est le sujet et *le Ciel* le complément d'objet de *blesse*.

CLÉANTE

Hé ! voulez-vous, Madame, empêcher qu'on ne
[cause ?
Ce serait dans la vie une fâcheuse chose,
95 Si pour les sots discours où l'on peut être mis,
Il fallait renoncer à ses meilleurs amis ;
Et quand même on pourrait se résoudre à le faire,
Croiriez-vous obliger tout le monde à se taire ?
Contre la médisance[64] il n'est point de rempart ;
100 À tous les sots caquets n'ayons donc nul égard ;
Efforçons-nous de vivre avec toute innocence,
Et laissons aux causeurs une pleine licence.

DORINE

Daphné notre voisine, et son petit époux,
Ne seraient-ils point ceux qui parlent mal de nous ?
105 Ceux de qui la conduite offre le plus à rire   [A iij] [6]
Sont toujours sur autrui les premiers à médire ;
Ils ne manquent jamais de saisir promptement
L'apparente lueur du moindre attachement,
D'en semer la nouvelle avec beaucoup de joie,
110 Et d'y donner le tour qu'ils veulent qu'on y croie[65].
Des actions d'autrui, teintes de leurs couleurs,
Ils pensent dans le monde autoriser les leurs,
Et sous le faux espoir de quelque ressemblance,
Aux intrigues qu'ils ont, donner de l'innocence,
115 Ou faire ailleurs tomber quelques traits partagés
De ce blâme public dont ils sont trop chargés.

---

64 Au XVIIe siècle, la *médisance* désigne aussi la calomnie.
65 Le moindre attachement est transformé par les médisants, selon leur
    besoin (justifier leur conduite, ou diriger le blâme sur autrui pour l'écarter
    d'eux), en action respectable ou blâmable.

MADAME PERNELLE

Tous ces raisonnements ne font rien à l'affaire.
On sait qu'Orante mène une vie exemplaire ;
Tous ses soins vont au Ciel, et j'ai su par des gens
120   Qu'elle condamne fort le train[66] qui vient céans.

DORINE

L'exemple est admirable, et cette dame est bonne !
Il est vrai qu'elle vit en austère personne ;
Mais l'âge dans son âme a mis ce zèle ardent,
Et l'on sait qu'elle est prude à son corps défendant[67].
125   Tant qu'elle a pu des cœurs attirer les hommages,
Elle a fort bien joui de tous ses avantages.
Mais voyant de ses yeux tous les brillants baisser,
Au monde, qui la quitte, elle veut renoncer,
Et du voile pompeux d'une haute sagesse,
130   De ses attraits usés déguiser la faiblesse.
Ce sont là les retours[68] des coquettes du temps.
Il leur est dur de voir déserter les galants.
Dans un tel abandon, leur sombre inquiétude
Ne voit d'autre recours que le métier de prude ;
135   Et la sévérité de ces femmes de bien
Censure toute chose, et ne pardonne à rien ;
Hautement d'un chacun elles blâment la vie,   [7]
Non point par charité, mais par un trait d'envie
Qui ne saurait souffrir qu'une autre ait les plaisirs

---

66   *Train* : les gens qui viennent en visite et leur suite.
67   Merveilleuse expression ! *À son corps défendant* signifie « en se défendant »,
      « malgré soi ». Dorine recharge à sa manière le sens propre : c'est malgré
      elles que les vieilles femmes sont prudes ; mais c'est aussi leur *corps* qui
      n'attire plus personne, qui leur *défend* toute aventure de coquetterie et
      les force à devenir prudes !
68   *Retour* : revirement, vicissitude.

140   Dont le penchant[69] de l'âge a sevré leurs désirs.

MADAME PERNELLE

Voilà les contes bleus[70] qu'il vous faut pour vous
                                        [plaire.
Ma bru, l'on est, chez vous, contrainte de se taire,
Car Madame, à jaser, tient le dé[71] tout le jour.
Mais enfin, je prétends discourir à mon tour.
145   Je vous dis que mon fis n'a rien fait de plus sage
Qu'en recueillant chez soi ce dévot personnage ;
Que le Ciel au besoin[72] l'a céans[73] envoyé,
Pour redresser à tous votre esprit fourvoyé ;
Que pour votre salut vous le devez entendre,
150   Et qu'il ne reprend rien qui ne soit à reprendre.
Ces visites, ces bals, ces conversations
Sont du malin esprit toutes inventions[74].
Là, jamais on n'entend de pieuses paroles :
Ce sont propos oisifs, chansons et fariboles ;
155   Bien souvent le prochain en a sa bonne part,
Et l'on y sait médire, et du tiers et du quart[75].
Enfin les gens sensés ont leurs têtes troublées
De la confusion de telles assemblées :
Mille caquets divers s'y font en moins de rien ;

---

69 Le déclin.
70 Des propos en l'air, comme les contes pour le peuple. Par allusion à la
    couverture des petits livres populaires de la Bibliothèque bleue imprimée
    à Troyes, qui diffusait des dérivés des romans de chevalerie.
71 *Tenir le dé* : « se rendre maître d'une conversation et y vouloir parler
    toujours » (FUR.).
72 Parce qu'il en était besoin.
73 *Céans* : ici, dans la maison.
74 Des inventions du diable pour conduire au péché. Noter les deux diérèses
    à la rime.
75 Et l'on y sait proférer médisance et calomnie contre le prochain, sans
    exception.

160   Et comme l'autre jour un docteur dit fort bien,
       C'est véritablement la tour de Babylone[76],
       Car chacun y babille, et tout du long de l'aune[77] ;
       Et pour conter l'histoire où ce point[78] l'engagea...
       Voilà-t-il pas Monsieur qui ricane déjà ?
165   Allez chercher vos fous qui vous donnent à rire ;
       Et sans... Adieu, ma bru, je ne veux plus rien dire.
       Sachez que pour céans j'en rabats de moitié[79],
       Et qu'il fera beau temps quand j'y mettrai le pied.
                Donnant un soufflet à Flipote.   [A iiij] [8]
       Allons, vous, vous rêvez, et bayez aux corneilles.
170   Jour de Dieu, je saurai vous frotter les oreilles.
       Marchons, gaupe[80], marchons.

                              Scène 2
                       CLÉANTE, DORINE

                            CLÉANTE
                                      Je n'y veux point
                                            [aller[81],
       De peur qu'elle ne vînt encor me quereller ;

---

76   C'est dans l'épisode biblique de la *tour* de Babel que les hommes ne
     peuvent plus s'entendre par le mélange des langues que leur impose
     Dieu. Babel était souvent confondu avec *Babylone*. Madame Pernelle
     ferait-elle un autre rapprochement, en jouant sur la phonétique du
     mot *babil* qu'implique *babiller* ? En tout cas, la fausse étymologie *babil/*
     Babylone était imaginée depuis le XVIe siècle.
77   En faisant bonne mesure.
78   Ce *point* de son discours.
79   *En rabattre de moitié* : perdre de l'estime.
80   Insulte violente pour dire désigner une souillon (« Maussade et salope »,
     dit FUR.).
81   Aller raccompagner Madame Pernelle.

Que cette bonne femme[82]…

CENTRE DORINE

DORINE

Ah ! certes, c'est
[dommage
Qu'elle ne vous ouît[83] tenir un tel langage ;
175   Elle vous dirait bien qu'elle vous trouve bon,
Et qu'elle n'est point d'âge à lui donner ce nom.

CLÉANTE

Comme elle s'est pour rien contre nous échauffée !
Et que de son Tartuffe elle paraît coiffée[84] !

DORINE

Oh ! vraiment, tout cela n'est rien au prix[85] du fils ;
180   Et si vous l'aviez vu, vous diriez : « C'est bien pis ».
Nos troubles[86] l'avaient mis sur le pied d'homme
[sage[87],
Et pour servir son prince il montra du courage ;
Mais il est devenu comme un homme hébété[88],
Depuis que de Tartuffe on le voit entêté.
185   Il l'appelle son frère, et l'aime dans son âme
Cent fois plus qu'il ne fait mère, fils, fille et femme.
C'est de tous ses secrets l'unique confident,   [9]
Et de ses actions le directeur[89] prudent.

---

82   Selon Furetière, « on appelle un vieillard un *bonhomme*, une vieille femme,
     une *bonne femme* ».
83   Subjonctif présent du vieux verbe *ouïr*, « entendre ».
84   *Se coiffer* : s'enticher.
85   En comparaison.
86   Les troubles de la Fronde.
87   L'avaient fait considérer comme un homme sage.
88   *Hébéter* : rendre stupide.
89   C'est-à-dire le directeur de conscience laïc. – Diérèse sur *action*.

Il le choie, il l'embrasse ; et pour une maîtresse
190 On ne saurait, je pense, avoir plus de tendresse.
À table, au plus haut bout[90], il veut qu'il soit assis ;
Avec joie il l'y voit manger autant que six ;
Les bons morceaux de tout, il fait qu'on les lui cède ;
Et s'il vient à roter, il lui dit : « Dieu vous aide ! »
      C'est une servante qui parle.
195 Enfin il en est fou ; c'est son tout, son héros ;
Il l'admire à tous coups, le cite à tout propos ;
Ses moindres actions[91] lui semblent des miracles,
Et tous les mots qu'il dit sont pour lui des oracles.
Lui[92] qui connaît sa dupe, et qui veut en jouir,
200 Par cent dehors fardés[93] a l'art de l'éblouir ;
Son cagotisme[94] en tire à toute heure des sommes,
Et prend droit de gloser[95] sur tous tant que nous
                                          [sommes.
Il n'est pas jusqu'au fat[96] qui lui sert de garçon
Qui ne se mêle aussi de nous faire leçon.
205 Il vient nous sermonner avec des yeux farouches,
Et jeter nos rubans, notre rouge et nos mouches[97].
Le traître, l'autre jour, nous rompit de ses mains

---

90 Le *haut bout* d'une table est le lieu le plus honorable, « celui où sont
    placés les gens de la plus grande qualité et où l'on sert les meilleurs
    mets » (FUR.).
91 Encore une diérèse significative.
92 Tartuffe.
93 Les *dehors fardés* sont les apparences trompeuses que produit Tartuffe.
94 Dorine use d'un néologisme dérivé de *cagot* ; voir la note au vers 45.
95 *Gloser* : critiquer, railler.
96 Le valet (*le garçon*) qui sert Tartuffe est un sot (*fat*).
97 Tous instruments de la coquetterie féminine. Les *mouches* sont des petits
    morceaux de tissu noir appliqués sur le visage pour rehausser le teint.

Un mouchoir[98] qu'il trouva dans une *Fleur des Saints*[99],
Disant que nous mêlions, par un crime effroyable,
210 Avec la sainteté les parures du diable.

Scène 3   [A v] [10]

ELMIRE, MARIANE, DAMIS,
CLÉANTE, DORINE

ELMIRE

Vous êtes bien heureux de n'être point venu
Au discours qu'à la porte elle nous a tenu.
Mais j'ai vu mon mari ; comme il ne m'a point vue,
Je veux aller là-haut[100] attendre sa venue.

CLÉANTE

215 Moi, je l'attends ici pour moins d'amusement[101],
Et je vais lui donner le bonjour seulement.

DAMIS

De l'hymen de ma sœur, touchez-lui quelque chose.
J'ai soupçon que Tartuffe à son effet[102] s'oppose,
Qu'il oblige mon père à des détours si grands ;
220 Et vous n'ignorez pas quel intérêt j'y prends.
Si même ardeur enflamme et ma sœur et Valère,

---

98 Il s'agit d'un *mouchoir de col*, linge « dont les dames se servent pour cacher
   et parer leur gorge » (FUR.).
99 *Flos sanctorum* de Pedro Ribadeneyra avait été traduit en 1640. Ce livre
   de piété fort répandu était imprimé en grands et lourds in-folio, fort
   aptes à servir de presse ! Les femmes de la maison lisaient-elles parfois
   cet ouvrage ? Peut-être bien.
100 Dans une salle haute, à l'étage.
101 Pour perdre moins de temps (*amuser*, c'est faire perdre le temps ; *amusement* : perte de temps).
102 Réalisation.

La sœur de cet ami, vous le savez, m'est chère ;
Et s'il fallait…

DORINE
Il entre.

Scène 4   [11]
ORGON, CLÉANTE, DORINE

ORGON
                    Ah ! mon frère, bonjour.

CLÉANTE
Je sortais, et j'ai joie à vous voir de retour :
225 La campagne, à présent, n'est pas beaucoup fleurie.

ORGON
Dorine… Mon beau-frère, attendez, je vous prie.
Vous voulez bien souffrir, pour m'ôter de souci,
Que je m'informe un peu des nouvelles d'ici.
Tout s'est-il, ces deux jours, passé de bonne sorte ?
230 Qu'est-ce qu'on fait céans ? comme[103] est-ce qu'on
                                    [s'y porte ?

DORINE
Madame eut, avant-hier, la fièvre jusqu'au soir,
Avec un mal de tête étrange[104] à concevoir.

ORGON
Et Tartuffe ?

---

103 Comment.
104 Extraordinairement difficile à concevoir.

DORINE

Tartuffe ? Il se porte à merveille,
Gros et gras, le teint frais et la bouche vermeille.

ORGON

235 Le pauvre[105] homme !

DORINE

Le soir, elle eut un grand
[dégoût,
Et ne put au souper toucher à rien du tout,
Tant sa douleur de tête était encor cruelle.

ORGON   [A vj] [12]

Et Tartuffe ?

DORINE

Il soupa, lui tout seul, devant elle,
Et fort dévotement il mangea deux perdrix,
240 Avec une moitié de gigot en hachis.

ORGON

Le pauvre homme !

DORINE

La nuit se passa tout entière
Sans qu'elle pût fermer un moment la paupière ;
Des chaleurs l'empêchaient de pouvoir sommeiller,

---

105 Se souvenir que *pauvre* ne marque pas seulement la pitié – ce qui est
déjà une source du rire, puisque Dorine montre que Tartuffe se porte
à merveille, n'est point malheureux et n'a nul besoin de pitié ; *pauvre*
s'emploie aussi pour montrer son affection, et Orgon révèle ainsi son
amour pour Tartuffe. *Cf.* Arnolphe quémandant l'amour d'Agnès en
l'appelant ainsi : « Mon pauvre petit bec », *L'École des femmes*, V, 4, v. 1586.

Et jusqu'au jour, près d'elle, il nous fallut veiller.

ORGON

245   Et Tartuffe ?

DORINE
              Pressé d'un sommeil agréable,
Il passa dans sa chambre, au sortir de la table,
Et dans son lit bien chaud il se mit tout soudain,
Où sans trouble il dormit jusques au lendemain.

ORGON

250   Le pauvre homme !

DORINE
                        À la fin, par nos raisons gagnée,
Elle se résolut à souffrir la saignée,
Et le soulagement suivit tout aussitôt.

ORGON

Et Tartuffe ?

DORINE
              Il reprit courage comme il faut ;
Et contre tous les maux fortifiant son âme,
Pour réparer le sang qu'avait perdu Madame,
255   But à son déjeuner quatre grands coups de vin.

ORGON   [13]

Le pauvre homme !

DORINE
                  Tous deux se portent bien enfin ;
Et je vais à Madame annoncer par avance

La part que vous prenez à sa convalescence.

Scène 5
ORGON, CLÉANTE

CLÉANTE

À votre nez, mon frère, elle se rit de vous ;
260 Et sans avoir dessein de vous mettre en courroux,
Je vous dirai tout franc que c'est avec justice.
A-t-on jamais parlé d'un semblable caprice[106] ?
Et se peut-il qu'un homme ait un charme[107]
                                        [aujourd'hui
À vous faire oublier toutes choses pour lui ?
265 Qu'après avoir chez vous réparé sa misère,
Vous en veniez au point…

ORGON

                        Halte-là, mon beau-frère !
Vous ne connaissez pas celui dont vous parlez.

CLÉANTE

Je ne le connais pas, puisque vous le voulez ;
Mais enfin, pour savoir quel homme ce peut-être…

ORGON

270 Mon frère, vous seriez charmé[108] de le connaître,
Et vos ravissements ne prendraient point de fin.
C'est un homme… qui… ha ! un homme… un
                                        [homme enfin.

---

106 *Caprice* : comportement, pensée ou parole insensée.
107 C'est bien le cas de voir que Tartuffe a véritablement ensorcelé Orgon,
    comme avec un sortilège.
108 Pris sous le pouvoir magique de Tartuffe, vous aussi ensorcelé.

Qui suit bien ses leçons goûte une paix profonde,   [14]
Et comme du fumier[109] regarde tout le monde.
275   Oui, je deviens tout autre avec son entretien ;
Il m'enseigne à n'avoir affection pour rien ;
De toutes amitiés[110] il détache mon âme ;
Et je verrais mourir frère, enfants, mère et femme,
Que je m'en soucierais autant que de cela[111].

CLÉANTE
280   Les sentiments humains, mon frère, que voilà !

---

109   La comparaison existe dans la littérature spirituelle (*L'Imitation de Jésus-Christ*), et déjà chez saint Paul (Philippiens, 3, 8). En comparaison du Christ, de la recherche du Christ, tout le reste, toutes les choses de la terre ne valent rien.

110   Toutes les sortes d'amour, toutes les sortes d'affection.

111   Ce mépris des liens conjugaux et familiaux, cette doctrine inhumaine professée par Orgon n'est qu'en apparence évangélique. Certes l'Évangile de Luc, qui est le plus dur, rapporte bien cette parole du Christ : « Si quelqu'un vient à moi et ne déteste pas son père, sa mère, sa femme, ses enfants, ses frères, ses sœurs, jusqu'à sa vie, il ne peut pas être mon disciple » (14, 26) – on a bien *détester* ou *haïr*, quand la traduction ne cherche pas à édulcorer ou à commenter le texte ; mais le grec de Luc doit se souvenir d'un hébraïsme courant dans l'Ancien Testament, selon lequel *haïr* signifie simplement « aimer moins », puisque l'hébreu ne possède pas de comparatif. C'est exactement ce que donne la version de Matthieu : « Qui aime père ou mère plus que moi n'est pas digne de moi, et qui aime fils ou fille plus que moi n'est pas digne de moi » (10, 37). Les textes évangéliques insistent sur le nécessaire détachement des affections humaines, au profit de l'amour pour le Christ. La transcription qu'en fait Orgon pour son usage fausse singulièrement les choses. Parce qu'elle manifeste un extrémisme qui n'est pas évangélique ; parce qu'Orgon, au cours de la pièce, ne manifeste guère d'amour pour les siens (femme et enfants), ce qui serait pourtant le premier degré de la charité (comme le rappelle saint Paul, dans 1 Tm, 5, 8) – il n'a donc pas grand-chose à sacrifier ; parce qu'enfin le détachement des affections terrestres, qui est un sacrifice, doit se faire au profit de l'amour porté au Christ – amour étrangement et significativement absent du discours d'Orgon. Orgon n'a qu'une passion, qu'un amour : son Tartuffe ; et il est bien incapable de s'en détacher ou de la sacrifier, car il y voit le moyen de son salut ! Orgon en fait n'aime que lui-même et son confort spirituel sans peine.

ORGON

Ha ! si vous aviez vu comme j'en fis rencontre,
Vous auriez pris pour lui l'amitié[112] que je montre.
Chaque jour à l'église il venait d'un air doux,
Tout vis-à-vis de moi, se mettre à deux genoux.
285   Il attirait les yeux de l'assemblée entière
Par l'ardeur dont au Ciel il poussait sa prière :
Il faisait des soupirs, de grands élancements[113],
Et baisait humblement la terre à tous moments ;
Et lorsque je sortais, il me devançait vite
290   Pour m'aller à la porte offrir de l'eau bénite.
Instruit par son garçon, qui dans tout l'imitait,
Et de son indigence et de ce qu'il était,
Je lui faisais des dons ; mais avec modestie[114],
Il me voulait toujours en rendre une partie.
295   « C'est trop, me disait-il, c'est trop de la moitié,
Je ne mérite pas de vous faire pitié[115]. »
Et quand je refusais de le vouloir reprendre,
Aux pauvres, à mes yeux, il allait le répandre.
Enfin le Ciel, chez moi, me le fit retirer,
300   Et depuis ce temps-là, tout semble y prospérer.
Je vois qu'il reprend tout, et qu'à ma femme même
Il prend pour mon honneur un intérêt extrême ;
Il m'avertit des gens qui lui font les yeux doux,
Et plus que moi six fois il s'en montre jaloux.

---

112 *Amitié* : toute affection, tout amour.
113 La dévotion ostentatoire de Tartuffe veut faire croire, par les gesticu-
   lations extérieures, à un grand mouvement intérieur, à un mouvement
   de l'âme.
114 *Modestie* : modération.
115 Déjà ce langage d'apparente humilité, alors que l'hypocrite dit le vrai
   que ne peut comprendre ni admettre Orgon : il est bien un scélérat qui
   ne mérite pas la pitié ! Voir III, 6.

305   Mais vous ne croiriez point jusqu'où monte son
                                    [zèle : [15]
       Il s'impute à péché la moindre bagatelle ;
       Un rien presque suffit pour le scandaliser ;
       Jusque-là qu'il se vint l'autre jour accuser
       D'avoir pris une puce en faisant sa prière,
310   Et de l'avoir tuée avec trop de colère[116].

                       CLÉANTE
       Parbleu, vous êtes fou, mon frère, que je crois.
       Avec de tels discours vous moquez-vous de moi ?
       Et que prétendez-vous que tout ce badinage…

                       ORGON
       Mon frère, ce discours sent le libertinage[117].
315   Vous en êtes un peu dans votre âme entiché[118] ;
       Et comme je vous l'ai plus de dix fois prêché,
       Vous vous attirerez quelque méchante[119] affaire.

---

116 Ce meurtre d'une puce qu'un saint ou une sainte personne s'impute
    à pécher – et qui conclut magnifiquement la tirade de l'aveuglement
    ridicule d'Orgon, par lui-même dévoilé, à l'égard de Tartuffe – n'est
    pas nouveau : *La Légende dorée* signale l'anecdote pour saint Macaire. Un
    exemple contemporain : une religieuse de Port-Royal, sœur Suzanne de
    Sainte-Cécile Robert, s'accusa de brutalité car « elle avait tué avec un
    sentiment de vengeance une puce qui l'avait bien tourmentée » (*Relation
    de la vie et des vertus de la sœur Suzanne de Sainte-Cécile Robert, qui fait pro-
    fession à Port-Royal en 1649, où était déjà quatre de ses sœurs*, par Angélique
    de Saint-Jean Arnaud d'Andilly, [in] *Port-Royal. Une anthologie* présentée
    par Laurence Plazenet, Paris, Flammarion, 2012, p. 546). Comme quoi
    la parfaite hypocrisie s'ajuste exactement à la parfaite sainteté.
117 Le *libertinage* est le manque de soumission, la liberté que l'on prend vis-
    à-vis des lois et des règles, en particulier dans le domaine de la religion ;
    mêmes significations pour *libertin*. C'est en ce sens qu'Orgon accuse son
    beau-frère d'impiété, voire d'irréligion.
118 *Entiché* : atteint d'un vice, corrompu.
119 *Méchant* : mauvais.

CLÉANTE

Voilà de vos pareils le discours ordinaire.
Ils veulent que chacun soit aveugle comme eux.
320 C'est être libertin que d'avoir de bons yeux ;
Et qui n'adore pas de vaines simagrées
N'a ni respect, ni foi pour les choses sacrées.
Allez, tous vos discours ne me font point de peur ;
Je sais comme je parle, et le Ciel voit mon cœur.
325 De tous vos façonniers[120] on n'est point les esclaves.
Il est de faux dévots ainsi que de faux braves ;
Et comme on ne voit pas qu'où l'honneur les
                              [conduit[121]
Les vrais braves soient ceux qui font beaucoup de
                              [bruit,
Les bons et vais dévots qu'on doit suivre à la trace
330 Ne sont pas ceux aussi qui font tant de grimace.
Hé quoi ! vous ne ferez nulle distinction[122]
Entre l'hypocrisie et la dévotion ?
Vous les voulez traiter d'un semblable langage,
Et rendre même honneur au masque qu'au visage ?
335 Égaler l'artifice à la sincérité,   [16]
Confondre l'apparence avec la vérité,
Estimer le fantôme autant que la personne,
Et la fausse monnaie à l'égal de la bonne ?
Les hommes, la plupart, sont étrangement faits[123] !
340 Dans la juste nature on ne les voit jamais.
La raison a pour eux des bornes trop petites.
En chaque caractère ils passent ses limites ;

---

120 *Façonnier* : hypocrite.
121 Là où ils doivent se conduire avec honneur, pour défendre leur honneur.
122 Diérèse répétée à la rime.
123 *Étrangement* : curieusement. Comprenons que les hommes sont tels qu'ils se portent naturellement à l'excès – ce que la suite explicite.

Et la plus noble chose, ils la gâtent souvent,
Pour la vouloir outrer et pousser trop avant.
345   Que cela vous soit dit en passant, mon beau-frère.

ORGON

Oui, vous êtes, sans doute, un docteur qu'on révère ;
Tout le savoir du monde est chez vous retiré ;
Vous êtes le seul sage et le seul éclairé,
Un oracle, un Caton[124] dans le siècle où nous sommes ;
350   Et près de vous ce sont des sots que tous les hommes.

CLÉANTE

Je ne suis point, mon frère, un docteur révéré,
Et le savoir chez moi n'est pas tout retiré.
Mais en un mot, je sais, pour toute ma science,
Du faux avec le vrai faire la différence.
355   Et comme je ne vois nul genre de héros
Qui soient plus à priser que les parfaits dévots,
Aucune chose au monde, et plus noble et plus belle
Que la sainte ferveur d'un véritable zèle[125],
Aussi ne vois-je rien qui soit plus odieux
360   Que le dehors plâtré d'un zèle spécieux[126],
Que ces francs charlatans, que ces dévots de place[127],
De qui la sacrilège et trompeuse grimace
Abuse impunément et se joue à leur gré
De ce qu'ont les mortels de plus saint et sacré.
365   Ces gens qui, par une âme à l'intérêt soumise,

_____

124 Caton l'Ancien ou Caton le Censeur était tenu au XVIIe siècle pour un modèle de vertu.
125 Le *zèle* est la ferveur religieuse.
126 *Spécieux* : de belle apparence, mais de seule apparence et donc trompeur. – Diérèses à la rime.
127 Il faut probablement comprendre : dévots qui s'exhibent sur la place publique.

Font de dévotion[128] métier et marchandise,
Et veulent acheter crédit et dignités   [17]
À prix de faux clins d'yeux et d'élans affectés,
Ces gens, dis-je, qu'on voit d'une ardeur non
[commune,
370   Par le chemin du Ciel courir à leur fortune[129],
Qui, brûlants et priants[130], demandent chaque jour,
Et prêchent la retraite au milieu de la cour ;
Qui savent ajuster leur zèle avec leurs vices,
Sont prompts, vindicatifs, sans foi, pleins d'artifices,
375   Et pour perdre quelqu'un couvrent insolemment
De l'intérêt du Ciel leur fier[131] ressentiment ;
D'autant plus dangereux dans leur âpre colère,
Qu'ils prennent contre nous des armes qu'on révère,
Et que leur passion, dont on leur sait bon gré[132],
380   Veut nous assassiner avec un fer sacré.
De ce faux caractère on en voit top paraître ;
Mais les dévots de cœur[133] sont aisés à connaître[134].
Notre siècle, mon frère, en expose à nos yeux,
Qui peuvent nous servir d'exemples glorieux.
385   Regardez Ariston, regardez Périandre,

---

128 Intéressante diérèse.
129 Alors qu'ils semblent travailler à leur salut (*par le chemin du Ciel*), ils
      songent en fait à leur fortune.
130 Deux participes présents (accordés au XVIIᵉ siècle) assez difficiles
      d'interprétation. On peut avoir une foi brûlante (ou en donner l'apparence) ;
      on peut aussi brûler d'une avidité (très réelle) pour réaliser sa fortune.
      Il s'agit évidemment ici des faux dévots qui, malgré leur apparence
      d'hommes de foi, passent leur temps à *demander*, à réclamer, à quémander,
      dénonçant par là leur avidité.
131 *Fier* : farouche, cruel.
132 Leur *passion* est leur colère vindicative, que le public croit justifiée chez
      ces dévots (*dont on leur sait bon gré*).
133 Les dévots authentiques.
134 *Connaître* : reconnaître, identifier.

Oronte, Alcidamas, Polydore, Clitandre.
Ce titre par aucun ne leur est débattu[135] ;
Ce ne sont point du tout fanfarons de vertu ;
On ne voit point en eux ce faste[136] insupportable,
390   Et leur dévotion est humaine, est traitable ;
Ils ne censurent point toutes nos actions ;
Ils trouvent trop d'orgueil dans ces corrections[137] ;
Et laissant la fierté des paroles aux autres,
C'est par leurs actions[138] qu'ils reprennent les nôtres.
395   L'apparence du mal a chez eux peu d'appui[139],
Et leur âme est portée à juger bien d'autrui.
Point de cabale en eux[140], point d'intrigues à suivre ;
On les voit, pour tous soins, se mêler de bien vivre[141] ;
Jamais contre un pécheur ils n'ont d'acharnement.
400   Ils attachent leur haine au péché seulement,
Et ne veulent point prendre, avec un zèle extrême, [18]
Les intérêts du Ciel plus qu'il ne veut lui-même.
Voilà mes gens[142], voilà comme il en faut user,
Voilà l'exemple enfin qu'il se faut proposer.
405   Votre homme, à dire vrai, n'est pas de ce modèle ;
C'est de fort bonne foi que vous vantez son zèle,
Mais par un faux éclat je vous crois ébloui.

---

135 Contesté.
136 *Faste* : orgueil apparent, ostentation ; Furetière ajoute cet intéressant
     exemple : « les hypocrites donnent l'aumône avec faste, comme faisaient
     les Pharisiens ».
137 L'Évangile recommande la correction fraternelle, donnée avec charité
     et reçue avec humilité. Rien à voir avec les censures des faux dévots. –
     Deux diérèses à la rime.
138 La diérèse insiste évidemment sur une dévotion réelle qui se montre
     dans les actes, et non seulement dans les paroles.
139 Ils ne se fondent pas sur l'apparence du mal pour aussitôt juger mal
     d'autrui.
140 Point de volonté de former une cabale.
141 Ils ne se préoccupent que de la droiture de leur vie.
142 Voilà des dévots comme je les aime.

ORGON

Monsieur mon cher beau-frère, avez-vous tout dit ?

CLÉANTE

Oui.

ORGON

Je suis votre valet[143].

Il veut s'en aller.

CLÉANTE

De grâce, un mot, mon frère.

410   Laissons-là ce discours. Vous savez que Valère,
Pour être votre gendre, a parole de vous.

ORGON

Oui.

CLÉANTE

Vous aviez pris jour[144] pour un lien si doux.

ORGON

Il est vrai.

CLÉANTE

Pourquoi donc en différer la fête ?

ORGON

Je ne sais.

CLÉANTE

Auriez-vous autre pensée en tête ?

---

143 Formule pour prendre congé.
144 Vous aviez choisi une date.

ORGON

415   Peut-être.

CLÉANTE
Vous voulez manquer à votre foi[145] ?

ORGON   [19]
Je ne dis pas cela.

CLÉANTE
Nul obstacle, je crois,
Ne vous peut empêcher d'accomplir vos promesses.

ORGON
Selon.

CLÉANTE
Pour dire un mot, faut-il tant de finesses ?
Valère, sur ce point, me fait vous visiter.

ORGON

420   Le Ciel en soit loué.

CLÉANTE
Mais que lui reporter ?

ORGON
Tout ce qu'il vous plaira.

CLÉANTE
Mais il est nécessaire
De savoir vos desseins. Quels sont-ils donc ?

_____

145 *Foi* : fidélité à un engagement, à la parole donnée.

ORGON
                                        De faire
Ce que le Ciel voudra.

CLÉANTE
                        Mais parlons tout de bon.
Valère a votre foi. La tiendrez-vous, ou non ?

ORGON
425   Adieu.

CLÉANTE
Pour son amour, je crains une disgrâce[146],
Et je dois l'avertir de tout ce qui se passe.

Fin du premier acte.

ACTE II   [20]

Scène PREMIÈRE
ORGON, MARIANE

ORGON
                    Mariane.

MARIANE
    Mon père.

ORGON
                        Approchez. J'ai de quoi

_____
146 *Disgrâce* : malheur, infortune. – Distique prononcé en *a parte*.

Vous parler en secret.

MARIANE
Que cherchez-vous ?

ORGON
Il regarde dans un petit cabinet.
Je vois
Si quelqu'un n'est point là, qui pourrait nous
[entendre ;
430   Car ce petit endroit[147] est propre pour surprendre.
Or sus, nous voilà bien. J'ai, Mariane, en vous
Reconnu, de tout temps, un esprit assez doux,
Et de tout temps aussi vous m'avez été chère.

MARIANE
Je suis fort redevable à cet amour de père.

ORGON   [21]
435   C'est fort bien dit, ma fille ; et pour le mériter,
Vous devez n'avoir soin que de me contenter.

MARIANE
C'est où je mets aussi ma gloire la plus haute.

ORGON
Fort bien. Que dites-vous de Tartuffe notre hôte ?

MARIANE
Qui, moi ?

---

147 C'est dans ce petit endroit que se cachera Damis à l'acte suivant.

ORGON

Vous. Voyez bien comme[148] vous répondrez.

MARIANE

440   Hélas! j'en dirai, moi, tout ce que vous voudrez.

ORGON

C'est parler sagement. Dites-moi donc, ma fille,
Qu'en toute sa personne un haut mérite brille,
Qu'il touche votre cœur, et qu'il vous serait doux
De le voir, par mon choix, devenir votre époux.
445   Eh?

Mariane se recule avec surprise.

MARIANE

Eh!

ORGON

Qu'est-ce?

MARIANE

Plaît-il?

ORGON

Quoi?

MARIANE

Me suis-je
[méprise?

ORGON

Comment?

---

148 Comment.

MARIANE

Qui voulez-vous, mon père, que je dise
Qui me touche le cœur, et qu'il me serait doux   [22]
De voir, par votre choix, devenir mon époux[149] ?

ORGON

Tartuffe.

MARIANE

Il n'en est rien, mon père, je vous jure.
450   Pourquoi me faire dire une telle imposture ?

ORGON

Mais je veux que cela soit une vérité ;
Et c'est assez pour vous que je l'aie arrêté.

MARIANE

Quoi ! vous voulez, mon père…

ORGON

Oui, je prétends, ma
[fille,
Unir, par votre hymen, Tartuffe à ma famille.
455   Il sera votre époux, j'ai résolu cela ;
Et comme sur vos vœux je…

---

149 Le tour est un peu compliqué : quelle est cette personne dont je dois
dire qu'elle me touche et que je voudrais l'épouser ?

Scène 2

DORINE, ORGON, MARIANE

ORGON[150]

Que faites-vous là ?
La curiosité qui vous presse est bien forte,
Mamie, à nous venir écouter de la sorte.

DORINE

Vraiment, je ne sais pas si c'est un bruit qui part
460   De quelque conjecture ou d'un coup du hasard[151] ;
Mais de ce mariage[152] on m'a dit la nouvelle,
Et j'ai traité cela de pure bagatelle.

ORGON   [23]

Quoi donc ? la chose est-elle incroyable ?

DORINE

À tel point
Que vous-même, Monsieur, je ne vous en crois point.

ORGON

465   Je sais bien le moyen de vous le faire croire.

DORINE

Oui, oui, vous nous contez une plaisante histoire.

ORGON

Je conte justement ce qu'on verra dans peu.

---

150 Orgon vient d'apercevoir Dorine.
151 Ou de quelque parole lancée au hasard.
152 Ce projet de mariage avec Tartuffe.

DORINE

Chansons.

ORGON[153]

Ce que je dis, ma fille, n'est point jeu.

DORINE[154]

Allez, ne croyez point à Monsieur votre père :
470   Il raille.

ORGON

Je vous dis…

DORINE

Non, vous avez beau faire,
On ne vous croira point.

ORGON

À la fin, mon courroux…

DORINE

Hé bien ! on vous croit donc, et c'est tant pis pour
[vous.
Quoi ? se peut-il, Monsieur, qu'avec l'air d'homme
[sage
Et cette large barbe[155] au milieu du visage,
475   Vous soyez assez fou pour vouloir…

ORGON

Écoutez.
Vous avez pris céans certaines privautés

---

153 À Mariane.
154 À Mariane.
155 La barbe et la moustache.

Qui ne me plaisent point ; je vous le dis, mamie.

DORINE   [24]

Parlons sans nous fâcher, Monsieur, je vous supplie.
Vous moquez-vous des gens, d'avoir fait ce complot ?
480   Votre fille n'est point l'affaire d'un bigot.
Il a d'autres emplois auxquels il faut qu'il pense.
Et puis, que vous apporte une telle alliance ?
À quel sujet aller, avec tout votre bien,
Choisir un gendre gueux…

ORGON

　　　　　　　Taisez-vous. S'il n'a rien,
485   Sachez que c'est par là qu'il faut qu'on le révère.
Sa misère est sans doute[156] une honnête misère.
Au-dessus des grandeurs elle doit l'élever,
Puisqu'enfin de son bien il s'est laissé priver
Par son trop peu de soin des choses temporelles,
490   Et sa puissante attache aux choses éternelles.
Mais mon secours pourra lui donner les moyens
De sortir d'embarras et rentrer dans ses biens.
Ce sont fiefs qu'à bon titre au pays on renomme[157] ;
Et tel qu'on le voit, il est bien gentilhomme[158].

DORINE

495   Oui, c'est lui qui le dit ; et cette vanité,
Monsieur, ne sied pas bien avec la piété.

---

156 Assurément.
157 Ses biens sont des terres, des possessions (*fiefs*) reconnues comme authen-
　　tiques en son pays – et peut-être seulement dans son pays…c'est-à-dire
　　quelque peu douteuses.
158 L'assurance d'Orgon sur la noblesse d'extraction de Tartuffe implique
　　évidemment qu'Orgon doit être victime d'une autre imposture et que
　　Tartuffe n'est pas plus gentilhomme qu'il n'est dévot.

Qui d'une sainte vie embrasse l'innocence
Ne doit point tant prôner son nom et sa naissance ;
Et l'humble procédé de la dévotion
500   Souffre mal les éclats de cette ambition.
À quoi bon cet orgueil... Mais ce discours vous
                                        [blesse ;
Parlons de sa personne, et laissons sa noblesse.
Ferez-vous possesseur, sans quelque peu d'ennui[159],
D'une fille comme elle, un homme comme lui ?
505   Et ne devez-vous pas songer aux bienséances,
Et de cette union prévoir les conséquences ?
Sachez que d'une fille on risque la vertu,   [25]
Lorsque dans son hymen son goût est combattu ;
Que le dessein d'y vivre en honnête personne
510   Dépend des qualités du mari qu'on lui donne ;
Et que ceux dont partout on montre au doigt le
                                        [front
Font leurs femmes souvent ce qu'on voit qu'elles
                                        [sont[160].
Il est bien difficile enfin d'être fidèle
À de certains maris faits d'un certain modèle ;
515   Et qui donne à sa fille un homme qu'elle hait,
Est responsable au Ciel[161] des fautes qu'elle fait.
Songez à quels périls votre dessein vous livre.

ORGON

Je vous dis qu'il me faut apprendre d'elle à vivre.

---

159 Sans quelque tourment.
160 Les maris trompés sont responsables de leur cocuage, par leurs défauts
    et déjà parce qu'ils ne sont pas aimés d'une femme mariée sans son
    consentement.
161 Devant le Ciel.

DORINE

Vous n'en feriez que mieux de suivre mes leçons.

ORGON

520 Ne nous amusons point[162], ma fille, à ces chansons.
Je sais ce qu'il vous faut, et je suis votre père.
J'avais donné pour vous ma parole à Valère ;
Mais outre qu'à jouer on dit qu'il est enclin,
Je le soupçonne encor d'être peu libertin ;
525 Je ne remarque point qu'il hante[163] les églises.

DORINE

Voulez-vous qu'il y coure à vos heures précises
Comme ceux qui n'y vont que pour être aperçus ?

ORGON

Je ne demande pas votre avis là-dessus.
Enfin, avec le Ciel l'autre est le mieux du monde,
530 Et c'est une richesse à nulle autre seconde.
Cet hymen de tous biens comblera vos désirs.
Il sera tout confit en douceurs et plaisirs.
Ensemble vous vivrez, dans vos ardeurs fidèles,
Comme deux vrais enfants, comme deux tourterelles.
535 À nul fâcheux débat jamais vous n'en viendrez, [B] [26]
Et vous ferez de lui tout ce que vous voudrez.

DORINE

Elle ? elle n'en fera qu'un sot[164], je vous assure.

ORGON

Ouais, quels discours !

---

162 Ne perdons point notre temps.
163 Voir au v. 80.
164 *Sot* au sens de « cocu ».

DORINE

Je dis qu'il en a l'encolure[165],
Et que son ascendant[166], Monsieur, l'emportera
540   Sur toute la vertu que votre fille aura.

ORGON

Cessez de m'interrompre, et songez à vous taire,
Sans mettre votre nez où vous n'avez que faire.

DORINE

Je n'en parle, Monsieur, que pour votre intérêt.
   Elle l'interrompt toujours au moment
   qu'il se retourne pour parler à sa fille.

ORGON

C'est prendre trop de soin ; taisez-vous, s'il vous plaît.

DORINE

545   Si l'on ne vous aimait…

ORGON

Je ne veux pas qu'on m'aime.

DORINE

Et je veux vous aimer, Monsieur, malgré vous-même.

ORGON

Ah !

DORINE

Votre honneur m'est cher, et je ne puis souffrir

---

165 *L'encolure* : la mine.
166 La puissance de l'astre sous l'influence duquel il se trouve.

Qu'aux brocards d'un chacun vous alliez vous offrir.

ORGON

Vous ne vous tairez point ?

DORINE   [27]
                        C'est une conscience[167]
550   Que de vous laisser faire une telle alliance.

ORGON

Te tairas-tu, serpent, dont les traits effrontés…

DORINE

Ah ! vous êtes dévot, et vous vous emportez ?

ORGON

Oui, ma bile s'échauffe à toutes ces fadaises,
Et, tout résolument, je veux que tu te taises.

DORINE

555   Soit. Mais ne disant mot, je n'en pense pas moins.

ORGON

Pense, si tu le veux ; mais applique tes soins
À ne m'en point parler, ou… Suffit.
                Se retournant vers sa fille.
                                    Comme sage[168],
J'ai pesé mûrement toutes choses.

DORINE

                                    J'enrage

---

167   C'est une affaire de conscience. Dorine aurait scrupule à laisser faire ce
      mariage.
168   Comme père sage et comme homme sage.

De ne pouvoir parler.
Elle se tait lorsqu'il tourne la tête.

ORGON
Sans être damoiseau[169],
560   Tartuffe est fait de sorte…

DORINE
Oui, c'est un beau museau.

ORGON
Que quand tu n'aurais même aucune sympathie
Pour tous les autres dons…
Il se tourne devant elle,
et la regarde les bras croisées.

DORINE
La voilà bien lotie.
Si j'étais en sa place, un homme assurément
Ne m'épouserait pas de force impunément ;
565   Et je lui ferais voir bientôt après la fête   [B ij] [28]
Qu'une femme a toujours une vengeance prête.

ORGON[170]
Donc, de ce que je dis on ne fera nul cas ?

DORINE
De quoi vous plaignez-vous ? je ne vous parle pas.

ORGON
Qu'est-ce que tu fais donc ?

---

169 *Damoiseau* : jeune homme coquet qui fait le beau auprès des dames.
170 À Dorine.

DORINE

Je me parle à moi-même.

ORGON

570   Fort bien. Pour châtier son insolence extrême,
Il faut que je lui donne un revers[171] de ma main.
Il se met en posture de lui donner un soufflet ;
et Dorine, à chaque coup d'œil qu'il jette,
se tient droite sans parler.
Ma fille, vous devez approuver mon dessein...
Croire que le mari... que j'ai su vous élire...
Que ne te parles-tu[172] ?

DORINE

Je n'ai rien à me dire.

ORGON

575   Encore un petit mot.

DORINE

Il ne me plaît pas, moi.

ORGON

Certes, je t'y guettais.

DORINE

Quelque sotte[173], ma foi.

ORGON

Enfin, ma fille, il faut payer d'obéissance[174],

---

171 Un soufflet.
172 Orgon se tourne alors vers Dorine.
173 Une sotte aurait parlé, aurait dit le moindre mot qui lui aurait valu un
     soufflet !
174 Il faut obéir.

Et montrer pour mon choix entière déférence.

DORINE, *en s'enfuyant.*
Je me moquerais fort de prendre un tel époux.
Il lui vient donner un soufflet, et la manque.

ORGON   [29]
580   Vous avez-là, ma fille, une peste avec vous,
      Avec qui, sans péché, je ne saurais plus vivre.
      Je me sens hors d'état maintenant de poursuivre :
      Ses discours insolents m'ont mis l'esprit en feu,
      Et je vais pendre l'air pour me rasseoir[175] un peu.

Scène 3
DORINE, MARIANE

DORINE
585   Avez-vous donc perdu, dites-moi, la parole ?
      Et faut-il qu'en ceci je fasse votre rôle ?
      Souffrir qu'on vous propose un projet insensé,
      Sans que du moindre mot vous l'ayez repoussé !

MARIANE
Contre un père absolu que veux-tu que je fasse ?

DORINE
590   Ce qu'il faut pour parer une telle menace.

MARIANE
Quoi ?

---

175 Me reposer, me calmer.

DORINE

Lui dire qu'un cœur n'aime point par autrui,
Que vous vous mariez pour vous, non pas pour lui,
Qu'étant celle pour qui se fait toute l'affaire,
C'est à vous, non à lui, que le mari doit plaire,
Et que si son Tartuffe est pour lui si charmant,
Il le peut épouser, sans nul empêchement.

MARIANE

Un père, je l'avoue, a sur nous tant d'empire,
Que je n'ai jamais eu la force de rien dire.

DORINE   [B iij] [30]

Mais raisonnons. Valère a fait pour vous des pas[176];
600   L'aimez-vous, je vous prie, ou ne l'aimez-vous pas?

MARIANE

Ah! qu'envers mon amour ton injustice est grande,
Dorine! Me dois-tu faire cette demande?
T'ai-je pas là-dessus ouvert cent fois mon cœur?
Et sais-tu pas, pour lui, jusqu'où va mon ardeur?

DORINE

605   Que sais-je si le cœur a parlé par la bouche,
Et si c'est tout de bon que cet amant vous touche?

MARIANE

Tu me fais un grand tort, Dorine, d'en douter,
Et mes vrais sentiments ont su trop éclater.

DORINE

Enfin, vous l'aimez donc?

---

176 Valère a fait les premiers pas.

MARIANE

Oui, d'une ardeur extrême.

DORINE

610   Et selon l'apparence, il vous aime de même ?

MARIANE

Je le crois.

DORINE

Et tous deux brûlez également
De vous voir mariés ensemble ?

MARIANE

Assurément.

DORINE

Sur cette autre union quelle est donc votre attente ?

MARIANE

De me donner la mort, si l'on me violente.

DORINE

615   Fort bien. C'est un recours où je ne songeais pas ;
Vous n'avez qu'à mourir pour sortir d'embarras ;
Le remède sans doute est merveilleux. J'enrage [31]
Lorsque j'entends tenir ces sortes de langage.

MARIANE

Mon Dieu, de quelle humeur, Dorine, tu te rends !
620   Tu ne compatis point aux déplaisirs[177] des gens.

---

177 *Déplaisir* (sens fort alors) : malheur, désespoir.

DORINE

Je ne compatis point à qui dit des sornettes,
Et dans l'occasion[178] mollit comme vous faites.

MARIANE

Mais que veux-tu ? si j'ai de la timidité.

DORINE

Mais l'amour dans un cœur veut de la fermeté.

MARIANE

625 Mais n'en gardé-je pas pour les feux de Valère ?
Et n'est-ce pas à lui de m'obtenir d'un père ?

DORINE

Mais quoi ? Si votre père est un bourru[179] fieffé,
Qui s'est de son Tartuffe entièrement coiffé,
Et manque à l'union qu'il avait arrêtée,
630 La faute à votre amant doit-elle être imputée ?

MARIANE

Mais par un haut refus et d'éclatants mépris,
Ferai-je dans mon choix voir un cœur trop épris ?
Sortirai-je pour lui, quelque éclat dont il brille,
De la pudeur du sexe et du devoir de fille ?
635 Et veux-u que mes feux par le monde étalés…

DORINE

Non, non, je ne veux rien. Je vois que vous voulez
Être à Monsieur Tartuffe ; et j'aurais, quand j'y pense,
Tort de vous détourner d'une telle alliance.

---

178 *Occasion* : combat.
179 *Bourru* : bizarre, fou.

Quelle raison aurais-je à combattre vos vœux ?
640   Le parti, de soi-même, est fort avantageux.
Monsieur Tartuffe ! Oh ! oh ! n'est-ce rien qu'on
                                        [propose ?
Certes, Monsieur Tartuffe, à bien prendre la chose,
N'est pas un homme, non, qui se mouche du
                                        [pied[180], [B iiij] [32]
Et ce n'est pas peu d'heur[181] que d'être sa moitié.
645   Tout le monde déjà de gloire le couronne ;
Il est noble chez lui[182], bien fait de sa personne ;
Il a l'oreille rouge et le teint bien fleuri[183] ;
Vous vivrez trop contente avec un tel mari.

MARIANE

Mon Dieu…

DORINE

Quelle allégresse aurez-vous dans votre
                                        [âme,
650   Quand d'un époux si beau vous vous verrez la
                                        [femme !

MARIANE

Ha ! cesse, je te prie, un semblable discours,
Et contre cet hymen ouvre-moi du secours.
C'en est fait, je me rends, et suis prête à tout faire.

DORINE

Non, il faut qu'une fille obéisse à son père,

---

180 « On dit d'un homme habile et difficile à surprendre qu'il ne *se mouche*
     pas du pied » (FUR.).
181 *Heur* : bonheur.
182 Uniquement chez lui ?
183 Signes d'un tempérament sanguin.

655   Voulût-il lui donner un singe pour époux.
        Votre sort est fort beau ; de quoi vous plaignez-vous ?
        Vous irez par le coche[184] en sa petite ville,
        Qu'en oncles et cousins vous trouverez fertile ;
        Et vous vous plairez fort à les entretenir.
660   D'abord[185] chez le beau monde on vous fera venir ;
        Vous irez visiter, pour votre bienvenue,
        Madame la baillive et Madame l'élue[186],
        Qui d'un siège pliant[187] vous feront honorer.
        Là, dans le carnaval, vous pourrez espérer
665   Le bal et la grand'bande[188], à savoir deux musettes
        Et, parfois, Fagotin et les marionnettes[189].
        Si pourtant votre époux…

                    MARIANE
                            Ah ! tu me fais mourir.
        De tes conseils, plutôt, songe à me secourir.

                    DORINE   [33]
        Je suis votre servante[190].

---

184 Le *coche* est une voiture qui assure le transport en commun.
185 *D'abord* : aussitôt.
186 La femme du bailli (le bailli a des attributions judiciaires dans sa
    circonscription, son baillage) et la femme de l'élu (l'élection était une
    circonscription financière).
187 Dans la hiérarchie des sièges, le *siège pliant* vient en dernier, après le
    fauteuil et la chaise.
188 Par dérision, Dorine appelle la *grande bande*, nom qu'on donnait à
    l'ensemble des vingt-quatre violons du roi, deux joueurs de musette –
    l'orchestre du coin !
189 *Fagotin* était le nom du singe du marionnettiste Brioché ; mais il a dû
    passer en nom générique. – *Marionnettes* compte pour quatre syllabes.
190 Formule de refus, amusante dans la bouche de la suivante Dorine, qui
    est un peu une servante.

MARIANE

Eh ! Dorine, de grâce…

DORINE

670   Il faut, pour vous punir, que cette affaire passe.

MARIANE

Ma pauvre fille !

DORINE

Non.

MARIANE

Si mes vœux déclarés[191]…

DORINE

Point. Tartuffe est votre homme, et vous en tâterez.

MARIANE

Tu sais qu'à toi toujours je me suis confiée ?
Fais-moi…

DORINE

Non, vous serez, ma foi ! tartuffiée.

MARIANE

675   Eh bien ! puisque mon sort ne saurait t'émouvoir,
Laisse-moi désormais toute à mon désespoir.
C'est de lui que mon cœur empruntera de l'aide,
Et je sais de mes maux l'infaillible remède.
                Elle veut s'en aller.

---

191 Selon Georges Couton, il faut comprendre ainsi ce départ de phrase : si
    proclamer mon amour était utile…

DORINE

Hé ! là, là, revenez ; je quitte mon courroux.

680   Il faut, nonobstant[192] tout, avoir pitié de vous.

MARIANE

Vois-tu, si l'on m'expose à ce cruel martyre,

Je te le dis, Dorine, il faudra que j'expire.

DORINE

Ne vous tourmentez point. On peut adroitement

Empêcher…Mais voici Valère votre amant.

Scène 4   [B v] [34]

VALÈRE, MARIANE, DORINE

VALÈRE

685   On vient de débiter, Madame, une nouvelle

Que je ne savais pas, et qui sans doute est belle.

MARIANE

Quoi ?

VALÈRE

Que vous épousez Tartuffe.

MARIANE

Il est certain

Que mon père s'est mis en tête ce dessein.

VALÈRE

Votre père, Madame…

---

192 *Nonobstant* est préposition : malgré.

MARIANE
                        A changé de visée.
690   La chose vient par lui de m'être proposée.

VALÈRE
Quoi, sérieusement ?

MARIANE
                        Oui, sérieusement ;
Il s'est, pour cet hymen, déclaré hautement.

VALÈRE
Et quel est le dessein où votre âme s'arrête,
Madame ?

MARIANE
            Je ne sais.

VALÈRE
                        La réponse est honnête.
695   Vous ne savez ?   [35]

MARIANE
            Non.

VALÈRE
            Non ?

MARIANE
                        Que me conseillez-vous ?

VALÈRE
Je vous conseille, moi, de prendre cet époux.

MARIANE

Vous me le conseillez ?

VALÈRE

Oui.

MARIANE

Tout de bon ?

VALÈRE

Sans doute ;
Le choix est glorieux, et vaut bien qu'on l'écoute.

MARIANE

Eh bien ! c'est un conseil, Monsieur, que je reçois.

VALÈRE

700   Vous n'aurez pas grand'peine à le suivre, je crois.

MARIANE

Pas plus qu'à le donner en a souffert votre âme.

VALÈRE

Moi, je vous l'ai donné pour vous plaire, Madame.

MARIANE

Et moi, je le suivrai pour vous faire plaisir.

DORINE

Voyons ce qui pourra de ceci réussir[193].

VALÈRE

705   C'est donc ainsi qu'on aime ? Et c'était tromperie

---

193 *Réussir* : résulter, sortir. – Dorine se retire vers le fond du théâtre.

Quand vous…

           MARIANE   [B vj] [36]
              Ne parlons point de cela, je vous prie.
        Vous m'avez dit tout franc que je dois accepter
        Celui que pour époux on me veut présenter ;
        Et je déclare, moi, que je prétends le faire,
710   Puisque vous m'en donnez le conseil salutaire.

                VALÈRE
        Ne vous excusez point sur mes intentions.
        Vous aviez pris déjà vos résolutions ;
        Et vous vous saisissez d'un prétexte frivole,
        Pour vous autoriser à manquer de parole.

                MARIANE
715   Il est vrai, c'est bien dit.

                VALÈRE
                       Sans doute[194], et votre cœur
        N'a jamais eu pour moi de véritable ardeur.

                MARIANE
        Hélas ! permis à vous d'avoir cette pensée.

                VALÈRE
        Oui, oui, permis à moi ; mais mon âme offensée
        Vous préviendra[195], peut-être, en un pareil dessein ;
720   Et je sais où porter et mes vœux et ma main.

_____

194 Assurément.
195 Devancera.

MARIANE

Ah ! je n'en doute point ; et les ardeurs qu'excite
Le mérite…

VALÈRE

Mon Dieu, laissons-là le mérite ;
J'en ai fort peu, sans doute, et vous en faites foi.
Mais j'espère aux bontés qu'une autre aura pour
[moi ;
725   Et j'en sais de qui l'âme, à ma retraite ouverte[196],
Consentira sans honte à réparer ma perte.

MARIANE

La perte n'est pas grande ; et de ce changement
Vous vous consolerez assez facilement.

VALÈRE   [37]

J'y ferai mon possible, et vous le pouvez croire.
730   Un cœur qui nous oublie engage notre gloire[197].
Il faut à l'oublier mettre aussi tous nos soins.
Si l'on n'en vient à bout, on le doit feindre au moins ;
Et cette lâcheté jamais ne se pardonne,
De montrer de l'amour pour qui nous abandonne.

MARIANE

735   Ce sentiment, sans doute, est noble et relevé.

VALÈRE

Fort bien ; et d'un chacun il doit être approuvé.
Hé quoi ! Vous voudriez qu'à jamais dans mon âme

---

196 Accueillante quand je me retire de mon engagement amoureux avec
   vous.
197 Met en cause notre amour-propre, notre fierté.

Je gardasse pour vous les ardeurs de ma flamme,
Et vous visse, à mes yeux, passer en d'autres bras,
740 Sans mettre ailleurs un cœur dont vous ne voulez
                                              [pas ?

MARIANE

Au contraire : pour moi, c'est ce que je souhaite ;
Et je voudrais déjà que la chose fût faite.

VALÈRE

Vous le voudriez ?

MARIANE
            Oui.

VALÈRE
                    C'est assez m'insulter,
Madame, et de ce pas je vais vous contenter.
            Il fait un pas pour s'en aller,
                et revient toujours.

MARIANE

745 Fort bien

VALÈRE
        Souvenez-vous au moins que c'est vous-même
Qui contraignez mon cœur à cet effort extrême.

MARIANE

Oui.

VALÈRE
        Et que le dessein que mon âme conçoit
N'est rien qu'à votre exemple.   [38]

MARIANE
À mon exemple, soit.

VALÈRE
Suffit ; vous allez être à point nommé servie.

MARIANE
750   Tant mieux.

VALÈRE
Vous me voyez, c'est pour toute ma
vie[198].

MARIANE
À la bonne heure.

VALÈRE
Euh ?
Il s'en va ; et lorsqu'il est vers la porte, il se retourne.

MARIANE
Quoi ?

VALÈRE
Ne m'appelez-vous pas ?

MARIANE
Moi ? Vous rêvez.

VALÈRE
Eh bien ! je poursuis donc mes
[pas.

---

198 Vous me voyez pour la dernière fois de ma vie.

Adieu, Madame.

MARIANE

Adieu, Monsieur.

DORINE

>   Pour moi, je pense
> Que vous perdez l'esprit, par cette extravagance,
755 Et je vous ai laissé tout du long quereller
> Pour voir où tout cela pourrait enfin aller.
> Holà ! seigneur Valère.

Elle va l'arrêter par le bras
et lui fait mine de grande résistance.

VALÈRE

>   Hé ! que veux-tu, Dorine ?

DORINE   [39]

Venez ici.

VALÈRE

> Non, non, le dépit me domine.
> Ne me détourne point de ce qu'elle a voulu.

DORINE

760 Arrêtez.

VALÈRE

> Non, vois-tu, c'est un point résolu.

DORINE

Ah !

MARIANE

Il souffre à me voir, ma présence le chasse ;
Et je ferai bien mieux de lui quitter la place[199].

DORINE

Elle quitte Valère, et court à Mariane.
À l'autre ? Où courez-vous ?

MARIANE

Laisse.

DORINE

Il faut revenir.

MARIANE

Non, non, Dorine ; en vain tu veux me retenir.

VALÈRE

765   Je vois bien que ma vue est pour elle un supplice ;
Et sans doute il vaut mieux que je l'en affranchisse.

DORINE

Elle quitte Mariane, et court à Valère.
Encor ? Diantre soit fait de vous si je le veux[200].
Cessez ce badinage, et venez çà tous les deux.
Elle les tire l'un et l'autre.

VALÈRE

Mais quel est ton dessein ?

---

199 *Quitter la place* : céder la place.
200 Allez au diable si je veux bien vous laisser partir.

MARIANE   [40]
                    Qu'est-ce que tu veux
                                    [faire ?

DORINE
770   Vous bien remettre ensemble, et vous tirer d'affaire.
      Êtes-vous fou d'avoir un pareil démêlé ?

VALÈRE
      N'as-tu pas entendu comme elle m'a parlé ?

DORINE
      Êtes-vous folle, vous, de vous être emportée ?

MARIANE
      N'as-tu pas vu la chose, et comme il m'a traitée ?

DORINE
775   Sottise des deux parts. Elle n'a d'autre soin
      Que de se conserver à vous, j'en suis témoin.
      Il n'aime que vous seule et n'a point d'autre envie
      Que d'être votre époux, j'en réponds sur ma vie.

MARIANE
      Pourquoi donc me donner un semblable conseil ?

VALÈRE
780   Pourquoi m'en demander sur un sujet pareil ?

DORINE
      Vous êtes fous tous deux. Çà, la main l'un et l'autre.
      Allons, vous.

VALÈRE
En donnant sa main à Dorine.
À quoi bon ma main ?

DORINE
Ah ! çà, la vôtre.

MARIANE
En donnant aussi sa main.
De quoi sert tout cela ?

DORINE
Mon Dieu, vite, avancez.
Vous vous aimez tous deux plus que vous ne pensez.

VALÈRE   [41]
785   Mais ne faites donc point les choses avec peine,
Et regardez un peu les gens sans nulle haine.
Mariane tourne l'œil sur Valère,
et fait un petit souris.

DORINE
À vous dire le vrai, les amants sont bien fous !

VALÈRE
Ho çà ! n'ai-je pas lieu de me plaindre de vous ?
Et pour n'en point mentir, n'êtes-vous pas méchante
790   De vous plaire à me dire une chose affligeante ?

MARIANE
Mais vous, n'êtes-vous pas l'homme le plus ingrat...

DORINE
Pour une autre saison laissons tout ce débat,

Et songeons à parer ce fâcheux mariage.

MARIANE

Dis-nous quels ressorts il faut mettre en usage.

DORINE

795   Nous en ferons agir de toutes les façons.
Votre père se moque, et ce sont des chansons.
Mais, pour vous, il vaut mieux qu'à son extravagance,
D'un doux consentement vous prêtiez l'apparence,
Afin qu'en cas d'alarme il vous soit plus aisé
800   De tirer en longueur cet hymen proposé.
En attrapant du temps, à tout on remédie.
Tantôt vous payerez[201] de quelque maladie,
Qui viendra tout à coup, et voudra des délais.
Tantôt vous payerez de présages mauvais ;
805   Vous aurez fait d'un mort la rencontre fâcheuse,
Cassé quelque miroir, ou songé d'eau bourbeuse.
Enfin le bon de tout, c'est qu'à d'autres qu'à lui
On ne vous peut lier, que[202] vous ne disiez « oui ».
Mais pour mieux réussir, il est bon, ce me semble, [42]
810   Qu'on ne vous trouve point tous deux parlant
[ensemble.
À *Valère.*
Sortez, et sans tarder employez vos amis
Pour vous faire tenir ce qu'on vous a promis.
Nous allons réveiller les efforts de son frère,
Et dans notre parti jeter la belle-mère.
815   Adieu.

---

201 Vous donnerez comme prétexte.
202 Sans que.

VALÈRE, *à Mariane.*

Quelques efforts que nous préparions tous,
Ma plus grande espérance, à vrai dire, est en vous.

MARIANE, *à Valère.*

Je ne vous réponds point des volontés d'un père ;
Mais je ne serai point à d'autre qu'à Valère.

VALÈRE

Que vous me comblez d'aise ! Et quoi que puisse
[oser…

DORINE

820 Ah ! jamais les amants ne sont las de jaser.
Sortez, vous dis-je.

VALÈRE
Il fait un pas et revient.
Enfin…

DORINE

Quel caquet est le vôtre !
Les poussant chacun par l'épaule.
Tirez[203] de cette part[204] ; et vous, tirez de l'autre.

Fin du second acte.

_____

203 *Tirer*, intransitif : aller, partir.
204 *Part* : côté, direction.

ACTE III [43]

Scène PREMIÈRE
DAMIS, DORINE

DAMIS

Que la foudre, sur l'heure, achève mes destins,
Qu'on me traite partout du plus grand des faquins,
825 S'il est aucun respect, ni pouvoir[205] qui m'arrête,
Et si je ne fais pas quelque coup de ma tête.

DORINE

De grâce, modérez un tel emportement :
Votre père n'a fait qu'en parler simplement.
On n'exécute pas tout ce qui se propose,
830 Et le chemin est long du projet à la chose.

DAMIS

Il faut que de ce fat[206] j'arrête les complots,
Et qu'à l'oreille, un peu, je lui dise deux mots.

DORINE

Ha! tout doux! Envers lui comme envers votre père,
Laissez agir les soins de votre belle-mère.
835 Sur l'esprit de Tartuffe elle a quelque crédit ;
Il se rend complaisant à tout ce qu'elle dit,
Et pourrait bien avoir douceur de cœur pour elle. [44]
Plût à Dieu qu'il fût vrai[207] ! La chose serait belle.

---

205 S'il est un respect quelconque ou un pouvoir quelconque (sens positif
de *aucun*).
206 De ce sot.
207 Que cela fût vrai.

Enfin, votre intérêt l'oblige à le mander[208] ;
840   Sur l'hymen qui vous trouble elle veut le sonder,
Savoir ses sentiments, et lui faire connaître
Quels fâcheux démêlés il pourra faire naître,
S'il faut qu'à ce dessein il prête quelque espoir[209].
Son valet dit qu'il prie, et je n'ai pu le voir ;
845   Mais ce valet m'a dit qu'il s'en allait descendre.
Sortez donc, je vous prie, et me laissez l'attendre.

DAMIS

Je puis être présent à tout cet entretien.

DORINE

Point. Il faut qu'ils soient seuls.

DAMIS

                                        Je ne lui dirai rien.

DORINE

Vous vous moquez : on sait vos transports[210]
                                        [ordinaires,
850   Et c'est le vrai moyen de gâter les affaires.
Sortez.

DAMIS

        Non, je veux voir, sans me mettre en courroux.

DORINE

Que vous êtes fâcheux ! Il vient. Retirez-vous.

---

208 À le faire venir.
209 S'il faut qu'il se prête au dessein d'Orgon de lui faire épouser Mariane.
210 *Transports* : manifestations désordonnées des sentiments.

Scène 2   [45]

TARTUFFE, LAURENT, DORINE

TARTUFFE, *apercevant Dorine.*

Laurent, serrez[211] ma haire avec ma discipline[212],
Et priez que toujours le Ciel vous illumine.
855 Si l'on vient pour me voir, je vais aux prisonniers
Des aumônes que j'ai partager les deniers.

DORINE

Que d'affectation et de forfanterie !

TARTUFFE

Que voulez-vous ?

DORINE

Vous dire…

TARTUFFE

Il tire un mouchoir de sa poche.

Ah ! mon Dieu, je
[vous prie,
Avant que de parler, prenez-moi ce mouchoir

DORINE

860 Comment ?

----

211 *Serrer* : ranger.
212 Voici les définitions de Furetière : la *haire* est « un petit vêtement tissu
      de crins en forme de corps de chemise, qui est rude et piquant, que les
      religieux austères ou les dévots mettent sur leur chair pour se mortifier
      et faire pénitence » ; la *discipline* est « l'instrument avec lequel on châtie,
      ou avec lequel on se mortifie », qui était fait de cordes nouées, de crin,
      de parchemin tortillé.

TARTUFFE

Couvrez ce sein que je ne saurais voir.
Par de pareils objets les âmes sont blessées,
Et cela fait venir de coupables pensées.

DORINE

Vous êtes donc bien tendre à la tentation,
Et la chair sur vos sens fait grande impression ?
865   Certes, je ne sais pas quelle chaleur vous monte ;
Mais à convoiter, moi, je ne suis point si prompte,
Et je vous verrais nu du haut jusques en bas,   [46]
Que toute votre peau ne me tenterait pas.

TARTUFFE

Mettez dans vos discours un peu de modestie[213],
870   Ou je vais, sur-le-champ, vous quitter la partie.

DORINE

Non, non, c'est moi qui vais vous laisser en repos,
Et je n'ai seulement qu'à vous dire deux mots.
Madame va venir dans cette salle basse,
Et d'un mot d'entretien vous demande la grâce.

TARTUFFE

875   Hélas ! très volontiers.

DORINE, *en soi-même.*
                              Comme il se radoucit !
Ma foi, je suis toujours pour ce que j'en ai dit.

TARTUFFE

Viendra-t-elle bientôt ?

---

213 *Modestie* : modération.

DORINE
Je l'entends, ce me semble.
Oui, c'est elle en personne, et je vous laisse ensemble.

Scène 3
ELMIRE, TARTUFFE

TARTUFFE
Que le Ciel à jamais, par sa toute bonté,
880 Et de l'âme et du corps vous donne la santé,
Et bénisse vos jours autant que le désire
Le plus humble de ceux que son amour inspire !

ELMIRE   [47]
Je suis fort obligée à ce souhait pieux[214].
Mais prenons une chaise, afin d'être un peu mieux.

TARTUFFE
885 Comment de votre mal vous sentez-vous remise ?

ELMIRE
Fort bien ; et cette fièvre a bientôt quitté prise.

TARTUFFE
Mes prières n'ont pas le mérite qu'il faut
Pour avoir attiré cette grâce d'en haut ;
Mais je n'ai fait au Ciel nulle dévote instance
890 Qui n'ait eu pour objet votre convalescence.

ELMIRE
Votre zèle pour moi s'est trop inquiété.

---

214 Les quatre syllabes de *souhaits pieux* ralentissent intentionnellement le
rythme de cet hémistiche.

TARTUFFE

On ne peut trop chérir votre chère santé,
Et pour la rétablir j'aurais donné la mienne.

ELMIRE

C'est pousser bien avant la charité chrétienne ;
895 Et je vous dois beaucoup pour toutes ces bontés.

TARTUFFE

Je fais bien moins pour vous que vous ne méritez.

ELMIRE

J'ai voulu vous parler en secret d'une affaire,
Et suis bien aise ici qu'aucun ne nous éclaire[215].

TARTUFFE

J'en suis ravi de même ; et sans doute il m'est doux,
900 Madame, de me voir seul à seul avec vous.
C'est une occasion[216] qu'au Ciel j'ai demandée,
Sans que, jusqu'à cette heure, il me l'ait accordée.

ELMIRE

Pour moi, ce que je veux, c'est un mot d'entretien,
Où tout votre cœur s'ouvre, et ne me cache rien.

TARTUFFE   [48]

905 Et je ne veux aussi, par grâce singulière,
Que montrer à vos yeux mon âme tout entière,
Et vous faire serment que les bruits que j'ai faits
Des visites qu'ici reçoivent vos attraits
Ne sont pas, envers vous, l'effet d'aucune haine,

---

215 *Éclairer* : espionner, épier.
216 Par la diérèse, Tartuffe donne tout son poids cette *occasion*.

910   Mais plutôt d'un transport de zèle[217] qui m'entraîne,
      Et d'un pur mouvement...

                          ELMIRE
                                  Je le prends bien aussi,
      Et crois que mon salut vous donne ce souci.

                          TARTUFFE
                    Il lui serre les bouts des doigts.
      Oui, Madame, sans doute, et ma ferveur est telle...

                          ELMIRE
      Ouf! vous me serrez trop.

                          TARTUFFE
                                  C'est par excès de zèle.
915   De vous faire aucun mal je n'eus jamais dessein,
      Et j'aurais bien plutôt...
                    Il lui met la main sur le genou.

                          ELMIRE
                          Que fait là votre main?

                          TARTUFFE
      Je tâte votre habit; l'étoffe en est moelleuse.

                          ELMIRE
      Ah! de grâce, laissez, je suis fort chatouilleuse.
                    *Elle recule sa chaise,
                    et Tartuffe rapproche la sienne.*

_____

217 N'oublions pas que le *zèle* désigne la ferveur religieuse.

TARTUFFE

Mon Dieu, que de ce point l'ouvrage est merveilleux !
920   On travaille aujourd'hui d'un air miraculeux ;
Jamais, en toute chose, on n'a vu si bien faire.

ELMIRE

Il est vrai. Mais parlons un peu de notre affaire.
On tient que mon mari veut dégager sa foi,   [49]
Et vous donner sa fille. Est-il vrai, dites-moi ?

TARTUFFE

925   Il m'en a dit deux mots. Mais, Madame, à vrai dire,
Ce n'est pas le bonheur après quoi je soupire ;
Et je vois autre part les merveilleux attraits
De la félicité qui fait tous mes souhaits.

ELMIRE

C'est que vous n'aimez rien des choses de la terre.

TARTUFFE

930   Mon sein n'enferme pas un cœur qui soit de pierre.

ELMIRE

Pour moi, je crois qu'au Ciel tendent tous vos soupirs,
Et que rien, ici-bas, n'arrête vos désirs.

TARTUFFE

L'amour qui nous attache aux beautés éternelles
N'étouffe pas en nous l'amour des temporelles.
935   Nos sens facilement peuvent être charmés[218]
Des ouvrages parfaits que le Ciel a formés.

---

218 Attirés comme par un charme magique.

Ses attraits réfléchis[219] brillent dans vos pareilles ;
Mais il étale en vous ses plus rares merveilles.
Il a sur votre face épanché ses beautés
940   Dont les yeux sont surpris, et les cœurs transportés ;
Et je n'ai pu vous voir, parfaite créature,
Sans admirer en vous l'auteur de la nature,
Et d'une ardente amour sentir mon cœur atteint,
Au plus beau[220] des portraits où lui-même il s'est
                                          [peint.
945   D'abord j'appréhendai que cette ardeur secrète
Ne fût du noir esprit[221] une surprise adroite ;
Et même à fuir vos yeux mon cœur se résolut,
Vous croyant un obstacle à faire mon salut.
Mais enfin, je connus[222], ô beauté toute aimable,
950   Que cette passion peut n'être point coupable,
Que je puis l'ajuster avecque la pudeur ;   [C] [50]
Et c'est ce qui m'y fait abandonner mon cœur.
Ce m'est, je le confesse, une audace bien grande
Que d'oser de ce cœur vous adresser l'offrande ;
955   Mais j'attends, en mes vœux, tout de votre bonté,
Et rien des vains efforts de mon infirmité[223].
En vous est mon espoir, mon bien, ma quiétude ;
De vous dépend ma peine ou ma béatitude[224] ;
Et je vais être enfin, par votre seul arrêt,
960   Heureux, si vous voulez, malheureux, s'il vous plaît.

---

219 La beauté terrestre des femmes reflète la beauté céleste.
220 En admirant le plus beau.
221 Du démon. – *Adroite* se prononçait *adraite* et rimait avec *secrète*.
222 Je pris conscience.
223 *Infirmité* : faiblesse.
224 *La béatitude* est le bonheur éternel. Ce mot achève bien une tirade où
     le vocabulaire religieux est utilisé, avec plus ou moins d'adresse, pour
     dépeindre un amour charnel.

ELMIRE

La déclaration est tout à fait galante ;
Mais elle est, à vrai dire, un peu bien surprenante.
Vous deviez[225], ce me semble, armer mieux votre
                                [sein,
Et raisonner un peu sur un pareil dessein.
965   Un dévot comme vous, et que partout on nomme…

TARTUFFE

Ah ! pour être dévot, je n'en suis pas moins
                                [homme[226] ;
Et lorsqu'on vient à voir vos célestes appas,
Un cœur se laisse prendre, et ne raisonne pas.
Je sais qu'un tel discours de moi paraît étrange[227] ;
970   Mais, Madame, après tout, je ne suis pas un ange ;
Et si vous condamnez l'aveu que je vous fais,
Vous devez vous en prendre à vos charmants[228]
                                [attraits.
Dès que j'en vis briller la splendeur plus qu'humaine,
De mon intérieur[229] vous fûtes souveraine ;
975   De vos regards divins l'ineffable douceur
Força la résistance où s'obstinait mon cœur ;
Elle surmonta tout, jeûnes, prières, larmes,
Et tourna tous mes vœux du côté de vos charmes.
Mes yeux et mes soupirs vous l'ont dit mille fois ;
980   Et pour mieux m'expliquer j'emploie ici la voix.
Que si vous contemplez d'une âme un peu bénigne[230]

---

225 Vous auriez dû.
226 Réutilisation du vers 1162 du *Sertorius* de Corneille : « Ah ! pour être romain je n'en suis pas moins homme ».
227 *Étrange* : scandaleux.
228 *Charmant, charmer, charmes* : toujours l'idée de la puissance magique.
229 De mon cœur, de mon âme.
230 *Bénin/bénigne* : favorable, bienveillant.

Les tribulations de votre esclave indigne,
S'il faut que vos bontés veuillent me consoler,   [51]
Et jusqu'à mon néant daignent se ravaler,
985   J'aurai toujours pour vous, ô suave merveille,
Une dévotion[231] à nulle autre pareille.
Votre honneur, avec moi, ne court point de hasard,
Et n'a nulle disgrâce à craindre de ma part.
Tous ces galants de cour, dont les femmes sont
                                    [folles,
990   Sont bruyants dans leurs faits[232] et vains dans leurs
                                    [paroles.
De leurs progrès sans cesse on les voit se targuer ;
Ils n'ont point de faveurs qu'ils n'aillent divulguer,
Et leur langue indiscrète, en qui l'on se confie,
Déshonore l'autel où leur cœur sacrifie.
995   Mais les gens comme nous brûlent d'un feu discret,
Avec qui pour toujours on est sûr du secret.
Le soin que nous prenons de notre renommée
Répond de toute chose à la personne aimée ;
Et c'est en nous qu'on trouve, acceptant notre cœur,
1000   De l'amour sans scandale, et du plaisir sans peur.

ELMIRE

Je vous écoute dire, et votre rhétorique,
En termes assez forts à mon âme s'explique.
N'appréhendez-vous point que je ne sois d'humeur
À dire à mon mari cette galante ardeur ?
1005   Et que le prompt avis d'un amour de la sorte
Ne pût bien altérer l'amitié qu'il vous porte ?

---

231 Effet spécial de la diérèse sur ce mot du vocabulaire pieux transporté
     dans la déclaration d'amour.
232 Donnent de la publicité à leurs actions.

TARTUFFE

Je sais que vous avez trop de bénignité,
Et que vous ferez grâce à ma témérité ;
Que vous m'excuserez sur l'humaine faiblesse
1010 Des violents transports d'un amour qui vous blesse,
Et considérerez, en regardant votre air,
Que l'on n'est pas aveugle, et qu'un homme est de
[chair.

ELMIRE   [C ij] [52]

D'autres prendraient cela d'autre façon, peut-être ;
Mais ma discrétion²³³ se veut faire paraître.
1015 Je ne redirai point l'affaire à mon époux ;
Mais je veux en revanche une chose de vous.
C'est de presser tout franc, et sans nulle chicane,
L'union de Valère avecque Mariane ;
De renoncer vous-même à l'injuste pouvoir
1020 Qui veut du bien d'un autre enrichir votre espoir ;
Et...

Scène 4

DAMIS, ELMIRE, TARTUFFE

DAMIS,
sortant du petit cabinet où il s'était retiré.

Non Madame, non, ceci doit se répande.
J'étais en cet endroit, d'où j'ai pu tout entendre ;
Et la bonté du Ciel m'y semble avoir conduit
Pour confondre l'orgueil d'un traître qui me nuit,
1025 Pour m'ouvrir une voie à prendre la vengeance
De son hypocrisie et de son insolence,

---

233 Diérèse.

À détromper mon père et lui mettre en plein jour
L'âme d'un scélérat qui vous parle d'amour.

ELMIRE

Non, Damis, il suffit qu'il se rende plus sage,
1030   Et tâche à mériter la grâce où je m'engage.
Puisque je l'ai promis, ne m'en dédites pas.
Ce n'est point mon humeur[234] de faire des éclats ;
Une femme se rit de sottises pareilles,
Et jamais d'un mari n'en trouble les oreilles.

DAMIS   [53]

1035   Vous avez vos raisons pour en user ainsi,
Et pour faire autrement j'ai les miennes aussi.
Le vouloir épargner est une raillerie ;
Et l'insolent orgueil de sa cagoterie
N'a triomphé que trop de mon juste courroux,
1040   Et que trop excité de désordre chez nous.
Le fourbe, trop longtemps, a gouverné[235] mon père,
Et desservi mes feux avec ceux de Valère.
Il faut que du perfide il soit désabusé[236],
Et le Ciel pour cela m'offre un moyen aisé.
1045   De cette occasion[237] je lui suis redevable ;
Et pour la négliger, elle est trop favorable[238].
Ce serait mériter qu'il me la vînt ravir
Que de l'avoir en main, et ne m'en pas servir.

---

234 *Humeur* : caractère, tempérament.
235 *Gouverner quelqu'un*, c'est exercer une direction morale ou spirituelle sur
    lui, comme le directeur de conscience.
236 *Désabuser* : détromper, tirer de son erreur.
237 Intéressante diérèse.
238 Elle est trop favorable pour que je la néglige.

ELMIRE

Damis...

DAMIS

Non, s'il vous plaît, il faut que je me croie.
1050 Mon âme est maintenant au comble de sa joie ;
Et vos discours en vain prétendent m'obliger
À quitter le plaisir de me pouvoir venger.
Sans aller plus avant, je vais vuider d'affaire[239] ;
Et voici justement de quoi me satisfaire.

Scène 5   [C iij] [54]

ORGON, DAMIS, TARTUFFE, ELMIRE

DAMIS

1055 Nous allons régaler, mon père, votre abord[240]
D'un incident tout frais, qui vous surprendra fort.
Vous êtes bien payé de toutes vos caresses[241],
Et Monsieur d'un beau prix reconnaît vos tendresses.
Son grand zèle pour vous vient de se déclarer.
1060 Il ne va pas à moins qu'à vous déshonorer ;
Et je l'ai surpris, là, qui faisait à Madame
L'injurieux aveu d'une coupable flamme.
Elle est d'une humeur douce, et son cœur trop
                                              [discret
Voulait, à toute force, en garder le secret.
1065 Mais je ne puis flatter[242] une telle impudence,
Et crois que vous la taire est vous faire une offense.

---

239 *Vuider d'affaire* : terminer, finir une affaire (avec la forme ancienne de
   vider).
240 *Abord* : arrivée.
241 Les *caresses* sont les démonstrations de bienveillance ou d'amitié.
242 *Flatter* : favoriser.

ELMIRE

Oui, je tiens que jamais, de tous ces vains propos
On ne doit d'un mari traverser[243] le repos ;
Que ce n'est point de là que l'honneur peut dépendre,
1070   Et qu'il suffit, pour nous, de savoir nous défendre.
Ce sont mes sentiments ; et vous n'auriez rien dit,
Damis, si j'avais eu sur vous quelque crédit.

Scène 6   [55]
ORGON, DAMIS, TARTUFFE

ORGON

Ce que je viens d'entendre, ô Ciel ! est-il croyable ?

TARTUFFE

Oui, mon frère, je suis un méchant, un coupable,
1075   Un malheureux pécheur, tout plein d'iniquité[244],
Le plus grand scélérat qui jamais ait été.
Chaque instant de ma vie est chargé de souillures,
Elle n'est qu'un amas de crimes et d'ordures ;
Et je vois que le Ciel, pour ma punition,
1080   Me veut mortifier[245] en cette occasion.
De quelque grand forfait qu'on me puisse reprendre,
Je n'ai garde d'avoir l'orgueil de m'en défendre.
Croyez ce qu'on vous dit, armez votre courroux,
Et comme un criminel, chassez-moi de chez vous.
1085   Je ne saurais avoir tant de honte en partage,
Que je n'en aie encor mérité davantage.

---

243 *Traverser* : troubler, contrarier, gêner.
244 De corruption, de péchés.
245 Tartuffe insiste sur cette diérèse, mettant en avant cette humilité dévote devant son péché. En sus des deux diérèses à la rime !

ORGON, *à son fils.*

Ah ! traître, oses-tu bien, par cette fausseté,
Vouloir de sa vertu ternir la pureté ?

DAMIS

Quoi ? la feinte douceur de cette âme hypocrite
1090   Vous fera démentir…

ORGON
Tais-toi, peste maudite.

TARTUFFE

Ah ! Laissez-le parler. Vous l'accusez à tort,
Et vous ferez bien mieux de croire à son rapport.
Pourquoi sur un tel fait m'être si favorable ?   [C iiij] [56]
Savez-vous, après tout, de quoi je suis capable ?
1095   Vous fiez-vous, mon frère, à mon extérieur ?
Et pour tout ce qu'on voit, me croyez-vous meilleur ?
Non, non, vous vous laissez tromper à l'apparence,
Et je ne suis rien moins, hélas ! que ce qu'on pense.
Tout le monde me prend pour un homme de bien ;
1100   Mais la vérité pure est que je ne vaux rien²⁴⁶.
S'adressant à Damis.
Oui, mon cher fils, parlez, traitez-moi de perfide,
D'infâme, de perdu, de voleur, d'homicide.
Accablez-moi de noms encor plus détestés.
Je n'y contredis point, je les ai mérités ;
1105   Et j'en veux à genoux²⁴⁷ souffrir l'ignominie,
Comme une honte due aux crimes de ma vie.

---

246 Géniale manœuvre de Tartuffe, qui dit le vrai en étant sûr qu'Orgon
    ne peut pas le croire !
247 Tartuffe se met effectivement à genoux.

ORGON, *à Tartuffe.*
Mon frère, c'en est trop. (*À son fils.*) Ton cœur ne
                              [se rend point,
Traître ?

DAMIS
Quoi ? Ses discours vous séduiront au point…

ORGON, *à son fils.*
Tais-toi, pendard. (*À Tartuffe.*) Mon frère, eh !
                              [levez-vous, de grâce.
1110   (*À son fils.*) Infâme.

DAMIS
Il peut…

ORGON
            Tais-toi.

DAMIS
                  J'enrage ! Quoi ? je
                  [passe…

ORGON
Si tu dis un seul mot, je te romprai les bras.

TARTUFFE
Mon frère, au nom de Dieu, ne vous emportez pas.
J'aimerais mieux souffrir la peine la plus dure,   [57]
Qu'il ait reçu pour moi la moindre égratignure.

ORGON, *à son fils.*
1115   Ingrat !

TARTUFFE
Laissez-le[248] en paix. S'il faut à deux genoux
Vous demander sa grâce…

ORGON, *à Tartuffe.*
Hélas ! vous moquez-vous ?
À son fils.
Coquin, vois sa bonté.

DAMIS
Donc…

ORGON
Paix.

DAMIS
Quoi ? je…

ORGON
Paix, dis-je.
Je sais bien quel motif à l'attaquer t'oblige.
Vous le haïssez tous, et je vois aujourd'hui
1120   Femme, enfants et valets déchaînés contre lui.
On met impudemment toute chose en usage
Pour ôter de chez moi ce dévot personnage.
Mais plus on fait d'effort afin de l'en bannir,
Plus j'en veux employer à l'y mieux retenir ;
1125   Et je vais me hâter de lui donner ma fille,
Pour confondre l'orgueil de toute ma famille.

DAMIS
À recevoir sa main on pense l'obliger ?

---

248 Il faut élider ce dernier *e* pour le compte juste de l'hémistiche.

ORGON

Oui, traître ; et dès ce soir, pour vous faire enrager.

Ah ! je vous brave tous, et vous ferai connaître

1130   Qu'il faut qu'on m'obéisse, et que je suis le maître.

Allons, qu'on se rétracte, et qu'à l'instant,

[fripon, [C v] [58]

On se jette à ses pieds pour demander pardon.

DAMIS

Qui, moi ? De ce coquin, qui par ses impostures…

ORGON

Ah ! tu résistes, gueux, et lui dis des injures ?

1135   Un bâton, un bâton. (À *Tartuffe*). Ne me retenez pas.

(À *son fils*.) Sus, que de ma maison on sorte de ce pas,

Et que d'y revenir on n'ait jamais l'audace.

DAMIS

Oui, je sortirai ; mais…

ORGON

                    Vite, quittons la place.

Je te prive, pendard, de ma succession,

1140   Et te donne, de plus, ma malédiction[249].

Scène 7

ORGON, TARTUFFE

ORGON

Offenser de la sorte une sainte personne !

---

249 Les diérèses à la rime renforcent la rage d'Orgon à chasser son fils.

TARTUFFE

Ô Ciel ! pardonne-lui la douleur qu'il me donne.
(*À Orgon.*) Si vous pouviez savoir avec quel déplaisir[250]
Je vois qu'envers mon frère on tâche à me noircir…

ORGON

1145   Hélas !

TARTUFFE

Le seul penser de cette ingratitude
Fait souffrir à mon âme un supplice si rude…
L'horreur que j'en conçois… J'ai le cœur si serré   [59]
Que je ne puis parler, et crois que j'en mourrai.

ORGON

Il court tout en larmes à la porte
par où il a chassé son fils.
Coquin. Je me repens que ma main t'ai fait grâce,
1150   Et ne t'ait pas d'abord[251] assommé sur la place.
Remettez-vous, mon frère, et ne vous fâchez pas.

TARTUFFE

Rompons, rompons le cours de ces fâcheux débats.
Je regarde céans quels grands troubles j'apporte,
Et crois qu'il est besoin, mon frère, que j'en sorte.

ORGON

1155   Comment ? Vous moquez-vous ?

TARTUFFE

On m'y hait et je vois

---

250 Voir au v. 620.
251 Tout de suite.

Qu'on cherche à vous donner des soupçons de ma
[foi[252].

ORGON

Qu'importe ? Voyez-vous que mon cœur les écoute ?

TARTUFFE

On ne manquera pas de poursuivre, sans doute ;
Et ces mêmes rapports qu'ici vous rejetez,
1160   Peut-être, une autre fois, seront-ils écoutés.

ORGON

Non, mon frère, jamais.

TARTUFFE

                    Ah ! mon frère, une femme
Aisément d'un mari peut bien surprendre l'âme.

ORGON

Non, non.

TARTUFFE

            Laissez-moi vite, en m'éloignant d'ici,
Leur ôter tout sujet de m'attaquer ainsi.

ORGON   [C vj] [60]

1165   Non, vous demeurerez : il y va de ma vie.

TARTUFFE

Hé bien ! il faudra donc que je me mortifie.
Pourtant, si vous vouliez…

---

252 De ma loyauté, de ma sincérité.

ORGON

Ah !

TARTUFFE

                 Soit, n'en parlons plus.
Mais je sais comme il faut en user là-dessus.
L'honneur est délicat, et l'amitié m'engage
1170   À prévenir les bruits et les sujets d'ombrage[253].
Je fuirai votre épouse et vous ne me verrez...

ORGON

Non, en dépit de tous, vous la fréquenterez.
Faire enrager le monde est ma plus grande joie,
Et je veux qu'à toute heure avec elle on vous voie.
1175   Ce n'est pas tout encor : pour les mieux braver tous,
Je ne veux point avoir d'autre héritier que vous ;
Et je vais de ce pas, en fort bonne manière,
Vous faire de mon bien donation entière.
Un bon et franc ami, que pour gendre je prends,
1180   M'est bien plus cher que fils, que femme et que parents.
N'accepterez-vous pas ce que je vous propose ?

TARTUFFE

La volonté du Ciel soit faite en toute chose[254].

ORGON

Le pauvre homme ! Allons vite en dresser un écrit,
Et que puisse l'envie en crever de dépit !

Fin du troisième acte.

---

253 *Ombrage* : inquiétude ; soupçon.
254 Remarquable imposture ! Comme le Christ, le chrétien doit être entière-
    ment soumis à la volonté de Dieu ; Tartuffe s'y soumettra en continuant
    de courtiser Elmire et en récupérant l'héritage d'Orgon...

ACTE IV   [61]

Scène PREMIÈRE
CLÉANTE, TARTUFFE

CLÉANTE

1185   Oui, tout le monde en parle, et vous m'en pouvez
                                        [croire.
        L'éclat que fait ce bruit[255] n'est point à votre gloire ;
        Et je vous ai trouvé, Monsieur, fort à propos,
        Pour vous en dire net ma pensée en deux mots.
        Je n'examine point à fond ce qu'on expose[256] ;
1190   Je passe là-dessus et prends au pis la chose.
        Supposons que Damis n'en ait pas bien usé,
        Et que ce soit à tort qu'on vous ait accusé :
        N'est-il pas d'un chrétien de pardonner l'offense,
        Et d'éteindre en son cœur tout désir de vengeance ?
1195   Et devez-vous souffrir, pour votre démêlé,
        Que du logis d'un père un fils soit exilé ?
        Je vous le dis encore, et parle avec franchise,
        Il n'est petit ni grand qui ne s'en scandalise[257] ;
        Et si vous m'en croyez, vous pacifierez tout,
1200   Et ne pousserez point les affaires à bout.
        Sacrifiez à Dieu toute votre colère,   [62]
        Et remettez le fils en grâce avec le père.

---

255 Cette nouvelle.
256 Je n'examine pas le fond de cette affaire.
257 Le Christ enjoint au pardon des offenses (il faut pardonner soixante-dix-
     sept fois, Matthieu, 18, 21) ; la prière essentielle du *Notre Père* inclut même
     le pardon à ceux qui nous ont offensés. Et il a des paroles redoutables
     contre les fauteurs de scandales (voir Matthieu 18, 7 *sqq.*).

TARTUFFE

Hélas ! je le voudrais, quant à moi, de bon cœur ;
Je ne garde pour lui, Monsieur, aucune aigreur ;
1205 Je lui pardonne tout, de rien je ne le blâme,
Et voudrais le servir du meilleur de mon âme.
Mais l'intérêt du Ciel n'y saurait consentir ;
Et s'il rentre céans, c'est à moi d'en sortir.
Après son action[258] qui n'eut jamais d'égale,
1210 Le commerce entre nous[259] porterait du scandale :
Dieu sait ce que d'abord[260] tout le monde en croirait ;
À pure politique on me l'imputerait ;
Et l'on dirait partout que, me sentant coupable,
Je feins pour qui m'accuse un zèle charitable,
1215 Que mon cœur l'appréhende et veut le ménager,
Pour le pouvoir, sous main, au silence engager.

CLÉANTE

Vous nous payez ici d'excuses colorées[261],
Et toutes vos raisons, Monsieur, sont trop tirées[262].
Des intérêts du Ciel pourquoi vous chargez-vous ?
1220 Pour punir le coupable, a-t-il besoin de nous ?
Laissez-lui, laissez-lui le soin de ses vengeances ;
Ne songez qu'au pardon qu'il prescrit des offenses ;
Et ne regardez point aux jugements humains,
Quand vous suivez du Ciel les ordres souverains.
1225 Quoi ? Le faible intérêt de ce qu'on pourra croire,
D'une bonne action[263] empêchera la gloire ?

---

258 La diérèse met en valeur la gravité de l'action de Damis.
259 Une relation entre nous.
260 Immédiatement.
261 *Coloré* : déguisé, hypocrite.
262 *Tiré* : trop subtil.
263 Autre diérèse à apprécier.

Non, non, faisons toujours ce que le Ciel prescrit,
Et d'aucun autre soin ne nous brouillons l'esprit.

TARTUFFE

Je vous ai déjà dit que mon cœur lui pardonne,
1230   Et c'est faire, Monsieur, ce que le Ciel ordonne.
Mais après le scandale et l'affront d'aujourd'hui,   [63]
Le Ciel n'ordonne pas que je vive avec lui.

CLÉANTE

Et vous ordonne-t-il, Monsieur, d'ouvrir l'oreille
À ce qu'un pur caprice[264] à son père conseille ?
1235   Et d'accepter le don qui vous est fait d'un bien
Où le droit vous oblige à ne prétendre rien ?

TARTUFFE

Ceux qui me connaîtront n'auront pas la pensée
Que ce soit un effet d'une âme intéressée.
Tous les biens de ce monde ont pour moi peu
                                    [d'appâts,
1240   De leur éclat trompeur je ne m'éblouis pas ;
Et si je me résous à recevoir du père
Cette donation qu'il a voulu me faire,
Ce n'est, à dire vrai, que parce que je crains
Que tout ce bien ne tombe en de méchantes mains,
1245   Qu'il ne trouve des gens qui, l'ayant en partage,
En fassent dans le monde un criminel usage[265],
Et ne s'en servent pas, ainsi que j'ai dessein,
Pour la gloire du Ciel et le bien du prochain[266].

---

264 Voir au v. 262.
265 Un usage qui soit occasion de péché.
266 Comme l'avait déjà remarqué Sainte-Beuve, Tartuffe a recours à la
    direction d'intention : il donne à sa mauvaise action (spolier un légitime

CLÉANTE

Eh! Monsieur, n'ayez point ces délicates craintes[267],
1250   Qui d'un juste hériter peuvent causer les plaintes.
Souffrez[268], sans vous vouloir embarrasser de rien,
Qu'il soit, à ses périls, possesseur de son bien ;
Et songez qu'il vaut mieux encor qu'il en mésuse,
Que si de l'en frustrer il faut qu'on vous accuse.
1255   J'admire[269] seulement que, sans confusion,
Vous en ayez souffert la proposition.
Car enfin, le vrai zèle[270] a-t-il quelque maxime
Qui montre à dépouiller l'héritier légitime ?
Et s'il faut que le Ciel dans votre cœur ait mis
1260   Un invincible obstacle à vivre avec Damis,
Ne vaudrait-il pas mieux qu'en personne discrète, [64]
Vous fissiez de céans une honnête retraite,
Que de souffrir ainsi, contre toute raison,
Qu'on en chasse, pour vous, le fils de la maison ?
1265   Croyez-moi, c'est donner de votre prud'homie[271],
Monsieur...

TARTUFFE

Il est, Monsieur, trois heures et demie[272] :
Certain devoir pieux[273] me demande là-haut,
Et vous m'excuserez de vous quitter sitôt.

---

héritier) une fin louable (empêcher que Damis ne fasse un mauvais
usage de son héritage).
267 Ces craintes excessives, trop scrupuleuses.
268 Supportez, acceptez.
269 Je suis stupéfait.
270 La vraie dévotion.
271 *Prudhomie* : honnêteté, droiture.
272 C'est à peu près l'heure de l'office des vêpres.
273 La diérèse souligne ce *pieux*.

CLÉANTE

Ah !

Scène 2

ELMIRE, MARIANE, DORINE, CLÉANTE

DORINE

De grâce, avec nous employez-vous pour elle,
1270 Monsieur : son âme souffre une douleur mortelle ;
Et l'accord que son père a conclu pour ce soir
La fait, à tous moments, entrer en désespoir.
Il va venir. Joignons nos efforts, je vous prie,
Et tâchons d'ébranler de force, ou d'industrie,
1275 Ce malheureux dessein qui nous a tous troublés.

Scène 3   [65]

ORGON, ELMIRE, MARIANE,
CLÉANTE, DORINE

ORGON

Ha ! je me réjouis de vous voir assemblés.
À Mariane.
Je porte, en ce contrat[274], de quoi vous faire rire
Et vous savez déjà ce que cela veut dire.

MARIANE, *à genoux.*

Mon père, au nom du Ciel, qui connaît ma douleur,
1280 Et par tout ce qui peut émouvoir votre cœur,
Relâchez-vous un peu des droits de la naissance[275],

---

274 Le contrat de mariage, que Mariane doit signer.
275 N'utilisez pas sur moi vos droits de père.

Et dispensez mes vœux de cette obéissance[276].
Ne me réduisez point, par cette dure loi,
Jusqu'à me plaindre au Ciel de ce que je vous dois.
1285   Et cette vie, hélas! que vous m'avez donnée,
Ne me la rendez pas, mon père, infortunée.
Si, contre un doux espoir que j'avais pu former,
Vous me défendez d'être à ce que j'ose aimer,
Au moins, par vos bontés, qu'à vos genoux j'implore,
1290   Sauvez-moi du tourment d'être à ce que j'abhorre,
Et ne me portez point à quelque désespoir
En vous servant, sur moi, de tout votre pouvoir.

ORGON, *se sentant attendrir.*
Allons, ferme, mon cœur, point de faiblesse humaine.

MARIANE
Vos tendresses pour lui ne me font point de peine ;
1295   Faites-les éclater, donnez-lui votre bien ;   [66]
Et si ce n'est assez, joignez-y tout le mien[277],
J'y consens de bon cœur et je vous l'abandonne.
Mais au moins n'allez pas jusques à ma personne,
Et souffrez qu'un couvent, dans les austérités,
1300   Use les tristes jours que le Ciel m'a comptés.

ORGON
Ah! voilà justement de mes religieuses,
Lorsqu'un père combat leurs flammes amoureuses !
Debout ! Plus votre cœur répugne à l'accepter,
Plus ce sera pour vous matière à mériter.

---

276 Note de l'édition des G.E.F. : « Dispensez-moi, malgré le vœu que j'ai
   fait de vous être soumise, de cet acte d'obéissance » (t. IV, p. 486).
277 Le bien qui lui revient de sa mère défunte.

1305   Mortifiez vos sens avec ce mariage[278],
Et ne me rompez pas la tête davantage.

DORINE

Mais quoi…

ORGON

Taisez-vous, vous. Parlez à votre écot[279] ;
Je vous défends, tout net, d'oser dire un seul mot.

CLÉANTE

Si par quelque conseil vous souffrez qu'on réponde…

ORGON

1310   Mon frère, vos conseils sont les meilleurs du monde,
Ils sont bien raisonnés, et j'en fais un grand cas ;
Mais vous trouverez bon que je n'en use pas.

ELMIRE, *à son mari.*

À voir ce que je vois, je ne sais plus que dire,
Et votre aveuglement fait que je vous admire[280].
1315   C'est être bien coiffé[281], bien prévenu de lui,
Que de nous démentir sur le fait d'aujourd'hui.

ORGON

Je suis votre valet[282], et crois les apparences.
Pour mon fripon de fils, je sais vos complaisances,

---

278 Encore deux diérèses dans ce vers, la première soulignant la mortification
que doit être le mariage avec Tartuffe, en parfaite contradiction avec ce
que disait Orgon en II, 2, vers 531-536.

279 *L'écot* est une réunion de convives ; *parlez à votre écot* : on ne vous demande
rien, mêlez-vous de vos affaires.

280 Voir au v. 1255.

281 Voir au v. 178.

282 Formule de dénégation.

Et vous avez eu peur de le désavouer
1320 Du trait qu'à ce pauvre homme il a voulu jouer.
Vous étiez trop tranquille, enfin, pour être crue,   [67]
Et vous auriez paru d'autre manière émue.

ELMIRE

Est-ce qu'au simple aveu d'un amoureux transport
Il faut que notre honneur se gendarme si fort ?
1325 Et ne peut-on répondre à tout ce qui le touche
Que le feu dans les yeux et l'injure à la bouche ?
Pour moi, de tels propos je me ris simplement,
Et l'éclat là-dessus ne me plaît nullement.
J'aime qu'avec douceur nous nous montrions sages,
1330 Et ne suis point, du tout, pour ces prudes sauvages,
Dont l'honneur est armé de griffes et de dents,
Et veut, au moindre mot, dévisager²⁸³ les gens.
Me préserve le Ciel d'une telle sagesse !
Je veux une vertu qui ne soit point diablesse,
1335 Et crois que d'un refus la discrète froideur
N'en est pas moins puissante à rebuter un cœur.

ORGON

Enfin, je sais l'affaire et ne prends point le change²⁸⁴.

ELMIRE

J'admire, encor un coup, cette faiblesse étrange²⁸⁵.
Mais que me répondrait votre incrédulité,
1340 Si je vous faisais voir qu'on vous dit vérité.

---

283 *Dévisager* : « blesser quelqu'un au visage, en sorte qu'il en soit défiguré
et gâté » (FUR.).
284 *Prendre le change*, dans le vocabulaire de la chasse : partir sur une fausse
piste.
285 Voir au v. 232.

ORGON

Voir ?

ELMIRE

Oui.

ORGON

Chansons.

ELMIRE

Mais quoi ! si je trouvais
[manière
De vous le faire voir avec pleine lumière ?

ORGON

Contes en l'air.

ELMIRE   [68]

Quel homme ! Au moins répondez-moi.
Je ne vous parle pas de nous ajouter foi.
1345   Mais supposons ici que, d'un lieu qu'on peut prendre,
On vous fît clairement tout voir et tout entendre,
Que diriez-vous alors de votre homme de bien ?

ORGON

En ce cas, je dirais que… Je ne dirais rien,
Car cela ne se peut.

ELMIRE

L'erreur trop longtemps dure,
1350   Et c'est trop condamner ma bouche d'imposture.
Il faut que par plaisir, et sans aller plus loin,
De tout ce qu'on vous dit je vous fasse témoin.

ORGON

Soit, je vous prends au mot. Nous verrons votre
[adresse
Et comment vous pourrez remplir cette promesse.

ELMIRE

1355 Faites-le-moi venir.

DORINE

Son esprit est rusé,
Et peut-être à surprendre il sera malaisé.

ELMIRE

Non, on est aisément dupé par ce qu'on aime ;
Et l'amour-propre engage à se tromper soi-même.
Faites-le-moi descendre.
Parlant à Cléante et à Mariane.
Et vous, retirez-vous.

Scène 4   [69]

ELMIRE, ORGON

ELMIRE

1360 Approchons cette table, et vous mettez dessous.

ORGON

Comment ?

ELMIRE

Vous bien cacher est un point nécessaire.

ORGON

Pourquoi sous cette table ?

ELMIRE

Ah ! mon Dieu, laissez
[faire :
J'ai mon dessein en tête, et vous en jugerez.
Mettez-vous là, vous dis-je ; et quand vous y serez,
1365   Gardez qu'on ne vous voie et qu'on ne vous
[entende.

ORGON

Je confesse qu'ici ma complaisance est grande ;
Mais de votre entreprise il vous faut voir sortir.

ELMIRE

Vous n'aurez, que je crois, rien à me repartir[286].
À son mari qui est sous la table.
Au moins, je vais toucher une étrange matière[287] ;
1370   Ne vous scandalisez en aucune manière.
Quoi que je puisse dire, il[288] doit m'être permis,
Et c'est pour vous convaincre, ainsi que j'ai promis.
Je vais par des douceurs, puisque j'y suis réduite,
Faire poser le masque à cette âme hypocrite,
1375   Flatter de son amour les désirs effrontés,
Et donner un champ libre à ses témérités.
Comme c'est pour vous seul, et pour mieux le
[confondre, [70]
Que mon âme à ses vœux va feindre de répondre,
J'aurai lieu de cesser dès que vous vous rendrez,
1380   Et les choses n'iront que jusqu'où vous voudrez.
C'est à vous d'arrêter son ardeur insensée,

---

286 *Repartir* : répliquer.
287 Je vous en avertis, prenez-y garde (*au moins*), je m'engage dans une affaire
      singulière, extraordinaire (*étrange*).
288 Cela.

Quand vous croirez l'affaire assez avant poussée,
D'épargner votre femme, et de ne m'exposer
Qu'à ce qu'il vous faudra pour vous désabuser.
1385 Ce sont vos intérêts, vous en serez le maître
Et... L'on vient. Tenez-vous, et gardez de paraître.

Scène 5

TARTUFFE, ELMIRE, ORGON

TARTUFFE

On m'a dit qu'en ce lieu vous me vouliez parler.

ELMIRE

Oui, l'on a des secrets à vous y révéler.
Mais tirez cette porte avant qu'on vous les dise,
1390 Et regardez partout, de crainte de surprise :
Une affaire pareille à celle de tantôt
N'est pas assurément ici ce qu'il nous faut.
Jamais il ne s'est vu de surprise de même[289].
Damis m'a fait, pour vous, une frayeur extrême,
1395 Et vous avez bien vu que j'ai fait mes efforts
Pour rompre son dessein et calmer ses transports.
Mon trouble, il est bien vrai, m'a si fort possédée,
Que de le démentir je n'ai point eu l'idée.
Mais par là, grâce au Ciel, tout a bien mieux été,
1400 Et les choses en sont dans plus de sûreté.
L'estime où l'on vous tient a dissipé l'orage,   [71]
Et mon mari, de vous, ne peut pendre d'ombrage[290].
Pour mieux braver l'éclat des mauvais jugements,
Il veut que nous soyons ensemble à tous moments ;

289 Semblable.
290 Voir au v. 1170.

1405 Et c'est par où je puis, sans peur d'être blâmée,
      Me trouver ici seule avec vous enfermée,
      Et ce qui m'autorise à vous ouvrir un cœur
      Un peu trop prompt, peut-être, à souffrir votre
                                       [ardeur[291].

                    TARTUFFE
      Ce langage, à comprendre, est assez difficile,
1410 Madame. Et vous parliez tantôt d'un autre style.

                    ELMIRE
      Ah ! si d'un tel refus vous êtes en courroux,
      Que le cœur d'une femme est mal connu de vous !
      Et que vous savez peu ce qu'il veut faire entendre,
      Lorsque si faiblement on le voit se défendre !
1415 Toujours notre pudeur combat, dans ces moments,
      Ce qu'on peut nous donner de tendres sentiments.
      Quelque raison qu'on trouve à l'amour qui nous
                                       [dompte,
      On trouve à l'avouer toujours un peu de honte ;
      On s'en défend d'abord ; mais de l'air qu'on s'y prend,
1420 On fait connaître assez que notre cœur se rend,
      Qu'à nos vœux, par honneur, notre bouche s'oppose,
      Et que de tels refus promettent toute chose.
      C'est vous faire, sans doute, un assez libre aveu,
      Et sur notre pudeur me ménager bien peu.
1425 Mais puisque la parole enfin en est lâchée,
      À retenir Damis me serais-je attachée ?
      Aurais-je, je vous prie, avec tant de douceur
      Écouté tout au long l'offre de votre cœur ?
      Aurais-je pris la chose ainsi qu'on m'a vu faire,

---

291 À admettre votre amour.

1430   Si l'offre de ce cœur n'eût eu de quoi me plaire[292] ?
        Et lorsque j'ai voulu moi-même vous forcer
        À refuser l'hymen qu'on venait d'annoncer,
        Qu'est-ce que cette instance a dû vous faire
                                        [entendre, [72]
        Que[293] l'intérêt qu'en vous on s'avise de prendre,
1435   Et l'ennui[294] qu'on aurait que ce nœud qu'on résout
        Vînt partager du moins un cœur que l'on veut tout ?

                            TARTUFFE
        C'est sans doute[295], Madame, une douceur extrême
        Que d'entendre ces mots d'une bouche qu'on aime :
        Leur miel dans tous mes sens fait couler à longs traits
1440   Une suavité qu'on ne goûta jamais.
        Le bonheur de vous plaire est ma suprême étude,
        Et mon cœur de vos vœux fait sa béatitude[296].
        Mais ce cœur vous demande ici la liberté
        D'oser douter un peu de sa félicité.
1445   Je puis croire ces mots un artifice honnête
        Pour m'obliger à rompre un hymen qui s'apprête ;
        Et s'il faut librement m'expliquer avec vous,
        Je ne me fierai point à des propos si doux,
        Qu'un peu de vos faveurs, après quoi je soupire,
1450   Ne vienne m'assurer tout ce qu'ils m'ont pu dire,
        Et planter dans mon âme une constante foi[297]

---

292 Si l'offre de votre cœur n'avait pas eu de quoi me plaire.
293 Si ce n'est.
294 *Ennui* : tourment, désespoir (sens fort).
295 Assurément.
296 Tartuffe est empêtré dans le vocabulaire religieux, qu'il discrédite
    gravement en parlant de *béatitude* à propos du bonheur amoureux dans
    l'adultère.
297 Et installer dans mon âme une confiance (*foi*) solide et constance dans
    vos bontés.

Des charmantes bontés que vous avez pour moi.

ELMIRE

Elle tousse pour avertir son mari.

Quoi ? vous voulez aller avec cette vitesse,
Et d'un cœur, tout d'abord[298], épuiser la tendresse ?
1455   On se tue à vous faire un aveu des plus doux ;
Cependant ce n'est pas encore assez pour vous,
Et l'on ne peut aller jusqu'à vous satisfaire,
Qu'aux dernières faveurs on ne pousse l'affaire[299] ?

TARTUFFE

Moins on mérite un bien, moins on l'ose espérer.
1460   Nos vœux sur des discours ont peine à s'assurer ;
On soupçonne[300] aisément un sort tout plein de
                                          [gloire,
Et l'on veut en jouir, avant que de le croire.
Pour moi, qui crois si peu mériter vos bontés,   [73]
Je doute du bonheur de mes témérités ;
1465   Et je ne croirai rien que vous n'ayez, Madame,
Par des réalités su convaincre ma flamme.

ELMIRE

Mon Dieu ! que votre amour en vrai tyran agit,
Et qu'en un trouble étrange il me jette l'esprit !
Que sur les cœurs il prend un furieux empire,
1470   Et qu'avec violence il veut ce qu'il désire !
Quoi ? de votre poursuite on ne peut se parer[301],
Et vous ne donnez pas le temps de respirer ?

---

298 D'entrée, du premier coup.
299 Et l'on ne peut vous satisfaire qu'en vous octroyant les dernières faveurs.
300 On doute de.
301 Se garder.

Sied-il bien de tenir une rigueur si grande,
De vouloir sans quartier[302] les choses qu'on demande,
1475   Et d'abuser ainsi, par vos efforts[303] pressants,
Du faible que pour vous vous voyez qu'ont les gens ?

TARTUFFE

Mais si d'un œil bénin[304] vous voyez mes hommages,
Pourquoi m'en refuser d'assurés témoignages ?

ELMIRE

Mais comment consentir à ce que vous voulez,
1480   Sans offenser le Ciel, dont toujours vous parlez ?

TARTUFFE

Si ce n'est que le Ciel qu'à mes vœux on oppose,
Lever un tel obstacle est à moi peu de chose ;
Et cela ne doit pas retenir votre cœur.

ELMIRE

Mais des arrêts du Ciel on nous fait tant de peur.

TARTUFFE

1485   Je puis vous dissiper ces craintes ridicules,
Madame, et je sais l'art de lever les scrupules[305].
C'est un scélérat qui parle.
Le Ciel défend, de vrai, certains contentements ;
Mais on trouve avec lui des accommodements.
Selon divers besoins, il est une science
1490   D'étendre les liens de notre conscience,
Et de rectifier le mal de l'action   [D] [74]

---

302 Le *quartier* est la vie sauve ; *sans quartier* : sans pitié.
303 *Effort* : atteinte, coup.
304 *Bénin* : favorable, bienveillant.
305 Les *scrupules* tracassent ou déchirent la conscience morale.

Avec la pureté de notre intention[306].
De ces secrets, Madame, on saura vous instruire ;
Vous n'avez seulement qu'à vous laisser conduire.
1495   Contentez mon désir, et n'ayez point d'effroi :
Je vous réponds de tout, et prends le mal sur moi.
Vous toussez fort, Madame.

ELMIRE

Oui, je suis au supplice.

TARTUFFE

Vous plaît-il un morceau de ce jus de réglisse[307] ?

ELMIRE

C'est un rhume obstiné, sans doute, et je vois bien
1500   Que tous les jus du monde ici ne feront rien.

TARTUFFE

Cela, certe[308], est fâcheux.

ELMIRE

Oui, plus qu'on ne peut
[dire.

TARTUFFE

Enfin votre scrupule est facile à détruire :
Vous êtes assurée ici d'un plein secret,

---

306 Retour à la *direction d'intention*, utilisée dans la morale laxiste attribuée
aux jésuites ; Pascal avait déjà stigmatisé cette casuistique. Voir *supra*, la
note du vers 1248. Il suffira, pour dénouer les scrupules de conscience,
de trouver une intention bonne à cette action mauvaise. – Diérèses à la
rime.

307 Le *jus de réglisse* passait pour guérir le rhume.

308 Cette graphie de l'original est à respecter, sous peine d'obtenir un vers
faux avec l'orthographe *certes*.

Et le mal n'est jamais que dans l'éclat qu'on fait.
1505   Le scandale du monde est ce qui fait l'offense,
Et ce n'est pas pécher que pécher en silence.

ELMIRE, *après avoir encore toussé.*
Enfin, je vois qu'il faut se résoudre à céder,
Qu'il faut que je consente à vous tout accorder,
Et qu'à moins de cela, je ne dois point prétendre
1510   Qu'on[309] puisse être content, et qu'on veuille se
[rendre.
Sans doute, il est fâcheux d'en venir jusque là,
Et c'est bien malgré moi que je franchis cela.
Mais puisque l'on s'obstine à m'y vouloir réduire,
Puisqu'on ne veut point croire à tout ce qu'on
[peut dire,
1515   Et qu'on veut des témoins qui soient plus
[convaincants, [75]
Il faut bien s'y résoudre et contenter les gens.
Si ce consentement porte en soi quelque offense,
Tant pis pour qui me force à cette violence ;
La faute assurément n'en doit pas être à moi.

TARTUFFE
1520   Oui, Madame, on s'en charge, et la chose de soi…

ELMIRE
Ouvrez un peu la porte et voyez, je vous prie,
Si mon mari n'est point dans cette galerie.

---

309 Jolie ambiguïté de ces *on*, qui désignent Tartuffe et aussi Orgon caché
sous la table, à qui elle s'adresse pour qu'il intervienne enfin. Et jolie
ambiguïté de toute cette tirade.

TARTUFFE

Qu'est-il besoin pour lui du soin que vous prenez ?
C'est un homme, entre nous, à mener par le nez.
1525   De tous nos entretiens il est pour faire gloire[310],
Et je l'ai mis au point de voir tout, sans rien croire.

ELMIRE

Il n'importe. Sortez, je vous prie, un moment,
Et partout, là-dehors, voyez exactement.

Scène 6
ORGON, ELMIRE

ORGON, *sortant de dessous la table.*
Voilà, je vous l'avoue, un abominable homme.
1530   Je n'en puis revenir, et tout ceci m'assomme.

ELMIRE

Quoi ? vous sortez si tôt ? Vous vous moquez des
[gens.
Rentrez sous le tapis, il n'est pas encor temps ;
Attendez jusqu'au bout, pour voir les choses sûres,
Et ne vous fiez point aux simples conjectures.

ORGON   [D ij] [76]
1535   Non, rien de plus méchant n'est sorti de l'enfer.

ELMIRE

Mon Dieu, l'on ne doit point croire trop de léger.

---

310 Comprendre : Orgon se vante que Tartufe et Elmire aient des entretiens
     particulier ; il a lui-même décidé que Tartuffe verrait sa femme en toute
     liberté, pour faire endêver le monde !

Laissez-vous bien convaincre, avant que de vous
                                        [rendre ;
Et ne vous hâtez point, de peur de vous méprendre.
Elle fait mettre son mari derrière elle.

Scène 7
TARTUFFE, ELMIRE, ORGON

TARTUFFE

Tout conspire, Madame, à mon contentement :
1540   J'ai visité de l'œil tout cet appartement ;
Personne ne s'y trouve, et mon âme ravie[311]...

ORGON, *en l'arrêtant.*

Tout doux, vous suivez trop votre amoureuse envie,
Et vous ne devez pas vous tant passionner.
Ah ! ah ! l'homme de bien, vous m'en voulez
                                        [donner[312] !
1545   Comme aux tentations s'abandonne votre âme !
Vous épousiez ma fille, et convoitiez ma femme !
J'ai douté fort longtemps que ce fût tout de bon,
Et je croyais toujours qu'on changerait de ton.
Mais c'est assez avant pousser le témoignage ;
1550   Je m'y tiens et n'en veux pour moi pas davantage.

ELMIRE, *à Tartuffe.*

C'est contre mon humeur[313] que j'ai fait tout ceci ;
Mais on m'a mise au point de vous traiter ainsi.

---

311   Le jeu de scène traditionnel était le suivant : Tartuffe s'avance les bras
ouverts vers Elmire, qui s'efface, et Orgon se substitue à elle.
312   *En donner* : tromper.
313   Voir au vers 1032.

TARTUFFE

Quoi ? vous croyez…

ORGON   [77]
   Allons, point de bruit, je vous
          [prie.
1555 Dénichons de céans, et sans cérémonie.

TARTUFFE

Mon dessein…

ORGON
   Ces discours ne sont plus de saison ;
Il faut, tout sur le champ, sortir de la maison.

TARTUFFE

C'est à vous d'en sortir, vous qui parlez en maître.
La maison m'appartient, je le ferai connaître,
Et vous montrerai bien qu'en vain on a recours,
1560 Pour me chercher querelle, à ces lâches détours ;
Qu'on n'est pas où l'on pense, en me faisant injure ;
Que j'ai de quoi confondre et punir l'imposture,
Venger le Ciel qu'on blesse, et faire repentir
Ceux qui parlent ici de me faire sortir.

Scène 8

ELMIRE, ORGON

ELMIRE

1565 Quel est donc ce langage, et qu'est-ce qu'il veut dire ?

ORGON

Ma foi, je suis confus, et n'ai pas lieu de rire.

ELMIRE

Comment ?

ORGON

Je vois ma faute, aux choses qu'il me dit,
Et la donation m'embarrasse l'esprit.

ELMIRE   [D iij] [78]

La donation...

ORGON

Oui, c'est une affaire faite.
1570   Mais j'ai quelque autre chose encor qui m'inquiète.

ELMIRE

Et quoi ?

ORGON

Vous saurez tout. Mais voyons au plus tôt
Si certaine cassette est encore là-haut.

Fin du quatrième acte.

ACTE V   [79]

Scène PREMIÈRE
ORGON, CLÉANTE

CLÉANTE

Où voulez-vous courir ?

ORGON

Las ! que sais-je ?

CLÉANTE

Il me semble
Que l'on doit commencer par consulter[314] ensemble
1575   Les choses qu'on peut faire en cet événement.

ORGON

Cette cassette-là me trouble entièrement.
Plus que le reste encore elle me désespère.

CLÉANTE

Cette cassette est donc un important mystère ?

ORGON

C'est un dépôt qu'Argas, cet ami que je plains,
1580   Lui-même, en grand secret, m'a mis entre les mains.
Pour cela, dans sa fuite, il me voulut élire ;
Et ce sont des papiers, à ce qu'il m'a pu dire,
Où sa vie et ses biens se trouvent attachés[315].

CLÉANTE   [D iiij] [80]
Pourquoi donc les avoir en d'autres mains lâchés ?

ORGON

1585   Ce fut par un motif de cas de conscience.
J'allai droit à mon traître en faire confidence,

---

314 *Consulter* : examiner (transitif direct).
315 On apprendra au v. 1838 qu'Argas, l'ami d'Orgon, qui s'était engagé
      dans la Fronde, est considéré comme un criminel d'État, coupable d'un
      crime contre l'État et le roi ; s'il est pris, il risque la mort et la confiscation
      de ses biens. Avant de fuir, il a choisi (*élire*) Orgon pour lui confier des
      papiers compromettants.

Et son raisonnement me vint persuader
De lui donner plutôt la cassette à garder,
Afin que, pour nier, en cas de quelque enquête,
1590 J'eusse d'un faux-fuyant la faveur toute prête,
Par où ma conscience eût pleine sûreté
À faire des serments contre la vérité[316].

CLÉANTE

Vous voilà mal, au moins si j'en crois l'apparence ;
Et la donation, et cette confidence,
1595 Sont, à vous en parler selon mon sentiment,
Des démarches par vous faites légèrement.
On peut vous mener loin avec de pareils gages ;
Et cet homme sur vous ayant ces avantages,
Le pousser est encor grande imprudence à vous,
1600 Et vous deviez chercher quelque biais plus doux.

ORGON

Quoi ? sous un beau semblant de ferveur si touchante
Cacher un cœur si double, une âme si méchante !
Et moi qui l'ai reçu gueusant[317] et n'ayant rien…
C'en est fait, je renonce à tous les gens de bien.
1605 J'en aurai désormais une horreur effroyable,
Et m'en vais devenir, pour eux, pire qu'un diable.

CLÉANTE

Eh bien ! ne voilà pas de vos emportements !

---

316 Tartuffe a conseillé à Orgon ce qu'on appelle en casuistique la restriction mentale, dont Pascal démonte parfaitement le mécanisme dans
la neuvième des ses *Provinciales*. Si Orgon est interrogé, il pourra *jurer
tout haut* qu'il n'a pas cette cassette et, *mentalement*, ajouter qu'il ne l'a
pas en sa possession effective et présente. Astucieux faux-fuyant qui lui
permettra de mentir sans mentir, de mentir avec la conscience nette !
317 *Gueuser* : mendier.

Vous ne gardez en rien les doux tempéraments[318].
Dans la droite raison jamais n'entre la vôtre ;
1610　Et toujours d'un excès vous vous jetez dans l'autre.
Vous voyez votre erreur, et vous avez connu[319]　[81]
Que par un zèle feint vous étiez prévenu[320] ;
Mais pour vous corriger, quelle raison demande
Que vous alliez passer dans une erreur plus grande,
1615　Et qu'avecque le cœur d'un perfide vaurien
Vous confondiez les cœurs de tous les gens de bien ?
Quoi ? parce qu'un fripon vous dupe avec audace,
Sous le pompeux éclat d'une austère grimace,
Vous voulez que partout on soit fait comme lui,
1620　Et qu'aucun vrai dévot ne se trouve aujourd'hui ?
Laissez aux libertins ces sottes conséquences ;
Démêlez la vertu d'avec ses apparences,
Ne hasardez jamais votre estime trop tôt,
Et soyez pour cela dans le milieu qu'il faut.
1625　Gardez-vous, s'il se peut, d'honorer l'imposture,
Mais au vrai zèle aussi n'allez pas faire injure[321] ;
Et s'il vous faut tomber dans une extrémité,
Péchez plutôt encor de cet autre côté.

Scène 2
DAMIS, ORGON, CLÉANTE

DAMIS
Quoi ? mon père, est-il vrai qu'un coquin vous menace ?

---

318 *Tempérament* : juste mélange qui produit l'équilibre.
319 Reconnu, admis.
320 La ferveur religieuse simulée par Tartuffe avait fait naître d'avance chez
　　Orgon des sentiments favorables pour ce dévot personnage.
321 *Injure* : injustice.

1630 Qu'il n'est point de bienfait qu'en son âme il n'efface,
      Et que son lâche orgueil[322], trop digne de courroux,
      Se fait, de vos bontés, des armes contre vous ?

ORGON

Oui, mon fils, et j'en sens des douleurs nonpareilles.

DAMIS

Laissez-moi, je lui veux couper les deux oreilles.
1635 Contre son insolence on ne doit point gauchir[323].
      C'est à moi, tout d'un coup, de vous en affranchir ;
      Et pour sortir d'affaire, il faut que je
                              [l'assomme. [D v] [82]

CLÉANTE

Voilà, tout justement, parler en vrai jeune homme.
      Modérez, s'il vous plaît, ces transports éclatants ;
1640 Nous vivons sous un règne et sommes dans un
                                          [temps
      Où par la violence on fait mal ses affaires.

Scène 3
MADAME PERNELLE, MARIANE, ELMIRE,
DORINE, DAMIS, ORGON, CLÉANTE

MADAME PERNELLE

Qu'est-ce ? j'apprends ici de terribles mystères.

ORGON

Ce sont des nouveautés dont mes yeux sont témoins,

---

322 Pourquoi « lâche orgueil » ? Sûr de lui et sans crainte, Tartuffe ignore
    les bienfaits reçus et s'en prend de manière vile (*lâche*) à Orgon.
323 *Gauchir* : chercher un détour, biaiser.

Et vous voyez le prix dont sont payés mes soins.
1645 Je recueille, avec zèle, un homme en sa misère,
Je le loge, et le tiens comme mon propre frère ;
De bienfaits chaque jour il est par moi chargé ;
Je lui donne ma fille et tout le bien que j'ai ;
Et, dans le même temps, le perfide, l'infâme
1650 Tente le noir dessein de suborner ma femme ;
Et non content encor de ces lâches essais,
Il m'ose menacer de mes propres bienfaits,
Et veut, à ma ruine, user des avantages
Dont le viennent d'armer mes bontés trop peu sages,
1655 Me chasser de mes biens où je l'ai transféré[324],
Et me réduire au point d'où je l'ai tiré.

DORINE

Le pauvre homme !

MADAME PERNELLE   [83]
          Mon fils, je ne puis du tout croire
Qu'il ait voulu commettre une action si noire.

ORGON

Comment ?

MADAME PERNELLE
          Les gens de bien sont enviés toujours.

ORGON

1660 Que voulez-vous donc dire avec votre discours,
Ma mère ?

---

324 Dont je l'ai fait propriétaire par la donation.

MADAME PERNELLE

Que chez vous on vit d'étrange sorte[325],
Et qu'on ne sait que trop la haine qu'on lui porte.

ORGON

Qu'a cette haine à faire avec ce qu'on vous dit ?

MADAME PERNELLE

Je vous l'ai dit cent fois, quand vous étiez petit :
1665   La vertu, dans le monde, est toujours poursuivie ;
Les envieux[326] mourront, mais non jamais l'envie.

ORGON

Mais que fait ce discours aux choses d'aujourd'hui ?

MADAME PERNELLE

On vous aura forgé cent sots contes de lui.

ORGON

Je vous ai dit déjà que j'ai vu tout moi-même.

MADAME PERNELLE

1670   Des esprits médisants la malice est extrême.

ORGON

Vous me feriez damner, ma mère. Je vous dis
Que j'ai vu de mes yeux un crime[327] si hardi.

MADAME PERNELLE

Les langues ont toujours du venin à répandre,
Et rien n'est, ici-bas, qui s'en puisse défendre.

---

325 De manière scandaleuse.
326 Trois syllabes, qui donnent relief à la maxime.
327 *Crime* : faute.

ORGON   [D vj] [84]

1675 C'est tenir un propos de sens bien dépourvu !
Je l'ai vu, dis-je, vu, de mes propres yeux vu,
Ce qu'on appelle vu. Faut-il vous le rebattre
Aux oreilles cent fois, et crier comme quatre ?

MADAME PERNELLE

Mon Dieu, le plus souvent l'apparence déçoit[328].
1680 Il ne faut pas toujours juger sur ce qu'on voit.

ORGON

J'enrage.

MADAME PERNELLE

Aux faux soupçons la nature est sujette ;
Et c'est souvent à mal que le bien s'interprète.

ORGON

Je dois interpréter à[329] charitable soin
Le désir d'embrasser ma femme ?

MADAME PERNELLE

Il est besoin,
1685 Pour accuser les gens, d'avoir de justes causes ;
Et vous deviez[330] attendre à vous voir sûr des choses.

ORGON

Hé, diantre ! le moyen de m'en assurer mieux ?
Je devais donc, ma mère, attendre qu'à mes yeux
Il eût... Vous me feriez dire quelque sottise.

---

328 *Décevoir* : tromper.
329 *Interpréter à* : considérer comme.
330 Vous auriez dû.

MADAME PERNELLE

1690 Enfin d'un trop pur zèle[331] on voit son âme éprise ;
Et je ne puis du tout me mettre dans l'esprit
Qu'il ait voulu tenter les choses que l'on dit.

ORGON

Allez, je ne sais pas, si vous n'étiez ma mère,
Ce que je vous dirais, tant je suis en colère.

DORINE

1695 Juste retour, Monsieur, des choses d'ici-bas.
Vous ne vouliez point croire, et l'on ne vous croit pas.

CLÉANTE   [85]

Nous perdons des moments en bagatelles pures,
Qu[332]'il faudrait employer à prendre des mesures.
Aux menaces du fourbe, on doit ne dormir point.

DAMIS

1700 Quoi ? son effronterie irait jusqu'à ce point ?

ELMIRE

Pour moi, je ne crois pas cette instance[333] possible,
Et son ingratitude est ici trop visible.

CLÉANTE

Ne vous y fiez pas ; il aura des ressorts
Pour donner, contre vous, raison à ses efforts[334] ;

---

331 D'une ferveur religieuse trop pure.
332 L'antécédent du relatif est « moments ».
333 *Instance* : sens de « poursuite », « procès » ; Georges Couton suggère
d'élargir la signification du mot qui englobe tout ce que Tartuffe peut
faire juridiquement contre son bienfaiteur.
334 Il trouvera des moyens secrets (*ressorts*) pour faire réussir (*donner raison
à*) ses coups (*efforts*).

1705   Et sur moins que cela le poids d'une cabale[335]
        Embarrasse[336] les gens dans un fâcheux dédale.
        Je vous le dis encore : armé de ce qu'il a,
        Vous ne deviez jamais[337] le pousser jusque là

ORGON

        Il est vrai, mais qu'y faire ? À l'orgueil de ce traître,
1710   De mes ressentiments je n'ai pas été maître.

CLÉANTE

        Je voudrais, de bon cœur, qu'on pût entre vous deux
        De quelque ombre de paix raccommoder les nœuds.

ELMIRE

        Si j'avais su qu'en main il a de telles armes,
        Je n'aurais pas donné matière à tant d'alarmes.
1715   Et mes...

ORGON

                Que veut cet homme ? Allez tôt le savoir[338].
        Je suis bien en état que l'on me vienne voir !

---

335 Cléante pense à la cabale des dévots.
336 Emprisonne.
337 Vous n'auriez jamais dû.
338 L'ordre s'adresse à Dorine.

Scène 4   [86]

MONSIEUR LOYAL, MADAME PERNELLE,
ORGON, DAMIS, MARIANE,
DORINE, ELMIRE, CLÉANTE

MONSIEUR LOYAL

Bonjour, ma chère sœur[339]. Faites, je vous supplie,
Que je parle à Monsieur.

DORINE

                 Il est en compagnie,
Et je doute qu'il puisse, à présent, voir quelqu'un.

MONSIEUR LOYAL

1720   Je ne suis pas pour être, en ces lieux, importun.
Mon abord[340] n'aura rien, je crois, qui lui déplaise ;
Et je viens pour un fait dont il sera bien aise.

DORINE

Votre nom ?

MONSIEUR LOYAL

            Dites-lui seulement que je viens
De la part de Monsieur Tartuffe, pour son bien.

DORINE

1725   C'est un homme qui vient, avec douce manière,
De la part de Monsieur Tartuffe, pour affaire,
Dont vous serez, dit-il, bien aise.

---

339 M. Loyal s'adresse à Dorine comme à une religieuse ! Cela signale son
    appartenance à la cabale.
340 *Abord* : arrivée.

CLÉANTE

Il vous faut voir
Ce que c'est que cet homme, et ce qu'il peut vouloir.

ORGON

Pour nous raccommoder il vient ici, peut-être.
1730   Quels sentiments aurai-je à lui faire paraître ?

CLÉANTE   [87]

Votre ressentiment ne doit point éclater ;
Et s'il parle d'accord, il le faut écouter.

MONSIEUR LOYAL

Salut[341], Monsieur. Le Ciel perde qui vous veut nuire,
Et vous soit favorable autant que je désire.

ORGON

1735   Ce doux début s'accorde avec mon jugement
Et présage déjà quelque accommodement.

MONSIEUR LOYAL

Toute votre maison m'a toujours été chère,
Et j'étais serviteur de Monsieur votre père[342].

ORGON

Monsieur, j'ai grande honte et demande pardon
1740   D'être sans vous connaître ou savoir votre nom.

MONSIEUR LOYAL

Je m'appelle Loyal, natif de Normandie,

---

341 Salutation officielle de la part de l'huissier qu'il prétend être.
342 M. Loyal n'a pas été au service du père d'Orgon, mais était connu de lui,
     peut-être en relation avec lui – *serviteur* ayant le même sens que dans les
     formules de politesse souvent rencontrées.

Et suis huissier à verge[343], en dépit de l'envie.
J'ai depuis quarante ans, grâce au Ciel, le bonheur
D'en exercer la charge avec beaucoup d'honneur ;
1745   Et je vous viens, Monsieur, avec votre licence[344],
Signifier l'exploit de certaine ordonnance…

ORGON

Quoi ? vous êtes ici…

MONSIEUR LOYAL

Monsieur, sans passion[345] :
Ce n'est rien seulement qu'une sommation,
Un ordre de vuider d'ici, vous et les vôtres,
1750   Mettre vos meubles hors, et faire place à d'autres,
Sans délai ni remise, ainsi que besoin est…

ORGON

Moi, sortir de céans ?

MONSIEUR LOYAL

Oui, Monsieur, s'il vous plaît.
La maison à présent, comme savez de reste,   [88]
Au bon Monsieur Tartuffe appartient sans conteste.
1755   De vos biens désormais il est maître et seigneur,
En vertu d'un contrat duquel je suis porteur ;
Il est en bonne forme, et l'on n'y peut rien dire.

---

343 La liste des personnages désigne M. Loyal comme *sergent* – ce qui est
    inférieur à *l'huissier* que le doucereux personnage prétend être ; ces bas
    officiers de justice portaient une *verge*, un bâton avec lequel ils touchaient
    celui à qui ils portaient leur *exploit* (acte judiciaire comme assignation,
    notification, saisie, etc.) – il s'agira ici d'une expulsion, d'une sommation
    à vider les lieux.
344 Permission.
345 Trois syllabes.

DAMIS

Certes, cette impudence est grande, et je l'admire[346].

MONSIEUR LOYAL

Monsieur, je ne dois point avoir affaire à vous ;
1760   C'est à Monsieur : il est et raisonnable et doux,
Et d'un homme de bien il sait trop bien l'office[347],
Pour se vouloir du tout opposer à justice.

ORGON

Mais...

MONSIEUR LOYAL

Oui, Monsieur, je sais que pour un million
Vous ne voudriez pas faire rébellion ;
1765   Et que vous souffrirez, en honnête personne,
Que j'exécute ici les ordres qu'on me donne.

DAMIS

Vous pourriez bien ici, sur votre noir jupon[348],
Monsieur l'huissier à verge, attirer le bâton.

MONSIEUR LOYAL

Faites que votre fils se taise, ou se retire,
1770   Monsieur. J'aurais regret d'être obligé d'écrire
Et de vous voir couché dans mon procès-verbal.

ELMIRE

Ce Monsieur Loyal porte un air bien déloyal !

---

346 Voir au vers 1255.
347 *Office* : devoir.
348 *Jupon* : « une espèce de grand pourpoint ou de petit justaucorps qui a
de longues basques » (FUR.).

MONSIEUR LOYAL

Pour tous les gens de bien j'ai de grandes
[tendresses[349],
Et ne me suis voulu, Monsieur, charger des pièces[350]
1775   Que pour vous obliger et vous faire plaisir,
Que pour ôter par là le moyen d'en choisir[351]
Qui, n'ayant pas pour vous le zèle[352] qui me
[pousse, [89]
Auraient pu procéder d'une façon moins douce.

ORGON

Et que peut-on de pis que d'ordonner aux gens
1780   De sortir de chez eux ?

MONSIEUR LOYAL

On vous donne du temps,
Et jusques à demain, je ferai surséance
À l'exécution[353], Monsieur, de l'ordonnance.
Je viendrai seulement passer ici la nuit
Avec dix de mes gens, sans scandale et sans bruit.
1785   Pour la forme, il faudra, s'il vous plaît, qu'on
[m'apporte,
Avant que se coucher, les clefs de votre porte.
J'aurai soin de ne pas troubler votre repos,
Et de ne rien souffrir qui ne soit à propos.
Mais demain, du matin, il vous faut être habile
1790   À vuider de céans jusqu'au moindre ustensile.
Mes gens vous aideront ; et je les ai pris forts,

---

349 Les vers 1772-1800 étaient supprimés à la représentation, d'après 1680.
350 J'ai voulu être chargé de cette affaire, de ce dossier.
351 Pour ôtera le risque que quelque autre sergent ou huissier ne soit choisi.
352 La charité. Loyal parle décidément comme le faux dévot Tartuffe !
353 L'exécution sera momentanément suspendue.

Pour vous faire service à tout mettre dehors.
On n'en peut pas user mieux que je fais, je pense,
Et comme je vous traite avec grande indulgence,
1795   Je vous conjure aussi, Monsieur, d'en user bien,
Et qu'au dû de ma charge on ne me trouble en rien.

ORGON

Du meilleur de mon cœur je donnerais sur l'heure
Les cent plus beaux louis de ce qui me demeure,
Et pouvoir, à plaisir, sur ce mufle assener
1800   Le plus grand coup de poing qui se puisse donner.

CLÉANTE

Laissez, ne gâtons rien.

DAMIS

                        À cette audace étrange[354],
J'ai peine à me tenir, et la main me démange.

DORINE   [90]

Avec un si bon dos, ma foi, Monsieur Loyal,
Quelques coups de bâton ne vous siéraient pas mal.

MONSIEUR LOYAL

1805   On pourrait bien punir ces paroles infâmes[355],
Mamie, et l'on décrète[356] aussi contre les femmes.

CLÉANTE

Finissons tout cela, Monsieur, c'en est assez ;
Donnez tôt ce papier, de grâce, et nous laissez.

---

354 Voir au vers 227.
355 *Infâmes* : infâmantes, diffamatoires.
356 *Décréter* : prendre un décret, en l'occurrence de prise de corps pour
     insulte à l'huissier.

MONSIEUR LOYAL

Jusqu'au revoir. Le Ciel vous tienne tous en joie !

ORGON

1810   Puisse-t-il te confondre, et celui qui t'envoie !

Scène 5

ORGON, CLÉANTE, MARIANE, ELMIRE,
MADAME PERNELLE, DORINE, DAMIS

ORGON

Eh bien ! Vous le voyez, ma mère, si j'ai droit[357] ;
Et vous pouvez juger du reste par l'exploit[358].
Ses trahisons enfin vous sont-elles connues[359] ?

MADAME PERNELLE

Je suis tout ébaubie[360], et je tombe des nues.

DORINE

1815   Vous[361] vous plaignez à tort, à tort vous le blâmez[362],
Et ces pieux[363] desseins par là sont confirmés.
Dans l'amour du prochain sa vertu se consomme[364] ;
Il sait que très souvent les biens corrompent l'homme,
Et, par charité pure, il veut vous enlever
1820   Tout ce qui vous peut faire obstacle à vous sauver.

---

357 Si j'ai raison.
358 *L'exploit* : voir *supra*, la note aux vers 1742-1746.
359 Reconnaissez-vous enfin ses trahisons ?
360 *Ébaubie* : surprise, étonnée, ébahie (terme populaire et vieilli au XVIIe siècle).
361 Dorine s'adresse à Orgon.
362 Vers 1815-1822 également supprimés à la représentation, toujours selon 1682.
363 Jolie diérèse.
364 Arrive à sa perfection.

ORGON   [91]

Taisez-vous ; c'est le mot qu'il vous faut toujours
[dire.

CLÉANTE

Allons voir quel conseil on doit vous faire élire[365].

ELMIRE

Allez faire éclater l'audace de l'ingrat.
Ce procédé détruit la vertu du contrat[366] ;
1825   Et sa déloyauté va paraître trop noire
Pour souffrir qu'il en ait le succès qu'on veut croire[367].

Scène 6

VALÈRE, ORGON, CLÉANTE, ELMIRE,

MARIANE, etc.

VALÈRE

Avec regret, Monsieur, je viens vous affliger ;
Mais je m'y vois contraint par le pressant danger.
Un ami, qui m'est joint d'une amitié fort tendre,
1830   Et qui sait l'intérêt qu'en vous j'ai lieu de prendre,
A violé pour moi, par un pas[368] délicat,
Le secret que l'on doit aux affaires d'État,
Et me vient d'envoyer un avis dont la suite
Vous réduit au parti d'une soudaine fuite[369].

---

365 Choisir.
366 Une donation peut-être annulée pour ingratitude. Ce que fera le roi.
367 Pour admettre (*souffrir*) que Tartuffe ait le résultat (*succès*) attendu de sa
déloyauté.
368 *Pas* : démarche.
369 Un avis qui prévient qu'Orgon n'a plus que la ressource de fuir.

1835 Le fourbe, qui longtemps a pu vous imposer[370],
      Depuis une heure au prince a su vous accuser,
      Et remettre en ses mains, dans les traits qu'il vous
                                            [jette[371],
      D'un criminel d'État l'importante cassette,
      Dont, au mépris, dit-il, du devoir d'un sujet,
1840 Vous avez conservé le coupable secret.
      J'ignore le détail du crime[372] qu'on vous donne,
      Mais un ordre est donné contre votre personne ;
      Et lui-même[373] est chargé, pour mieux l'exécuter,   [92]
      D'accompagner celui qui vous doit arrêter.

                     CLÉANTE
1845 Voilà ses droits armés[374], et c'est par où le traître
      De vos biens qu'il prétend cherche à se rendre maître.

                     ORGON
      L'homme est, je vous l'avoue, un méchant animal !

                     VALÈRE
      Le moindre amusement[375] vous peut être fatal.
      J'ai, pour vous emmener, mon carrosse à la porte,
1850 Avec mille louis qu'ici je vous apporte.
      Ne perdons point de temps : le trait est foudroyant,
      Et ce sont de ces coups que l'on pare en fuyant.

---

370 *Imposer* : tromper.
371 Parmi les attaques qu'il mène contre vous.
372 Voir au vers 1672.
373 Tartuffe.
374 Dès lors qu'il a fait passer Orgon comme coupable d'être complice d'un
     criminel d'État, on pourra difficilement contester la donation ; ses droits
     sont donc renforcés, *armés*.
375 *Amusement* : retard.

À vous mettre en lieu sûr je m'offre pour conduite[376],
Et veux accompagner jusqu'au bout votre fuite.

ORGON

1855 Las ! que ne dois-je point à vos soins obligeants !
Pour vous en rendre grâce, il faut un autre temps ;
Et je demande au Ciel de m'être assez propice
Pour reconnaître un jour ce généreux service.
Adieu. Prenez le soin vous autres...

CLÉANTE

                                      Allez tôt.
1860 Nous songerons, mon frère, à faire ce qu'il faut.

Scène DERNIÈRE
L'EXEMPT, TARTUFFE, VALÈRE,
ORGON, ELMIRE, MARIANE, etc.

TARTUFFE

Tout beau, Monsieur, tout beau, ne courez point
                                      [si vite :
Vous n'irez pas fort loin pour trouver votre gîte, [93]
Et de la part du prince on vous fait prisonnier.

ORGON

Traître, tu me gardais ce trait pour le dernier.
1865 C'est le coup, scélérat, par où tu m'expédies[377],
Et voilà couronner toutes tes perfidies.

---

376 Pour vous conduire.
377 *Expédier* : achever.

TARTUFFE

Vos injures n'ont rien à me pouvoir aigrir[378],
Et je suis, pour le Ciel, appris[379] à tout souffrir[380].

CLÉANTE

La modération est grande, je l'avoue.

DAMIS

1870 Comme du Ciel l'infâme impudemment se joue !

TARTUFFE

Tous vos emportements ne sauraient m'émouvoir,
Et je ne songe à rien qu'à faire mon devoir.

MARIANE

Vous avez de ceci grande gloire à prétendre,
Et cet emploi pour vous est fort honnête à prendre.

TARTUFFE

1875 Un emploi ne saurait être que glorieux,
Quand il part du pouvoir qui m'envoie en ces lieux.

ORGON

Mais t'es-tu souvenu que ma main charitable,
Ingrat, t'a retiré d'un état misérable ?

TARTUFFE

Oui, je sais quels secours j'en ai pu recevoir.
1880 Mais l'intérêt du prince est mon premier devoir ;

---

378 *Aigrir* : exaspérer, irriter.
379 *Je suis appris* : je suis instruit. *Appendre* au sens d'« instruire », s'employait
encore avec un complément direct ; d'où la possibilité du tour passif.
380 Supporter.

De ce devoir sacré la juste violence[381]
Étouffe dans mon cœur toute reconnaissance ;
Et je sacrifierais à de si puissants nœuds[382]
Ami, femme, parents et moi-même avec eux.

ELMIRE

1885   L'imposteur !

DORINE   [94]
Comme il sait, de traîtresse manière,
Se faire un beau manteau de tout ce qu'on révère !

CLÉANTE
Mais s'il est si parfait que vous le déclarez,
Ce zèle qui vous pousse et dont vous vous parez,
D'où vient que pour paraître, il s'avise d'attendre
1890   Qu'à poursuivre sa femme il ait su vous surprendre ?
Et que vous ne songez à l'aller dénoncer
Que lorsque son honneur l'oblige à vous chasser ?
Je ne vous parle point, pour devoir en distraire,
Du don de tout son bien qu'il venait de vous faire[383].
1895   Mais le voulant traiter en coupable aujourd'hui,
Pourquoi consentiez-vous à rien[384] prendre de lui.

TARTUFFE, *à l'Exempt*[385].
Délivrez-moi, Monsieur, de la criaillerie,
Et daignez accomplir votre ordre, je vous prie.

---

381 Trois syllabes. Tartuffe fait en effet une curieuse violence à sa gratitude !
382 De si puissantes obligations.
383 Et je ne vous parle pas du don qu'il venait de vous faire, et qui aurait
     dû vous détourner d'aller dénoncer Orgon.
384 *Rien*, au sens positif : quelque chose (*rem* latin).
385 Un *exempt* est un officier chargé (ici directement par le roi) d'exécuter
     une arrestation, accompagné de quelques gardes ou archers.

L'EXEMPT

Oui, c'est trop demeurer, sans doute, à l'accomplir.

1900 Votre bouche à propos m'invite à le remplir ;
Et pour l'exécuter, suivez-moi tout à l'heure
Dans la prison qu'on doit vous donner pour demeure.

TARTUFFE

Qui ? moi, Monsieur ?

L'EXEMPT

                    Oui, vous.

TARTUFFE

                              Pourquoi donc la
                              [prison ?

L'EXEMPT

Ce n'est pas à vous à qui j'en veux rendre raison.

1905 Remettez-vous, Monsieur, d'une alarme si chaude.
Nous vivons sous un prince ennemi de la fraude,
Un prince dont les yeux se font jour[386] dans les cœurs,
Et que ne peut tromper tout l'art des imposteurs.
D'un fin discernement sa grande âme pourvue[387],   [95]
1910 Sur les choses toujours jette une droite vue ;
Chez elle jamais rien ne surprend trop d'accès[388],
Et sa ferme raison ne tombe en nul excès.
Il donne aux gens de bien une gloire immortelle,
Mais sans aveuglement il fait briller ce zèle,
1915 Et l'amour pour les vrais ne ferme point son cœur
À tout ce que les faux doivent donner d'horreur.

---

386 Voient.
387 Étaient également supprimées à la représentation les vers 1909-1916,
1919-1926, et 1929-1932.
388 Rien ne trouve trop d'accès, ne prend trop d'importance, trop d'influence.

Celui-ci n'était pas pour le pouvoir surprendre ;
Et des pièges plus fins on le voit se défendre.
D'abord[389] il a percé, par ses vives clartés,
1920   Des replis de son cœur toutes les lâchetés.
Venant vous accuser, il s'est trahi lui-même,
Et par un juste trait de l'équité suprême[390],
S'est découvert au prince un fourbe renommé,
Dont sous un autre nom il était informé ;
1925   Et c'est un long détail d'actions[391] toutes noires,
Dont on pourrait former des volumes d'histoires.
Ce monarque, en un mot, a vers[392] vous détesté
Sa lâche ingratitude et sa déloyauté ;
À ses autres horreurs il a joint cette suite,
1930   Et ne m'a, jusqu'ici, soumis à sa conduite,
Que pour voir l'impudence aller jusques au bout,
Et vous faire, par lui, faire raison de tout[393].
Oui, de tous vos papiers, dont il se dit le maître,
Il veut qu'entre vos mains je dépouille le traître.
1935   D'un souverain pouvoir il brise les liens
Du contrat qui lui fait un don de tous vos biens,
Et vous pardonne enfin cette offense secrète
Où vous a d'un ami fait tomber la retraite ;
Et c'est le prix qu'il donne au zèle qu'autrefois
1940   On vous vit témoigner, en appuyant ses droits[394],
Pour montrer que son cœur sait, quand moins on
                                      [y pense,
D'une bonne action[395] verser la récompense,

---

389 Aussitôt.
390 *L'équité suprême* : la Justice transcendante.
391 Trois syllabes.
392 *Vers* : envers.
393 *Faire raison* : faire réparation.
394 Le pouvoir royal était contesté pendant la Fronde.
395 Trois syllabes.

Que jamais le mérite, avec lui, ne perd rien,   [96]
Et que mieux que du mal, il se souvient du bien.

DORINE

1945   Que le Ciel soit loué !

MADAME PERNELLE
Maintenant je respire.

ELMIRE

Favorable succès[396] !

MARIANE
Qui l'aurait osé dire ?

ORGON, à Tartuffe.

Eh bien ! te voilà, traître…

CLÉANTE
Ah ! mon frère, arrêtez,

Et ne descendez point à des indignités.
À son mauvais destin laissez un misérable,
1950   Et ne vous joignez point au remords qui l'accable.
Souhaitez bien plutôt que son cœur, en ce jour,
Au sein de la vertu fasse un heureux retour,
Qu'il corrige sa vie en détestant son vice,
Et puisse du grand prince adoucir la justice,
1955   Tandis qu'à sa bonté vous irez à genoux
Rendre ce que demande un traitement si doux.

ORGON

Oui, c'est bien dit. Allons à ses pieds, avec joie,

---

396 *Succès* : issue, résultat.

Nous louer des bontés que son cœur nous déploie.
Puis, acquittés un peu de ce premier devoir,
1960   Aux justes soins d'un autre, il nous faudra pourvoir,
Et par un doux hymen couronner en Valère
La flamme d'un amant généreux, et sincère.

FIN.

ANNEXE N° 1

Placets au Roi

Ces textes n'apparaissent pas dans l'édition originale, mais seulement dans la première réimpression ou deuxième édition originale, parue la même année 1669, que nous suivons. Ils jalonnent le combat mené par Molière (qui use de la faculté ouverte par le roi de lui présenter ses réclamations dans des placets[1]) pour faire représenter son Tartuffe – *long combat de près de cinq années.*

LE LIBRAIRE AU LECTEUR

Comme les moindres choses qui partent de la plume de Monsieur de Molière ont des beautés que les plus délicats ne se peuvent lasser d'admirer, j'ai cru ne devoir pas négliger l'occasion de vous faire part de ces placets, et qu'il était à propos de les joindre au *Tartuffe*, puisque partout il y est parlé de cette incomparable pièce.

---

1   Un placet (en latin, *placet* signifie « il plaît ») est une requête qu'on présente au roi.

PLACETS AU ROI
Premier placet[2] présenté au roi,
sur la comédie du Tartuffe[3]
[Août 1664]

SIRE,

Le devoir de la comédie étant de corriger les hommes
en les divertissant, j'ai cru que, dans l'emploi[4] où je me
trouve, je n'avais rien de mieux à faire que d'attaquer par
des peintures ridicules les vices de mon siècle ; et comme
l'hypocrisie sans doute[5] en est un des plus en usage, des
plus incommodes[6] et des plus dangereux, j'avais eu, SIRE,

---

2   Le texte de ce premier placet se trouve également dans trois recueils
    manuscrits du XVIIe siècle (le Recueil Conrart, le Recueil Tralage, tous
    deux conservés à l'Arsenal, et le fonds Godefroy, à l'Institut) ; nous
    ignorons la date de ces manuscrits et leur rapport avec l'original. Ils sont
    surtout intéressants par leurs titres, qui indiquent tous que Molière se
    plaint dans son placet au roi de la diatribe et des calomnies de Roullé,
    curé de Saint-Barthélemy. Voici celui du manuscrit Conrart : « Placet
    de Molière, comédien, présenté au roi, sur les injures et calomnies que
    le curé de Saint-Barthélemy a fait imprimer, dans son livre intitulé *Le*
    Roi glorieux au monde, contre la comédie de *L'Hypocrite*, que Molière a
    faite et que S. M. lui a défendu de représenter ». Le passage litigieux
    du curé Roullé est donné plus bas. – Une véritable édition critique du
    premier placet est donnée par les Grands Écrivains de la France, t. IV,
    1878, p. 385-394.
3   L'édition de 1682, qui imprime évidemment les trois placets avec le texte
    du *Tartuffe*, donne le titre suivant au premier de ces placets : « Premier
    placet présenté au roi, sur la comédie du *Tartuffe*, qui n'avait pas encore
    été représentée en public ».
4   Les commentateurs font remarquer l'aspect officiel de ce terme d'*emploi* :
    encore Troupe de Monsieur, la troupe de Molière est bien déjà partie
    prenante aux divertissements de la cour.
5   Assurément.
6   Sens fort de *incommode* : insupportable, désagréable.

la pensée que je ne rendrais pas un petit service à tous les
honnêtes gens de votre royaume, si je faisais une comédie
qui décriât[7] les hypocrites et mît en vue comme il faut
toutes les grimaces étudiées de ces gens de bien à outrance,
toutes les friponneries couvertes de ces faux-monnayeurs
en dévotion, qui veulent attraper les hommes avec un zèle[8]
contrefait et une charité sophistique[9].

Je l'ai faite, SIRE, cette comédie, avec tout le soin, comme
je crois, et toutes les circonspections que pouvait demander
la délicatesse de la matière ; et pour mieux conserver l'estime
et le respect qu'on doit aux vrais dévots, j'en ai distingué le
plus que j'ai pu le caractère que j'avais à toucher[10]. Je n'ai
point laissé d'équivoque, j'ai ôté ce qui pouvait confondre
le bien avec le mal, et ne me suis servi dans cette peinture
que des couleurs expresses[11] et des traits essentiels qui font
reconnaître d'abord[12] un véritable et franc[13] hypocrite.

Cependant toutes mes précautions ont été inutiles. On a
profité, SIRE, de la délicatesse de votre âme sur les matières
de religion, et l'on a su vous prendre par l'endroit seul
que[14] vous êtes prenable, je veux dire par le respect des
choses saintes. Les tartuffes[15], sous main, ont eu l'adresse

---

7   *Décrier* une monnaie, c'est faire savoir (par un cri public ou par une
     ordonnance) qu'elle n'a plus cours, parce qu'elle est victime des faux-
     monnayeurs. Le dramaturge veut *décrier*, dénoncer les « faux-monnayeurs
     en dévotions ».
8   Avec une ferveur religieuse.
9   Une charité trompeuse. 1682 et certains mss ont *sophistiquée*, c'est-à-dire
     affectée, composée.
10   À peindre, à décrire.
11   Volontairement choisies.
12   Aussitôt.
13   Un hypocrite parfait, pur, achevé.
14   Où.
15   Molière lui-même commence de faire du nom de son personnage le nom
     commun d'un type et le fait entrer dans la langue !

de trouver grâce auprès de Votre Majesté ; et les originaux enfin ont fait supprimer la copie[16], quelque innocente qu'elle fût, et quelque ressemblante qu'on la trouvât.

Bien que ce m'ait été un coup sensible que la suppression de cet ouvrage, mon malheur pourtant était adouci par la manière dont Votre Majesté s'était expliquée sur ce sujet ; et j'ai cru, SIRE, qu'Elle m'ôtait tout lieu de me plaindre, ayant eu la bonté de déclarer qu'Elle ne trouvait rien à dire dans cette comédie qu'Elle me défendait de produire en public.

Mais malgré cette glorieuse déclaration du plus grand roi du monde, et du plus éclairé, malgré l'approbation encore de Monsieur le Légat et de la plus grande partie de nos prélats[17], qui tous, dans des lectures particulières que je leur ai faites de mon ouvrage, se sont trouvés d'accord avec les sentiments de Votre Majesté, malgré tout cela, dis-je, on voit un livre composé par le curé de[18]..., qui donne hautement un démenti à tous ces augustes témoignages. Votre Majesté a beau dire, et Monsieur le Légat et Messieurs les prélats ont beau donner leur jugement, ma comédie, sans l'avoir vue[19], est diabolique, et diabolique mon cerveau ; je suis un démon vêtu de chair et habillé en homme, un

---

16 Les *originaux* sont les faux dévots (mais les vrais dévots ont aussi agi), qui ont obtenu du roi l'interdiction de leur *copie*, le personnage de Tartuffe dans la comédie du même nom.

17 Le cardinal Chigi, le légat, avait entendu Molière lui lire son *Tartuffe*, sans doute avec sa suite ; le ms. Tralage parle de « l'approbation de M. Le Légat et de la plus grande partie de Mess. les prélats ». Notre texte de 1669 parle de *nos prélats*, comme si les prélats français aussi avaient approuvé le *Tartuffe* ; Georges Couton y voit quelque audace rétrospective de Molière, quand il put faire représenter sa pièce librement.

18 Le curé Roullé n'est pas nommé, mais les termes repris par Molière
-    dans la suite du paragraphe sont bien tirés de son libelle. Voir ce texte publié ci-après.

19 Sans qu'il l'ait vue.

libertin, un impie, digne d'un supplice exemplaire. Ce n'est pas assez que le feu expie en public mon offense, j'en serais quitte à trop bon marché ; le zèle charitable de ce galant homme de bien n'a garde de demeurer là : il ne veut point que j'aie de miséricorde auprès de Dieu, il veut absolument que je sois damné, c'est une affaire résolue.

Ce livre, SIRE, a été présenté à Votre Majesté ; et sans doute Elle juge bien Elle-même combien il m'est fâcheux de me voir exposé tous les jours aux insultes de ces Messieurs, quel tort me feront dans le monde de telles calomnies, s'il faut qu'elles soient tolérées, et quel intérêt j'ai enfin à me purger[20] de son imposture et à faire voir au public que ma comédie n'est rien moins que ce qu'on veut qu'elle soit. Je ne dirai point, SIRE, ce que j'avais à demander pour ma réputation, et pour justifier à tout le monde l'innocence de mon ouvrage : les rois éclairés comme vous n'ont pas besoin qu'on leur marque ce qu'on souhaite ; ils voient comme Dieu ce qu'il nous faut, et savent mieux que nous ce qu'ils nous doivent accorder. Il me suffit de mettre mes intérêts entre les mains de Votre Majesté, et j'attends d'Elle avec respect tout ce qu'il lui plaira d'ordonner là-dessus.

---

20 *Se purger*, c'est se justifier, se disculper.

Second placet présenté au Roi
dans son camp devant la ville
de Lille en Flandre[21]
[7 août 1667]

SIRE,

C'est une chose bien téméraire à moi que de venir impor-
tuner un grand monarque au milieu de ses glorieuses
conquêtes[22] ; mais, dans l'état où je me vois, où trouver,
SIRE, une protection qu'au lieu[23] où je la viens chercher ?
et qui puis-je solliciter, contre l'autorité de la puissance qui
m'accable[24], que la source de la puissance et de l'autorité,
que le juste dispensateur des ordres absolus, que le souverain
juge, et le maître de toutes choses ?

Ma comédie, SIRE, n'a pu jouir ici des bontés de Votre
Majesté. En vain, je l'ai produite sous le titre de *L'Imposteur*,
et déguisé[25] le personnage sous l'ajustement d'un homme
du monde ; j'ai eu beau lui donner un petit chapeau, de
grands cheveux, un grand collet, une épée et des dentelles

---

21 En 1682, le titre est le suivant : « Second placet, présenté au roi dans son
    camp devant la ville de Lille en Flandre, par les nommés de La Thorillière
    et de La Grange, comédiens de Sa Majesté, et compagnons du sieur de
    Molière, sur la défense qui fut faite de 6 août 1667 de représenter le
    Tartuffe jusques à nouvel ordre de Sa Majesté ».

22 Pour la conquête de la Flandre, le roi quitta la France le 16 mai 1667.
    Il entra dans Lille, assiégé depuis neuf mois, le 28 août, puis revint en
    France.

23 Si ce n'est au lieu. Le *que* de restriction paraît encore trois fois dans la
    suite de la phrase.

24 Cette autorité est celle du premier président Lamoignon, chargé de la
    police et de l'administration de Paris en l'absence du roi, et qui interdit
    la représentation du deuxième *Tartuffe* jusqu'à ce que la permission du
    roi, qui n'était qu'orale, fût confirmée par écrit.

25 Et ai déguisé.

sur tout l'habit[26], mettre en plusieurs endroits des adoucissements, et retrancher avec soin tout ce que j'ai jugé
capable de fournir l'ombre d'un prétexte aux célèbres[27]
originaux du portrait que je voulais faire, tout cela n'a de
rien servi. La cabale s'est réveillée aux simples conjectures
qu'ils ont pu avoir de la chose. Ils ont trouvé moyen de
surprendre des esprits qui, dans toute autre matière, font
une haute profession de ne se point laisser surprendre. Ma
comédie n'a pas plus tôt paru qu'elle s'est vue foudroyée
par le coup d'un pouvoir qui doit imposer du respect[28] ;
et tout ce que j'ai pu faire en cette rencontre[29] pour me
sauver moi-même de l'éclat de cette tempête, c'est de dire
que Votre Majesté avait eu la bonté de m'en permettre la
représentation, et que je n'avais pas cru qu'il fût besoin de
demander cette permission à d'autres, puisqu'il n'y avait
qu'Elle seule qui me l'eût défendue.

Je ne doute point, SIRE, que les gens que je peins dans
ma comédie ne remuent bien des ressorts[30] auprès de Votre
Majesté, et ne jettent dans leur parti, comme ils l'ont déjà
fait, de véritables gens de bien, qui sont d'autant plus
prompts à se laisser tromper, qu'ils jugent d'autrui par eux-
mêmes. Ils ont l'art de donner de belles couleurs à toutes
leurs intentions ; quelque mine qu'ils fassent, ce n'est point
du tout l'intérêt de Dieu qui les peut émouvoir ; ils l'ont

---

26 Panulphe est désormais habillé en homme du monde et non plus, comme
    le premier Tartuffe, en dévot austère. Ainsi, l'homme du monde portait
    de grands cols (*collets*) et les dévots et gens d'Église des petits collets ou
    petits rabats.
27 Tout en ayant déjà le sens actuel de « fameux », *célèbre* signifiait aussi
    « éclatant », « ostentatoire ». Les deux sens sont possibles ici.
28 La défense de Lamoignon fut signifiée le 6 août. Les deux comédiens de
    Molière partirent le 8 pour Lille avec le placet que Molière dut rédiger
    le 7, avant même l'ordonnance de l'archevêque de Paris, qui date du 11.
29 *Rencontre* : circonstance.
30 Moyens secrets, intrigues.

assez montré dans les comédies qu'ils ont souffert[31] qu'on ait jouées tant de fois en public, sans en dire le moindre mot. Celles-là n'attaquaient que la piété et la religion, dont ils se soucient fort peu ; mais celle-ci les attaque et les joue eux-mêmes, et c'est ce qu'ils ne peuvent souffrir. Ils ne sauraient me pardonner de dévoiler leurs impostures aux yeux de tout le monde. Et sans doute on ne manquera pas de dire à Votre Majesté que chacun s'est scandalisé de ma comédie. Mais la vérité pure, SIRE, c'est que tout Paris ne s'est scandalisé que de la défense qu'on en a faite, que les plus scrupuleux en ont trouvé la représentation profitable, et qu'on s'est étonné que des personnes d'une probité si connue aient eu une si grande déférence pour des gens qui devraient être l'horreur de tout le monde et sont si opposés à la véritable piété dont elles font profession.

J'attends avec respect l'arrêt que Votre Majesté daignera prononcer sur cette matière ; mais il est très assuré, SIRE, qu'il ne faut plus que je songe à faire de comédie[32], si les tartuffes ont l'avantage, qu'ils prendront droit par là de me persécuter plus que jamais, et voudront trouver à redire aux choses les plus innocentes qui pourront sortir de ma plume.

Daignent vos bontés, SIRE, me donner une protection contre leur rage envenimée ; et puissé-je, au retour d'une campagne si glorieuse, délasser Votre Majesté des fatigues de ses conquêtes, lui donner d'innocents plaisirs après de si nobles travaux, et faire rire le monarque qui fait trembler toute l'Europe !

---

31 *Souffrir* : supporter.
32 1682 : des comédies.

Troisième placet présenté au Roi[33]
[5 février 1669]

SIRE,

Un fort honnête médecin[34], dont j'ai l'honneur d'être le malade, me promet et veut s'obliger par-devant notaires de me faire vivre encore trente années, si je puis lui obtenir une grâce de Votre Majesté. Je lui ai dit, sur sa promesse, que je ne lui demandais pas tant, et que je serais satisfait de lui, pourvu qu'il s'obligeât de ne me point tuer. Cette grâce, SIRE, est un canonicat[35] de votre Chapelle royale de Vincennes, vacant par la mort de...

Oserais-je demander encore cette grâce à Votre Majesté le propre jour de la grande résurrection de *Tartuffe*, ressuscité par vos bontés ? Je suis, par cette première faveur, réconcilié avec les dévots ; et je le serais par cette seconde avec les médecins. C'est pour moi sans doute trop de grâce à la fois ; mais peut-être n'en est-ce pas trop pour Votre Majesté ; et j'attends avec un peu d'espérance respectueuse la réponse de mon placet.

---

33   1682 : Troisième placet, présenté au roi le 5 février 1669.
34   Ce médecin est-il Mauvillain ? On peut en douter. Et se demander même si le fait est une réalité ou une plaisanterie, bien dans le ton de ce dernier placet...
35   Un *canonicat* est un bénéfice lié au titre de chanoine.

ANNEXE N° 2

Extrait du *Roi glorieux au monde*
ou Louis XIV, le plus GLORIEUX
de tous les rois du monde

Au printemps ou à l'été 1664, un certain Pierre Roullès ou Roullé (on trouve aussi l'orthographe Roulès et Roulé), curé de Saint-Barthélemy à Paris, fait imprimer un gros traité intitulé L'Homme glorieux, ou La Dernière Perfection de l'homme *; en appendice, avec une pagination séparée, il donne* Le Roi glorieux au monde, ou Louis XIV, le plus glorieux de tous les rois du monde, *assez maladroit opuscule consacré à la gloire du roi – glorieux de toutes les manières et dans tous les domaines : le gouvernement de l'État, la façon dont il veille aux « intérêts de Dieu, de la religion catholique et de l'Église », la politique extérieure. Bref, y sont accumulées les preuves qui établissent que Louis XIV est bien, selon le titre, le roi glorieux au monde et même le plus glorieux de tous les rois du monde. Sur les 91 pages que comporte ce panégyrique, cinq à peine sont consacrées à Molière, qui n'est pas nommé, et à son* Tartuffe *dont le roi, en tant que pourfendeur des « impies et abominables athées », « inventeurs de religion » et autres « criminels de lèse-majesté divine », vient d'interdire la représentation. Elles sont d'une violence haineuse et redoutable contre le « libertin », contre le « démon » qui a osé s'attaquer à l'institution des directeurs de conscience ; la violence va même à tordre singulièrement la vérité de la réaction royale à l'endroit de celui que ce curé voue au feu éternel. Sans citer le curé*

Roullé, Molière reprend les propos de son libelle dans le premier placet, pour en dénoncer l'inquiétant excès. On lira ici les pages concernées du Roi glorieux au monde[1].

Sa Majesté est maintenant en son château royal de Fontainebleau, qu'elle a pris très grand soin elle-même qu'il fût fait beau, délicieux, agréable, parfait et accompli de toutes parts, sans que rien n'y manque pour sa gloire. Mais il n'y est allé qu'après une action héroïque et royale, véritablement digne de la grandeur de son cœur et de sa piété, et du respect qu'il a pour Dieu et pour l'Église, et qu'il rend volontiers aux ministres employés de leur part pour conférer les grâces nécessaires au salut. Un homme, ou plutôt un démon vêtu de chair et habillé en homme, et le plus signalé impie et libertin qui fût jamais dans les siècles passés, avait eu assez d'impiété et d'abomination pour faire sortir de son esprit diabolique une pièce toute prête d'être rendue publique en la faisant monter sur le théâtre, à la dérision de toute l'Église et au mépris du caractère le plus sacré et de la fonction la plus divine[2], et au mépris de ce qu'il y a de plus saint dans l'Église, ordonnée du Sauveur pour la sanctification des âmes, à dessein d'en rendre l'usage ridicule, contemptible[3], odieux. Il méritait, par cet attentat sacrilège et impie, un dernier supplice exemplaire et public, et le feu même, avant-coureur

---

1   Un exemplaire reste à la BnF de cet opuscule in-12 s. l., 1664 (RES. 8-LB 37-3522). Ce texte a été réimprimé dans la Collection moliéresque, nᵒ XV, par Paul Lacroix, à la fin du XIXᵉ siècle (repris par Slatkine, en 1969).

2   La fonction de directeur des consciences, évidemment, dont s'est revêtu Tartuffe. Mais la portée des termes semble pouvoir renvoyer au sacerdoce ; le pamphlétaire donnerait-il à entendre que le premier Tartuffe était prêtre ? Cela rendrait Molière encore plus coupable ; mais il était bien impossible pour Molière de faire monter sur le théâtre un prêtre, et qui plus est un prêtre hypocrite.

3   *Contemptible* : qui mérite le mépris.

de celui de l'enfer, pour expier un crime si grief[4] de lèse-majesté divine, qui va à ruiner la religion catholique, en blâmant et jouant sa plus religieuse et sainte pratique, qui est la conduite et direction des âmes et des familles par de sages guides et conducteurs pieux. Mais Sa Majesté, après lui avoir fait un sévère reproche, animée d'une juste colère, par un trait de sa clémence ordinaire en laquelle il imite la douceur essentielle à Dieu, lui a, par abolition, remis son insolence et pardonné sa hardiesse démoniaque, pour lui donner le temps d'en faire pénitence publique et solennelle toute sa vie. Et afin d'arrêter avec succès la vue et le débit de sa production impie et irréligieuse et de sa poésie licencieuse et libertine, Elle lui a ordonné sur peine de la vie d'en supprimer et déchirer, étouffer et brûler tout ce qui en était fait, et de ne plus rien faire à l'avenir de si indigne et infâmant, ni rien produire au jour de si injurieux à Dieu et outrageant l'Église, la religion, les sacrements et les officiers[5] les plus nécessaires au salut ; lui déclarant publiquement et à toute la terre qu'on ne saurait rien faire ni dire qui lui soit plus désagréable et odieux, et qui le touche plus au cœur que ce qui fait atteinte à l'honneur de Dieu, au respect de l'Église, au bien de la religion, à la révérence due aux sacrements qui sont les canaux de la grâce que JÉSUS-CHRIST a méritée aux hommes par sa mort en la croix, à la faveur desquels elle est transfuse[6] et répandue dans les âmes des fidèles qui sont saintement dirigés et conduits. Sa Majesté pouvait-elle mieux faire contre l'impiété et cet impie, que de lui témoigner un zèle si sage et si pieux, et une exécration d'un crime si infernal ?

---

4   *Grief* : grave.
5   Un *officier* exerce un office, une charge quelconque ; le directeur des consciences exerce une fonction, dite ici essentielle, dans l'Église.
6   *Transfuse* : participe passé de *transfuser*, comme *transfusée*.

ANNEXE N° 3

Ordonnance de Monseigneur
l'archevêque de Paris

Le 5 août 1667, Molière donne en son théâtre une deuxième version, remaniée, de sa pièce : L'Imposteur. *En l'absence du roi, les autorités judiciaires et ecclésiastiques réagissent immédiatement. Le premier président du Parlement, Lamoignon, interdit aux comédiens de jouer cette nouvelle version du* Tartuffe *et les portes du Palais-Royal sont fermées sur son ordre. De son côté, l'archevêque de Paris, Hardouin de Beaumont de Péréfixe, édicte le mandement suivant, daté du 11 août, qui interdit aux catholiques le spectacle ou la lecture de la comédie de Molière, sous peine, gravissime, d'excommunication. Voici ce texte[1] :*

HARDOUIN, par la grâce de Dieu et du Saint-Siège apostolique archevêque de Paris, à tous curés et vicaires de cette ville et faubourgs, SALUT en Notre-Seigneur.

Sur ce qui nous a été remontré par notre promoteur[2], que, le vendredi cinquième de ce mois, on représenta sur l'un des théâtres de cette ville, sous le nouveau nom de *L'Imposteur,* une comédie très dangereuse et qui est d'autant plus capable de nuire à la religion que, sous prétexte de

---

1   Deux exemplaires à la BnF de cet in-fol plano, Paris, imprimerie de F. Muguet, s. d. : E-2400 (7) et E-2400 (8).

2   Comme le procureur du roi devant les tribunaux laïcs, le *promoteur* requiert pour l'intérêt public devant le tribunal ecclésiastique.

condamner l'hypocrisie ou la fausse dévotion, elle donne
lieu d'en accuser indifféremment tous ceux qui font profession de la plus solide piété, et les expose par ce moyen
aux railleries et aux calomnies continuelles des libertins,
de sorte que pour arrêter le cours d'un si grand mal, qui
pourrait séduire les âmes faibles et les détourner du chemin
de la vertu, notre dit promoteur nous aurait requis de faire
défenses à toutes personnes de notre diocèse de représenter,
sous quelque nom que ce soit, la susdite comédie, de la lire
ou entendre réciter, soit en public soit en particulier, sous
peine d'excommunication :

NOUS, sachant combien il serait en effet dangereux de
souffrir que la véritable piété fût blessée par une représentation si scandaleuse, et que le roi même avait ci-devant
très expressément défendue, et considérant d'ailleurs que,
dans un temps où ce grand monarque expose si librement
sa vie pour le bien de son État, et où notre principal soin
est d'exhorter tous les gens de bien de notre diocèse à faire
des prières continuelles pour la conservation de sa personne
sacrée et pour le succès de ses armes, il y aurait de l'impiété
de s'occuper à des spectacles capables d'attirer la colère du
Ciel, avons fait et faisons très expresses inhibitions[3] et
défenses à toutes personnes de notre diocèse de représenter,
lire ou entendre réciter la susdite comédie, soit publiquement
soit en particulier, sous quelque nom et quelque prétexte
que ce soit, et ce sous peine d'excommunication.

SI MANDONS aux archiprêtres de Sainte-Marie-
Madeleine et de Saint-Séverin de vous signifier la présente
ordonnance, que vous publierez en vos prônes aussitôt que
vous l'aurez reçue, en faisant connaître à tous vos parois-
siens combien il importe à leur salut de ne point assister

---

3   *Inhibition* : défense, prohibition.

à la représentation ou lecture de la susdite ou semblables comédies.

DONNÉ à Paris sous le sceau de nos armes, ce onzième août mil six cent soixante-sept. *Signé* HARDOUIN, archevêque de Paris. *Et plus bas,* Par mondit Seigneur,

PETIT.

ANNEXE N° 4

Lettre sur la comédie de l'Imposteur

Dans la seconde version du Tartuffe, *intitulé cette fois* L'Imposteur, *l'hypocrite paraissait sous le nom de Panulphe; la comédie est aussitôt interdite. Datée, à la fin du texte, du 20 août – soit quinze jours plus tard –, paraît anonymement une longue* Lettre sur la comédie de L'Imposteur *qui prend la défense de Molière[1]. On l'a attribuée, avec plus ou moins de vraisemblance mais sans preuves définitives, à Chapelle ou à Donneau de Visé. La dernière hypothèse assez solide (mais qui n'emporte toujours pas la conviction de tous) sur son auteur est celle de Robert Mc Bride, qui y voit la main de La Mothe Le Vayer, quant au style et quant aux idées[2]. Prudente vis-à-vis des puissances, d'un ton qui se veut irénique, juste et impartial, mais ferme dans son parti pris contre les faux dévots et pour Molière, elle fait suivre le résumé précis de la pièce de réflexions intéressantes sur le ridicule. Il est invraisemblable que Molière n'ait pas été avisé de cette entreprise, à laquelle il a certainement donné son accord, et qu'il a peut-être aidée. C'est une défense sincère de Molière; malgré son ton mesuré, est-elle des plus adroites? François Rey[3] en doute, car*

---

1   *Lettre sur la comédie de l'« Imposteur »*, s. l., 1667. In-12, VIII – 124 p. Ni privilège ni achevé d'imprimé. Plusieurs exemplaires à la BnF (RES – YF – 1214 et suivants); numérisé sous la cote IFN – 8626231, que nous suivons.

2   Il la publie donc sous ce nom, précédée d'une longue introduction (La Mothe Le Vayer, *Lettre sur la comédie de L'Imposteur*, edited by Robert Mc Bride, University of Durham, 1994).

3   François Rey et Jean Lacouture, *Molière et le roi. L'affaire Tartuffe*, 2007, p. 315-320.

l'auteur y glisse des réflexions ou des idées passablement libertines,
qui seraient dangereuses pour Molière.

L'intérêt de cette Lettre *est donc double. Sa première partie*
est notre seule source pour entrevoir ce que fut le second Tartuffe
et tenter de le comparer avec le texte définitif. L'auteur dit avoir
assisté à l'unique représentation du 5 août, sans l'intention de
garder mémoire du dialogue ; lui aurait-on communiqué quelque
manuscrit d'acteur ou de l'auteur ? Il résume assez précisément
et avec une bonne intelligence du texte la comédie, et en cite beau-
coup — « à peu près » les mots du texte, dit-il, et sans respect des
vers ; l'imprimé orignal, que nous suivons, met en italiques tout
ce qui a été retenu du texte, sans se soucier de régulariser l'usage
du style indirect ou du style direct. La seconde partie, qui défend
la valeur morale de L'Imposteur, *justifie d'abord le dramaturge*
de s'en prendre à l'hypocrisie religieuse et de prêcher la véritable
dévotion, avant d'affirmer l'utilité de la comédie aussi contre la
galanterie qui met en péril les mariages, en s'appuyant sur une
analyse assez approfondie, fine et un peu sophistiquée du ridicule.

Voici ce texte.

AVIS   [n. p.]

Cette lettre est composée de deux parties : la première est une
relation de la représentation de L'Imposteur, *et la dernière consiste*
en deux réflexions sur cette comédie. Pour ce qui est de la relation,
on a cru qu'il était à propos d'avertir ici que l'auteur n'a vu la
pièce qu'il rapporte que la seule fois qu'elle a été représentée en
public, et sans aucun dessein d'en rien retenir, ne prévoyant pas
l'occasion qui l'a engagé à faire ce petit ouvrage ; ce qu'on ne dit
point pour le louer de bonne mémoire, qui est une qualité pour qui

il a tout le mépris imaginable, mais bien pour aller au-devant de ceux qui ne seront pas contents de ce qui est inséré des paroles de la comédie dans cette relation, parce qu'ils voudraient voir la pièce entière, et qui ne seront [* ij] [n. p.] *pas assez raisonnables pour considérer la difficulté qu'il y a eu à en retenir seulement ce qu'on en donne ici. L'auteur s'est contenté, la plupart du temps, de rapporter à peu près les mêmes mots, et ne se hasarde guère à mettre des vers. Il lui était bien aisé, s'il eût voulu, de faire autrement, et de mettre tout en vers ce qu'il rapporte, de quoi quelques gens se seraient peut-être mieux accommodés ; mais il a cru devoir ce respect au poète dont il raconte l'ouvrage, quoiqu'il ne l'ait jamais vu que sur le théâtre, de ne point travailler sur sa matière, et de ne se hasarder pas à défigurer ses pensées, en leur donnant peut-être un tour autre que le sien. Si cette retenue et cette sincérité ne produisent pas un effet fort agréable, on espère du moins qu'elles paraîtront estimables à quelques-uns, et excusables à tous.*

[n. p.] *Des deux réflexions qui composent la dernière partie, on n'aurait point vu la plupart de la dernière, et l'auteur n'aurait fait que la proposer sans la prouver, s'il en avait été cru, parce qu'elle lui semble trop spéculative ; mais il n'a pas été le maître. Toutefois, comme il se défie extrêmement de la délicatesse*[4] *des esprits du siècle, qui se rebutent à la moindre apparence de dogme, il n'a pu s'empêcher d'avertir dans le lieu même, comme on verra, ceux qui n'aiment pas le raisonnement, qu'ils n'ont que faire de passer outre*[5]. *Ce n'est pas qu'il n'ait fait tout ce que la brièveté du temps et ses occupations de devoir lui ont permis, pour donner à son discours l'air le moins contraint, le plus libre et le plus dégagé qu'il a pu ; mais comme il n'est point de genre d'écrire plus difficile que celui-là, il avoue* [* iij] [n. p.] *de bonne foi qu'il aurait encore besoin de cinq ou six mois pour mettre ce seul discours du ridicule,*

---

4   Susceptibilité.
5   Qu'ils n'ont qu'à passer outre.

non pas dans l'état de perfection dont la matière est capable, mais seulement dans celui qu'il est capable de lui donner.

En général, on prie les lecteurs de considérer la circonspection dont l'auteur a usé dans cette matière, et de remarquer que, dans tout ce petit ouvrage, il ne se trouvera pas qu'il juge en aucune manière de ce qui est en question sur la comédie qui en est le sujet. Car, pour la première partie, ce n'est, comme on a déjà dit, qu'une relation fidèle de la chose, et de ce qui s'en est dit pour et contre par les intelligents ; et pour les réflexions qui composent l'autre, il n'y parle que sur des suppositions, qu'il n'examine point. Dans la première, il suppose l'innocence de cette [n. p.] *pièce, quant au particulier[6] de tout ce qu'elle contient, ce qui est le point de la question, et s'attache simplement à combattre une objection générale qu'on a faite sur ce qu'il est parlé de la religion ; et dans la dernière, continuant sur la même supposition, il propose une utilité accidentelle qu'il croit qu'on en peut tirer contre la galanterie et les galants, utilité qui assurément est grande, si elle est véritable, mais qui, quand elle le serait, ne justifierait pas les défauts essentiels que les puissances ont trouvés dans cette comédie, si tant est qu'ils y soient, ce qu'il n'examine point.*

C'est ce qu'on a cru devoir dire par avance, pour la satisfaction des gens sages, et pour prévenir la pensée que le titre de cet ouvrage leur pourrait donner, qu'on manque au respect qui est dû aux puissances. Mais [n. p.] *aussi, après avoir eu cette déférence et ce soin pour le jugement des hommes, et leur avoir rendu un témoignage si précis de sa conduite, s'ils n'en jugent pas équitablement, l'auteur a sujet de s'en consoler, puisqu'il ne fait enfin que ce qu'il croit devoir à la justice, à la raison et à la vérité.*

---

6   *Particulier* : détail.

LETTRE   [1]
SUR LA COMÉDIE DE
L'IMPOSTEUR

Monsieur,

Puisque c'est un crime pour moi que d'avoir été à la première représentation de *L'Imposteur*, que vous avez manquée, et
que je ne saurais en obtenir le pardon qu'en réparant la perte
que vous avez faite, et qu'il vous plaît de m'imputer, il faut
bien que j'essaye de rentrer dans vos bonnes grâces, et que
je fasse violence à ma paresse, pour satisfaire votre curiosité.

Imaginez-vous donc de voir d'abord paraître une vieille,
[A] [2] qu'à son air et à ses habits on n'aurait garde de
prendre pour la mère du maître de la maison, si le respect
et l'empressement avec lequel elle est suivie de diverses
personnes très propres⁷ et de fort bonne mine ne la faisaient
connaître. Ses paroles et ses grimaces témoignent également
sa colère et l'envie qu'elle a de sortir d'un lieu où elle avoue
franchement *qu'elle ne peut plus demeurer, voyant la manière de
vie qu'on y mène*. C'est ce qu'elle décrit d'une merveilleuse
sorte ; et comme son petit-fils ose lui répondre, elle s'emporte
contre lui et lui fait son portrait avec les couleurs les plus
naturelles et les plus aigres qu'elle peut trouver, et conclut
*qu'il y a longtemps qu'elle a dit à son père qu'il ne serait jamais
qu'un vaurien*. [3] Autant en fait-elle, pour le même sujet,
à sa bru, au frère de sa bru et à sa suivante ; la passion qui
l'anime lui fournissant des paroles, elle réussit si bien dans
tous ces caractères si différents⁸, que le spectateur ôtant de
chacun d'eux ce qu'elle y met du sien, c'est-à-dire l'austérité

---

7   *Propre* : élégant, soigné.
8   En peignant tous ces caractères si différents des membres de sa famille.

ridicule du temps passé, avec laquelle elle juge de l'esprit et de la conduite d'aujourd'hui, connaît tous ces gens-là mieux qu'elle-même, et reçoit une volupté très sensible d'être informé, dès l'abord, de la nature des personnages par une voie si fidèle et si agréable.

Sa connaissance n'est pas bornée à ce qu'il voit, et le caractère des absents résulte de celui des présents. On voit fort clairement, par tout le discours de la vieille, [A ij] [4] qu'elle ne jugerait pas si rigoureusement des déportements de ceux à qui elle parle, s'ils avaient autant de respect, d'estime et d'admiration que son fils et elle pour M. Panulphe ; que toute leur méchanceté consiste *dans le peu de vénération qu'ils ont pour ce saint homme, et dans le déplaisir qu'ils témoignent de la déférence et de l'amitié avec laquelle il est traité par le maître de la maison ; que ce n'est pas merveille qu'ils le haïssent comme ils font, censurant leur méchante[9] vie comme il fait, et qu'enfin la vertu est toujours persécutée.* Les autres se voulant défendre, achèvent le caractère du saint personnage, mais pourtant seulement comme d'un zélé indiscret[10] et ridicule. Et sur ce propos, le frère de la bru commence déjà à faire voir quelle est [5] la véritable dévotion, par rapport à celle de M. Panulphe ; de sorte que le venin, s'il y en a à tourner la bigoterie[11] en ridicule, est presque précédé par le contrepoison. Vous remarquerez, s'il vous plaît, que pour achever la peinture de ce bon monsieur, on lui a donné un valet, duquel, quoi qu'il n'ait point à paraître, on fait le caractère tout semblable au sien, c'est-à-dire, selon Aristote[12], qu'on dépeint le valet pour faire mieux connaître le maître. La suivante, sur ce propos,

---

9   Mauvaise, condamnable.

10   Panulphe montre un zèle religieux, une ferveur religieuse déplacée en censurant la famille.

11   La *bigoterie* est la dévotion qui se dévoie dans le détail ou dans les formes superstitieuses.

12   Aucun passage d'Aristote ne semble correspondre à cela.

continuant de se plaindre des réprimandes continuelles de l'un et de l'autre, expose, entre autres, le chapitre sur lequel M. Panulphe est plus fort, *c'est à crier contre les visites que reçoit Madame*, et dit sur cela, voulant seulement plaisanter et faire [A iij] [6] enrager la vieille, et sans qu'il paraisse qu'elle se doute déjà de quelque chose, *qu'il faut assurément qu'il en soit jaloux*; ce qui commence cependant à rendre croyable l'amour brutal et emporté qu'on verra aux actes suivants dans le saint personnage. Vous pouvez croire que la vieille n'écoute pas cette raillerie, qu'elle croit impie, sans s'emporter horriblement contre celle qui la fait. Mais comme elle voit que toutes ces raisons ne persuadent point ces esprits obstinés, elle recourt aux autorités et aux exemples, et leur apprend les étranges jugements[13] que font les voisins de leur manière de vivre; elle appuie particulièrement sur une voisine, dont elle propose l'exemple à sa bru comme un modèle de vertu par[7]faite, et enfin *de la manière qu'il faudrait qu'elle vécût*, c'est-à-dire à la Panulphe. La suivante repart[14] aussitôt que *la sagesse de cette voisine a attendu sa vieillesse, et qu'il lui faut bien pardonner si elle est rude, parce qu'elle ne l'est qu'à son corps défendant*. Le frère de la bru continue par un caractère sanglant qu'il fait de l'humeur des gens de cet âge, *qui blâment tout ce qu'ils ne peuvent plus faire*. Comme cela touche la vieille de fort près, elle entreprend avec grande chaleur de répondre, sans pourtant témoigner se l'appliquer[15] en aucune façon; ce que nous ne faisons jamais dans ces occasions, pour avoir un champ plus libre à nous défendre, en feignant d'attaquer simplement la thèse proposée, et à évapo[A iiij][8]rer toute notre bile contre qui nous pique de cette manière subtile, sans qu'il paraisse que nous le fassions pour notre intérêt. Pour

---

13   Les jugements très sévères.
14   Réplique.
15   Sans montrer qu'elle se l'applique. *Témoigner* est transitif direct.

remettre la vieille de son émotion, le frère continue, sans faire semblant d'apercevoir le désordre où son discours l'a mise ; et pour un exemple de bigoterie qu'elle avait apporté, il en donne six ou sept qu'il propose, soutient et prouve l'être de la véritable vertu – nombre qui excède de beaucoup celui des bigots allégués par la vieille –, pour aller au devant des jugements malicieux ou libertins, qui voudraient induire de l'aventure qui fait le sujet de cette pièce qu'il n'y a point ou fort peu de véritables gens de bien, en témoignant par ce dénombrement que le nombre en est grand en [9] soi, voire très grand, si on le compare à celui des fieffés bigots, qui ne réussiraient pas si bien dans le monde s'ils étaient en si grande quantité. Enfin la vielle sort, de colère, et étant encore dans la chaleur de la dispute, donne un soufflet, sans aucun sujet, à la petite fille sur qui elle s'appuie, qui n'en pouvait mais. Cependant le frère parlant d'elle, et l'appelant *la bonne femme*, donne occasion à la suivante de mettre la dernière main à ce ravissant caractère, en lui disant *qu'il n'aurait qu'à l'appeler ainsi devant elle, qu'elle lui dirait bien qu'elle le trouve bon, et qu'elle n'est point d'âge à mériter ce nom.*

Ensuite ceux qui sont restés parlent d'affaire, et exposent qu'ils sont en peine de faire ache[10]ver un mariage, qui est arrêté depuis longtemps, d'un fort brave cavalier[16] avec la fille de la maison, et que pourtant le père de la fille diffère fort obstinément ; ne sachant quelle peut être la cause de ce retardement, ils l'attribuent fort naturellement au principe général de toutes les actions de ce pauvre homme coiffée de Monsieur Panulphe, c'est-à-dire à Monsieur Panulphe même, sans toutefois comprendre pourquoi ni comment il peut en être la cause. Et là on commence à raffiner[17] le caractère du saint personnage, en montrant, par l'exemple de cette

---

16   Un gentilhomme élégant, galant.
17   *Raffiner* : rendre plus précis, fignoler.

affaire domestique, comment les dévots ne s'arrêtant pas simplement à ce qui est plus directement de leur métier, qui est de critiquer et mordre, passent au-delà, sous [11] des prétextes plausibles, à s'ingérer dans les affaires les plus secrètes et les plus séculières[18] des familles.

Quoique la dame se trouvât assez mal, elle était descendue avec bien de l'incommodité dans cette salle basse, pour accompagner sa belle-mère : ce qui commence à former admirablement son caractère, tel qu'il le faut pour la suite, d'une vraie femme de bien, qui connaît parfaitement ses véritables devoirs, et qui y satisfait jusqu'au scrupule. Elle se retire avec la fille dont est question, nommée Mariane, et le frère de cette fille nommé Damis, après être tombés d'accord tous ensemble que le frère de la dame pressera son mari pour avoir de lui une dernière réponse sur le mariage.

[12] La suivante demeure avec ce frère, dont le personnage est tout à fait heureux dans cette occasion, pour faire rapporter avec vraisemblance et bienséance à un homme qui n'est pas de la maison, quoique intéressé pour sa sœur dans tout ce qui s'y passe, de quelle manière Monsieur Panulphe y est traité. Cette fille le fait admirablement : elle conte comment *il tient le haut de la table aux repas* ; comment *il est servi le premier de tout ce qu'il y a de meilleur* ; comment *le maître de la maison et lui ne se traitent que de frère.* Enfin, comme elle est en beau chemin, Monsieur arrive.

Il lui demande d'abord *ce qu'on fait à la maison*, et en reçoit pour réponse que *Madame se porte assez mal* ; à quoi, sans répliquer, il continue : *Et Panulphe ?* [13] La suivante, contrainte de répondre, lui dit brusquement que *Panulphe se porte bien.* Sur quoi l'autre s'écrie d'un ton mêlé d'admiration et de compassion : *Le pauvre homme !* La suivante revient

18 *Séculier* : profane, ce qui échappe à la religion.

d'abord[19] à l'incommodité de sa maîtresse, par trois fois est interrompue de même, répond de même, et revient de même ; ce qui est la manière du monde la plus heureuse et la plus naturelle de produire un caractère aussi outré que celui de ce bon seigneur, qui paraît de cette sorte d'abord dans le plus haut degré de son entêtement : ce qui est nécessaire, afin que le changement qui se fera dans lui quand il sera désabusé (qui[20] est proprement le sujet de la pièce) paraisse d'autant plus merveilleux au spectateur.

[B] [14] C'est ici que commence le caractère le plus plaisant et le plus étrange des bigots ; car la suivante ayant dit que *Madame n'a point soupé*, et Monsieur ayant répondu, comme j'ai dit, *Et Panulphe ?*, elle réplique qu'*il a mangé deux perdrix et quelque rôti outre cela*, ensuite qu'*il a fait la nuit toute d'une pièce*, sur ce que *sa maîtresse n'avait point dormi* ; et qu'enfin *le matin, avant que de sortir, pour réparer le sang qu'avait perdu Madame, il a bu quatre coups de bon vin pur.* Tout cela, dis-je, le fait connaître premièrement pour un homme très sensuel et fort gourmand, ainsi que le sont la plupart des bigots.

La suivante s'en va, et les beaux-frères restant seuls, le sage prend occasion sur ce qui vient de se passer de pousser l'autre [15] sur le chapitre de son Panulphe. Cela semble affecté, non nécessaire et hors de propos à quelques-uns ; mais d'autres disent que, quoique ces deux hommes aient à parler ensemble d'autre chose de conséquence, pourtant la constitution de cette pièce est si heureuse, que l'hypocrite étant cause directement ou indirectement de tout ce qui s'y passe, on ne saurait parler de lui qu'à propos ; qu'ainsi ne soit[21], ayant fait entendre aux spectateurs, dans la scène précédente, que Panulphe gouverne

---

19 Aussitôt.
20 Ce qui.
21 Que cela ne soit pas affecté ni hors de propos, la suite de la phrase en donne la preuve.

absolument l'homme dont il est question, il est fort naturel que son beau-frère prenne une occasion aussi favorable que celle-ci pour lui reprocher l'extravagante estime qu'il a pour ce cagot[22], qu'on croit être cause de la méchante dis[B ij][16] position d'esprit où est le bonhomme touchant le mariage dont il s'agit, comme je l'ai déjà dit.

Le bon seigneur donc, pour se justifier pleinement sur ce chapitre à son beau-frère, se met à lui conter comment *il a pris Panulphe en amitié*. Il dit que véritablement *il était aussi pauvre des biens temporels que riche des éternels* : qualité commune presque à tous les bigots, qui, pour l'ordinaire, ayant peu de moyens et beaucoup d'ambition, sans aucun des talents nécessaires pour la satisfaire honnêtement, résolus cependant de l'assouvir à quelque prix que ce soit, choisissent la voie de l'hypocrisie, dont les plus stupides sont capables, et par où les plus fins se laissent duper. Le bonhomme continue qu'*il le voyait à l'église prier Dieu avec* [17] *beaucoup d'assiduité et de marques de ferveur ;* que pour peu qu'on lui donnât, il disait bientôt : *C'est assez* ; et quand il avait plus qu'il ne lui fallait, il l'allait, aussitôt qu'il l'avait reçu, souvent même *devant ceux qui lui avaient donné, distribuer aux pauvres.* Tout cela fait un effet admirable, en ce que croyant parfaitement convaincre son beau-frère de la beauté de son choix et de la justice de son amitié pour Panulphe, le bonhomme le convainc entièrement de l'hypocrisie du personnage, par tout ce qu'il dit ; de sorte que ce même discours fait un effet directement contraire sur ces deux hommes, dont l'un est aussi charmé par son propre récit de la vertu de Panulphe, que l'autre demeure persuadé de sa méchanceté ; ce qui [B iij] [18] joue si bien que vous ne sauriez l'imaginer.

---

22 *Le cagot* est carrément le faux dévot, l'hypocrite.

L'histoire du saint homme étant faite de cette sorte, et par une bouche très fidèle, puisqu'elle est passionnée, finit son caractère, et attire nécessairement toute la foi[23] du spectateur. Le beau-frère, plus pleinement confirmé dans son opinion qu'auparavant, prend occasion sur ce sujet de faire des réflexions très solides sur les différences qui se rencontrent entre la véritable et la fausse vertu, ce qu'il fait toujours d'une manière nouvelle.

Vous remarquerez, s'il vous plaît, que d'abord l'autre voulant exalter son Panulphe, commence à dire que *c'est un homme*, de sorte qu'il semble qu'il aille faire un long dénombrement de ses bonnes qualités ; et tout cela [19] se réduit pourtant à dire encore une ou deux fois, *mais un homme, un homme*, et à conclure, *un homme enfin*. Ce qui veut dire plusieurs choses admirables : l'une que les bigots n'ont pour l'ordinaire aucune bonne qualité et n'ont pour tout mérite que leur bigoterie, ce qui paraît en ce que l'homme même qui est infatué de celui-ci ne sait que dire pour le louer ; l'autre est un beau jeu du sens de ces mots, *C'est un homme*, qui concluent très véritablement que Panulphe est extrêmement un homme, c'est-à-dire un fourbe, un méchant, un traître et un animal très pervers, dans le langage de l'ancienne comédie ; et enfin la merveille qu'on trouve dans l'admiration que notre entêté a pour son bigot, quoiqu'il ne sache que dire [B iiij] [20] pour le louer, montre parfaitement le pouvoir vraiment étrange de la religion sur les esprits des hommes, qui ne leur permet pas de faire aucune réflexion sur les défauts de ceux qu'ils estiment pieux, et qui est plus grand lui seul que celui de toutes les autres choses ensemble.

Le bonhomme, pressé par les raisonnements de son beau-frère, auxquels il n'a rien à répondre, bien qu'il les croie

---

23　L'adhésion, la conviction.

mauvais, lui dit adieu brusquement, et le veut quitter sans autre réponse, ce qui est le procédé naturel des opiniâtres. L'autre le retient pour lui parler de l'affaire du mariage, sur laquelle il ne lui répond qu'obliquement sans se déclarer, et enfin à la manière des bigots, qui ne disent jamais rien de positif, de peur de s'engager à quelque chose, et [21] qui colorent toujours l'irrésolution qu'ils témoignent de prétextes de religion. Cela dure jusqu'à ce que le beau-frère lui demande *un oui, ou un non*; à quoi lui ne voulant point répondre, le quitte enfin brutalement, comme il avait déjà voulu faire; ce qui fait juger à l'autre que leurs affaires vont mal, et l'oblige d'y aller pourvoir.

La fille de la maison commence le second acte avec son père. Il lui demande si *elle n'est pas disposée à lui obéir toujours*, et à se conformer à ses volontés. Elle répond fort élégamment qu'oui. Il continue, et lui demande encore, *que lui semble de M. Panulphe*. Elle, bien empêchée pourquoi[24] on lui fait cette question, hésite; enfin, pressée et en[22] couragée de répondre, dit : *Tout ce que vous voudrez*. Le père lui dit qu'elle ne craigne point d'avouer ce qu'elle pense, et qu'elle dise hardiment ce qu'aussi bien il devine aisément, que *les mérites de Monsieur Panulphe l'ont touchée, et qu'enfin elle l'aime*. Ce qui est admirablement dans la nature, que cet homme se soit mis dans l'esprit que sa fille trouve Panulphe aimable pour un mari, à cause que lui l'aime pour ami, n'y ayant rien de plus vrai, dans les cas comme celui-ci, que la maxime que nous jugeons des autres par nous-mêmes, parce que nous croyons toujours nos sentiments et nos inclinations fort raisonnables.

Il continue; et supposant que ce qu'il s'imagine est une vérité, il dit qu'il *la veut marier avec Pa*[23]*nulphe, et qu'il*

---

24   Bien empêchée de comprendre pourquoi.

croit qu'elle lui obéira fort volontiers quand il lui commandera de le recevoir pour époux. Elle, surprise, lui fait redire avec un *hé!* de doute et d'incertitude de ce qu'elle a ouï; à quoi le père réplique par un autre, d'admiration[25] de ce doute, après qu'il s'est expliqué si clairement. Enfin s'expliquant une seconde fois, et elle pensant bonnement, sur ce qu'il a témoigné croire qu'elle aime Panulphe, que c'est peut-être en suite de cette croyance qu'il les veut marier ensemble, lui dit avec un empressement fort plaisant *qu'il n'en est rien, qu'il n'est pas vrai qu'elle l'aime.* De quoi le père se mettant en colère, la suivante survient, qui dit son sentiment là-dessus comme on peut penser. Le père s'emporte assez longtemps contre elle, [24] sans la pouvoir faire taire; enfin, comme elle s'en va, il s'en va aussi. Elle revient, et fait une scène toute de reproches et de railleries à la fille, sur la faible résistance qu'elle fait au beau dessein de son père, et lui dit fort plaisamment que, *s'il trouve son Panulphe si bien fait* (car le bonhomme avait voulu lui prouver cela), *il peut l'épouser lui-même, si bon lui semble.* Sur ce discours, Valère, amant de cette fille à qui elle est promise, arrive. Il lui demande d'abord *si la nouvelle qu'il a apprise* de ce prétendu mariage *est véritable.* À quoi, dans la terreur où les menaces de son père et la surprise où ces nouveaux desseins l'ont jetée, ne répondant que faiblement et comme en tremblant, Valère continue à lui demander *ce qu'elle fera.* In[25]terdite en partie de son aventure, en partie irritée du doute où il témoigne en quelque façon être de son amour, elle lui répond *qu'elle fera ce qu'il lui conseillera.* Il réplique, encore plus irrité de cette réponse, que *pour lui il lui conseille d'épouser Panulphe.* Elle repart[26], sur le même ton, *qu'elle suivra son conseil.* Il témoigne s'en peu soucier; elle encore moins; enfin ils se

---

25   D'étonnement.
26   Encore *repartir* au sens de « répondre », « répliquer ».

querellent et se brouillent si bien ensemble, qu'après mille retours ingénieux et passionnés, comme ils sont prêts à se quitter, la suivante, qui les regardait faire pour en avoir le divertissement, entreprend de les raccommoder, et fait tant qu'elle en vient à bout. Ils concluent, comme elle leur conseille, de ne se point voir pour quelque temps, et faire semblant cependant de [C] [26] fléchir aux volontés du père. Cela arrêté, Dorine les fait partir chacun de leur côté, avec plus de peine qu'elle n'en avait eue à les retenir, quand ils avaient voulu s'en aller un peu devant[27]. Ce dépit amoureux a semblé hors de propos à quelques-uns dans cette pièce ; mais d'autres prétendent, au contraire, qu'il représente très naïvement et très moralement la variété surprenante des principes d'agir qui se rencontrent en ce monde dans une même affaire, la fatalité qui fait le plus souvent brouiller les gens ensemble, quand il le faut le moins, et la sottise naturelle de l'esprit des hommes, et particulièrement des amants, de penser à tout autre chose dans les extrémités qu'à ce qu'il faut, et s'arrêter alors à des choses de nulle conséquence [27] dans ces temps-là, au lieu d'agir solidement dans le véritable intérêt de la passion. Cela sert, disent-ils encore, à faire mieux voir l'emportement et l'entêtement du père, qui peut rompre et rendre malheureuse une amitié si belle, née par ses ordres, et l'injustice de la plupart des bienfaits que les dévots reçoivent des grands, qui tournent pour l'ordinaire au préjudice d'un tiers et qui font toujours tort à quelqu'un – ce que les Panulphes pensent être rectifié par la considération seule de leur vertu prétendue, comme si l'iniquité devenait innocente dans leur personne. Outre cela, tout le monde demeure d'accord que ce dépit a cela de particulier et d'orignal par-dessus ceux qui ont paru jusqu'à présent sur le théâtre, qu'il [C ij] [28] naît et finit devant

---

27 Avant.

les spectateurs, dans une même scène, et tout cela aussi
vraisemblablement que faisaient tous ceux qu'on avait vus
auparavant, où ces colères amoureuses naissent de quelque
tromperie faite par un tiers ou par le hasard, et la plupart
du temps derrière le théâtre ; au lieu qu'ici elles naissent
divinement[28] à la vue des spectateurs, de la délicatesse et
de la force de la passion même, ce qui mériterait de longs
commentaires.

Enfin Dorine, demeurée seule, est abordée par sa maîtresse et le frère de sa maîtresse avec Damis ; tous ensemble
parlant de ce beau mariage, et ne sachant quelle autre voie
prendre pour le rompre, se résolvent d'en faire parler à
Panulphe même par la [29] dame, parce qu'ils commencent
à croire qu'il ne la hait pas. Et par là finit l'acte, qui laisse,
comme on voit, dans toutes les règles de l'art, une curiosité
et une impatience extrême de savoir ce qui arrivera de cette
entrevue, comme le premier avait laissé le spectateur en
suspens et en doute de la cause pourquoi le mariage de
Valère et de Mariane était rompu, qui est expliquée d'abord
à l'entrée du second, comme on a vu.

Ainsi le troisième commence par le fils de la maison
et Dorine, qui attend le bigot au passage pour l'arrêter
au nom de sa maîtresse et lui demander de sa part une
entrevue secrète. Damis le veut attendre aussi ; mais enfin
la suivante le chasse. À [C iij] [30] peine l'a-t-il laissée,
que Panulphe paraît, criant à son valet : *Laurent, serrez
ma haire avec ma discipline*, et que, si on le demande, *il va
aux prisonniers distribuer le superflu de ses deniers*. C'est peut-
être une adresse de l'auteur de ne l'avoir pas fait voir plus
tôt, mais seulement quand l'action est échauffée ; car un
caractère de cette force tomberait, s'il paraissait sans faire

---

28 Admirablement.

d'abord un jeu digne de lui, ce qui ne se pouvait que dans le fort de l'action.

Dorine l'aborde là-dessus ; mais à peine la voit-il, qu'il tire son mouchoir de sa poche, et le lui présente sans la regarder, pour mettre sur son sein qu'elle a découvert, en lui disant que *les âmes pudiques par cette vue sont blessées*, et que *cela fait venir de coupables pensées*. Elle lui répond [31] *qu'il est donc bien fragile à la tentation*, et que *cela sied bien mal avec tant de dévotion* ; que *pour elle*, qui n'est pas dévote de profession, *elle n'est pas de même*, et qu'*elle le verrait tout nu depuis la tête jusqu'aux pieds sans émotion aucune*. Enfin elle fait son message, et il le reçoit avec une joie qui le décontenance et le jette un peu hors de son rôle ; et c'est ici où l'on voit représentée mieux que nulle part ailleurs la force de l'amour, et les grands et beaux jeux que cette passion peut faire par les effets involontaires qu'il produit dans l'âme de toutes la plus concertée.

À peine la dame paraît, que notre cagot la reçoit avec un empressement qui, bien qu'il ne soit pas fort grand, paraît extraordinaire dans un homme de [C iiij32] sa figure[29]. Après qu'ils sont assis, il commence par lui rendre grâces de l'occasion qu'elle lui donne de la voir en particulier. Elle témoigne qu'il y a longtemps qu'elle avait envie aussi de l'entretenir. Il continue par des excuses *des bruits qu'il fait tous les jours pour les visites qu'elle reçoit*, et la prie de ne pas croire *que ce qu'il en fait soit par haine qu'il ait pour elle*. Elle répond qu'elle est persuadée que *c'est le soin de son salut qui l'y oblige*. Il réplique que *ce n'est pas ce motif seul*, mais que *c'est, outre cela, par un zèle particulier*[30] qu'il a pour elle ; et sur ce propos se met à lui conter fleurette en termes de dévotion mystique, d'une manière qui surprend terriblement

---

29 De son aspect, de son espèce.
30 On glisse ici du sens de la ferveur religieuse à celui de l'amour.

cette femme, parce que, d'une part, il lui semble étrange
que cet hom[33]me la cajole[31] ; et d'ailleurs il lui prouve si
bien, par un raisonnement tiré de l'amour de Dieu, qu'il
la doit aimer, qu'elle ne sait comment le blâmer. Bien des
gens prétendent que l'usage de ces termes de dévotion, que
l'hypocrite emploie dans cette occasion, est une profanation
blâmable que le poète en fait ; d'autres disent qu'on ne
peut l'en accuser qu'avec injustice, parce que ce n'est pas
lui qui parle, mais l'acteur qu'il introduit ; de sorte qu'on
ne saurait lui imputer cela, non plus qu'on ne doit pas lui
imputer toutes les impertinences qu'avancent les personnages ridicules des comédies ; qu'ainsi il faut voir l'effet que
l'usage de ces termes de piété de l'acteur peut faire sur le
spectateur, pour juger si cet usage est [34] condamnable.
Et pour le faire avec ordre, il faut supposer, disent-ils, que
le théâtre est l'école de l'homme, dans laquelle les poètes,
qui étaient les théologiens du paganisme, ont prétendu
purger la volonté des passions par la tragédie, et guérir
l'entendement des opinions erronées par la comédie[32] ; que
pour arriver à ce but, ils ont cru que le plus sûr moyen était
de proposer les exemples des vices qu'ils voulaient détruire,
s'imaginant, et avec raison, qu'il était plus à propos, pour
rendre les hommes sages, de montrer ce qu'il leur fallait
éviter, que ce qu'ils devaient imiter. Ils allèguent des raisons admirables de ce principe, que je passe sous silence,
de peur d'être trop long. Ils continuent que c'est ce que les
poètes [35] ont pratiqué, en introduisant des personnages
passionnés dans la tragédie, et des personnages ridicules dans
la comédie (ils parlent du ridicule dans le sens d'Aristote,
d'Horace, de Cicéron, de Quintilien, et des autres maîtres,

---

31   *Cajoler* : courtiser.
32   C'est la vision que le XVIIe siècle se fait de la fameuse purgation des
     passions (*catharsis*) aristotélicienne.

et non pas dans celui du peuple) ; qu'ainsi faisant profession de faire voir de méchantes choses, si l'on n'entre dans leur intention, rien n'est si aisé que de faire leur procès ; qu'il faut donc considérer si ces défauts sont produits d'une manière à en rendre la considération utile aux spectateurs, ce qui se réduit presque à savoir s'ils sont produits comme défauts, c'est-à-dire comme méchants et ridicules ; car dès là[33] ils ne peuvent faire qu'un excellent effet. Or c'est ce qui se trouve merveilleusement dans [36] notre hypocrite en cet endroit ; car l'usage qu'il y fait des termes de piété est si horrible de soi, que quand le poète aurait apporté autant d'art à diminuer cette horreur naturelle qu'il en a apporté à la faire paraître dans toute sa force, il n'aurait pu empêcher que cela ne parût toujours fort odieux ; de sorte que, cet obstacle levé, continuent-ils, l'usage de ces termes ne peut être regardé que de deux manières très innocentes, et de nulle conséquence dangereuse : l'une comme un voile vénérable et révéré que l'hypocrite met au-devant de la chose qu'il dit, pour l'insinuer sans horreur, sous des termes qui énervent[34] toute la première impression que cette chose pourrait faire dans l'esprit, de sa turpitude naturelle ; l'autre est en considé[37]rant cet usage comme l'effet de l'habitude que les bigots ont prise de se servir de la dévotion, et de l'employer partout à leur avantage, afin de paraître agir toujours par elle. Habitude qui leur est très utile, en ce que le peuple que ces gens-là ont en vue, et sur qui les paroles peuvent tout, se préviendra[35] toujours d'une opinion de sainteté et de vertu pour les gens qu'il verra parler ce langage, comme si accoutumés aux choses spirituelles, et si peu à celles du monde, que pour

---

33 *Dès là* : à partir de ce moment, en conséquence.
34 *Énerver* : ôter les nerfs, la force, affaiblir.
35 Aura toujours une opinion favorable, un préjugé favorable de.

traiter celles-ci ils sont contraints d'emprunter les termes
de celle-là. Et c'est ici, concluent enfin ces messieurs, où
il faut remarquer l'injustice de la grande objection qu'on
a toujours faite contre cette pièce, qui est que [D] [38]
décriant les apparences de la vertu, on rend suspects ceux
qui, outre cela, en ont le fond, aussi bien que ceux qui
ne l'ont pas ; comme si ces apparences étaient les mêmes
dans les uns que dans les autres, que les véritables dévots
fussent capables des affectations que cette pièce reprend
dans les hypocrites, et que la vertu n'eût pas un dehors
reconnaissable de même que le vice.

Voilà comme raisonnent ces gens-là ; je vous laisse à
juger s'ils ont tort, et reviens à mon histoire. Les choses
étant dans cet état, et pendant ce dévotieux[36] entretien,
notre cagot s'approchant toujours de la dame, même sans y
penser, à ce qu'il semble, à mesure qu'elle s'éloigne, enfin il
lui prend la main, comme par manière de geste et pour lui
[39] faire quelque protestation qui exige d'elle une attention
particulière, et tenant cette main, il la presse si fort entre
les siennes, qu'elle est contrainte de lui dire : *Que vous me
serrez fort !* à quoi il répond soudain, à propos de ce qu'il
disait, se recueillant et s'apercevant de son transport[37] : *C'est
par excès de zèle.* Un moment après il s'oublie de nouveau,
et promenant sa main sur le genou de la dame, elle lui dit,
confuse de cette liberté, *ce que fait là sa main ?* il répond,
aussi surpris que la première fois, qu'*il trouve son étoffe
moelleuse ;* et pour rendre plus vraisemblable cette défaite[38],
par un artifice fort naturel il continue de considérer son
ajustement, et s'attaque *à son collet dont le point lui semble
admirable.* Il y porte la main encore pour le ma[D ij][40]

---

36 *Dévotieux* : plein de dévotion, pieux.
37 *Transport* : mouvement engendré par sa passion.
38 *Défaite* : échappatoire.

nier et le considérer de plus près ; mais elle le repousse, plus honteuse que lui. Enfin, enflammé par tous ces petits commencements, par la présence d'une femme bien faite, qu'il adore, et qui le traite avec beaucoup de civilité, et par les douceurs attachées à la première découverte d'une passion amoureuse, il lui fait sa déclaration dans les termes ci-dessus examinés ; à quoi elle répond que *bien qu'un tel aveu ait droit de la surprendre dans un homme aussi dévot que lui*… Il l'interrompt à ces mots, en s'écriant avec un transport fort éloquent : *Ah ! pour être dévot, on n'en est pas moins homme !* Et continuant sur ce ton, il lui fait voir, d'autre part, les avantages qu'il y a à être aimée d'un homme comme lui ; que le commun des gens du mon[41]de, cavaliers et autres, gardent mal un secret amoureux, et n'ont rien de plus pressé, après avoir reçu une faveur, que de s'en aller vanter ; mais que pour ceux de son espèce, *le soin*, dit-il, *que nous avons de notre renommée est un gage assuré pour la personne aimée, et l'on trouve avec nous, sans risquer son honneur, de l'amour sans scandale, et du plaisir sans peur.* De là, après quelques autres discours revenant à son premier sujet, il conclut qu'*elle peut bien juger, considérant son air, qu'enfin tout homme est homme, et qu'un homme est de chair.* Il s'étend admirablement là-dessus, et lui fait si bien sentir son humanité et sa faiblesse pour elle, qu'il ferait presque pitié, s'il n'était interrompu par Damis qui, sortant d'un cabinet voisin d'où il a tout ouï, et voyant [D iij] [42] que la dame, sensible à cette pitié, promettait au cagot de ne rien dire, pourvu qu'il la servît dans l'affaire du mariage de Mariane, dit qu'*il faut que la chose éclate*, et qu'elle soit sue dans le monde. Panulphe paraît surpris, et demeure muet, mais pourtant sans être déconcerté. La dame prie Damis de ne rien dire ; mais il s'obstine dans son premier dessein. Sur cette contestation, le mari arrivant, il lui conte tout. La dame avoue la vérité de ce qu'il dit, mais en le blâmant de le dire. Son mari les regarde l'un et l'autre d'un œil de courroux ; et après leur avoir reproché, de toutes les manières les plus aigres qu'il se peut, *la fourbe mal conçue qu'ils lui veulent jouer*, enfin, venant à l'hypocrite, qui cependant[39] a médité son rôle, il [43] le trouve qui, bien loin d'entreprendre de se justifier, par un excellent artifice se condamne et s'accuse lui-même, en général et sans rien spécifier, de toutes sortes de crimes : qu'il est *le plus grand des pécheurs, un méchant, un scélérat ; qu'ils ont raison de le traiter de la sorte ; qu'il doit être chassé de la maison comme un ingrat et un infâme ; qu'il mérite plus que cela ; qu'il n'est qu'un ver, un néant. Quelques gens jusqu'ici me croient homme de bien ; mais, mon frère, on se trompe : hélas ! je ne vaux rien !* Le bonhomme, charmé par cette humilité, s'emporte contre son fils d'une étrange sorte[40], l'appelant vingt fois *Coquin*. Panulphe, qui le voit en beau chemin, l'anime encore davantage en s'allant mettre à genoux devant Damis et lui demandant pardon, [D iiij] [44] sans dire de quoi. Le père s'y jette aussi d'abord pour le relever, avec des rages extrêmes contre son fils. Enfin, après plusieurs injures, il veut l'obliger de se jeter *à genoux* devant Monsieur Panulphe, et *lui demander pardon ;* mais Damis refusant de le faire, et aimant mieux quitter la place, il le chasse, et *le déshéritant, lui donne sa malédiction.* Après c'est à consoler Monsieur Panulphe, lui faire cent satisfactions pour les autres, et enfin lui dire qu'*il lui donne sa fille en mariage,* et avec cela qu'*il veut lui faire une donation de tout son bien ; qu'un gendre vertueux comme lui vaut mieux qu'un fils fou* comme le sien. Après avoir exposé ce beau projet, il vient au bigot de plus près, et avec la plus grande humilité du monde, et tremblant d'être re[45]fusé, il lui demande fort

---

39 Pendant ce temps.
40 D'une manière extraordinaire.

respectueusement *s'il n'acceptera pas l'offre qu'il lui propose.*
À quoi le dévot répond fort chrétiennement : *La volonté
du Ciel soit faite en toutes choses !* Cela étant arrêté de la sorte
avec une joie extrême de la part du bonhomme, Panulphe
le prie de trouver bon *qu'il ne parle plus à sa femme,* et de ne
l'obliger plus à avoir aucun commerce avec elle ; à quoi l'autre
répond, donnant dans le piège que lui tend l'hypocrite,
qu'*il veut, au contraire, qu'ils soient toujours ensemble, en dépit
de tout le monde.* Là-dessus ils s'en vont chez le notaire passer
le contrat de mariage, et la donation.

Au quatrième, le frère de la dame dit à Panulphe, qu'il
est bien aise de le rencontrer pour [46] lui dire son sentiment
sur tout ce qui se passe, et pour lui demander *s'il ne se croit
pas obligé comme chrétien de pardonner à Damis,* bien loin de
le faire déshériter. Panulphe lui répond, que *quant à lui, il
lui pardonne de bon cœur, mais que l'intérêt du Ciel ne lui permet
pas d'en user autrement.* Pressé d'expliquer cet intérêt, il dit
que s'il s'accommodait avec Damis et la dame, il donnerait
sujet de croire qu'il est coupable ; que les gens comme lui
doivent avoir plus de soin que cela de leur réputation ; et
qu'enfin *on dirait qu'il les aurait recherchés de cette manière pour
les obliger au silence.* Le frère, surpris d'un raisonnement si
malicieux[41], insiste à lui demander *si, par un motif tel que
celui-là, il croit pouvoir chasser de la maison le légitime héritier,
et accepter le don ex*[47]*travagant que son père lui veut faire de
son bien.* Le bigot répond à cela que *s'il se rend facile à ses
pieux desseins, c'est de peur que ce bien ne tombât en de mauvaises
mains.* Le frère s'écrie là-dessus, avec un emportement fort
naturel, qu'il faut laisser au Ciel à empêcher la prospérité
des méchants, et qu'il ne faut point *prendre son intérêt plus
qu'il ne fait lui-même.* Il pousse quelque temps fort à propos

---

41 *Malicieux* : méchant, pervers.

cette excellente morale, et conclut enfin en disant au cagot
par forme de conseil : *Ne serait-il pas mieux qu'en personne
discrète vous fissiez de céans une honnête retraite ?* Le bigot, qui
se sent pressé et piqué trop sensiblement par cet avis, lui
dit : *Monsieur, il est trois heures et demie, certain devoir chrétien
m'appelle en d'autres lieux,* et le quitte de cette [48] sorte.
Cette scène met dans un beau jour un des plus importants
et des plus naturels caractères de la bigoterie, qui est de
violer les droits les plus sacrés et les plus légitimes, tels que
ceux des enfants sur le bien des pères, par des exceptions
qui n'ont en effet autre fondement que l'intérêt particulier des bigots. La distinction subtile que le cagot fait du
pardon du cœur avec celui de la conduite est aussi une
autre marque naturelle de ces gens-là, et un avant-goût de
sa théologie, qu'il expliquera ci-après en bonne occasion.
Enfin la manière dont il met fin à la conversation est un bel
exemple de l'irraisonnabilité[42], pour ainsi dire, de ces bons
messieurs, de qui on ne tire jamais rien en raisonnant, qui
n'expliquent point les motifs [49] de leur conduite, de peur
de faire tort à leur dignité par cet espèce de soumission,
et qui, par une exacte connaissance de la nature de leur
intérêt, ne veulent jamais agir que par l'autorité seule que
leur donne l'opinion qu'on a de leur vertu.

Le frère demeuré seul, sa sœur vient avec Mariane et
Dorine. À peine ont-ils parlé quelque temps de leurs affaires
communes, que le mari arrive avec un papier en sa main,
disant qu'*il tient de quoi les faire enrager.* C'est, je pense, le
contrat de mariage ou la donation. D'abord Mariane se
jette à ses genoux, et le harangue si bien, qu'elle le touche.
On voit cela dans la mine du pauvre homme ; et c'est ce
qui est un trait admirable de l'entêtement ordinaire aux

---

42 Caractère de qui ne peut être raisonné, de qui est insensible aux
    raisonnements.

bigots, [E] [50] pour montrer comme ils se défont de toutes les inclinations naturelles et raisonnables. Car celui-ci se sentant attendrir, se ravise tout d'un coup, et se disant à soi-même, croyant faire une chose fort héroïque : *Ferme, ferme, mon cœur, point de faiblesse humaine.* Après cette belle résolution, il fait lever sa fille et lui dit que *si elle cherche à s'humilier et à se mortifier dans un couvent, d'autant plus elle a d'aversion pour Panulphe, d'autant plus méritera-t-elle avec lui.* Je ne sais si c'est ici qu'il dit que Panulphe *est fort gentilhomme.* À quoi Dorine répond : *Il le dit.* Et sur cela le frère lui représente excellemment à son ordinaire *qu'il sied mal à ces sortes de gens de se vanter des avantages du monde.* Enfin le discours retombant fort naturellement sur l'aventure de [51] l'acte précédent et sur l'imposture prétendue de Damis et de la dame, le mari, croyant les convaincre de la calomnie qu'il leur impute, objecte à sa femme que, *si elle disait vrai* et si effectivement elle venait d'être poussée par Panulphe sur une matière si délicate, *elle aurait été bien autrement émue qu'elle n'était,* et qu'elle était trop tranquille pour n'avoir pas médité de longue main cette pièce[43]. Objection admirable dans la nature des bigots, qui n'ont qu'emportement en tout, et qui ne peuvent s'imager que personne ait plus de modération qu'eux. La dame répond excellemment, que *ce n'est pas en s'emportant qu'on réprime le mieux les folies de cette espèce, et que souvent un froid refus opère mieux que de dévisager*[44] *les* [E ij] [52] *gens ; qu'une honnête femme ne doit faire que rire de ces sortes d'offense ; et qu'on ne saurait mieux les punir qu'en les traitant de ridicule.* Après plusieurs discours de cette nature, tant d'elle que des autres, pour montrer la vérité de ce dont ils ont accusé Panulphe, le bonhomme persistant dans son incrédulité, on offre de lui faire voir ce qu'on lui a dit. Il se

---

43 *Pièce* : ruse.
44 *Dévisager* : défigurer, déchirer le visage.

moque longtemps de cette proposition, et s'emporte contre
ceux qui la font, en détestant[45] leur impudence. Pourtant
à force de lui répéter la même chose et de lui demander *ce
qu'il dirait s'il voyait ce qu'il ne peut croire*, ils le contraignent
de répondre : *Je dirais, je dirais que… Je ne dirais rien, car cela
ne se peut.* Trait inimitable, ce me semble, pour représenter
l'effet de la pensée d'une [53] chose sur un esprit convaincu
de l'impossibilité de cette chose. Cependant on fait tant,
qu'on l'oblige à vouloir bien essayer ce qui en sera, ne fût-ce
que pour avoir le plaisir de confondre les calomniateurs de
son Panulphe. C'est à cette fin que le bonhomme s'y résout,
après beaucoup de résistance. Le dessein de la dame, qu'elle
expose alors, est, après avoir fait cacher son mari sous la table,
de voir Panulphe reprendre l'entretien de leur conversation
précédente, et l'obliger à se découvrir tout entier par la
facilité qu'elle lui fera paraître. Elle commande à Dorine
de le faire venir. Celle-ci voulant faire faire réflexion à sa
maîtresse sur la difficulté de son entreprise, lui dit qu'*il a
de grands sujets de défiance extrême ;* mais la [E iij] [54] dame
répond divinement qu'*on est facilement trompé par ce qu'on
aime.* Principe qu'elle prouve admirablement dans la suite,
par expérience, et que le poète a jeté exprès en avant, pour
rendre plus vraisemblable ce qu'on doit voir.

Le mari placé dans sa cachette, et les autres sortis, elle
reste seule avec lui, et lui tient à peu près ce discours : Qu'*elle
va faire un étrange personnage et peu ordinaire à une femme de
bien ; mais qu'elle y est contrainte, et que ce n'est qu'après avoir
tenté en vain tous les autres remèdes ; qu'il va entendre un langage
assez dur à souffrir à un mari dans la bouche d'une femme, mais
que c'est sa faute ; qu'au reste l'affaire n'ira qu'aussi loin qu'il
voudra, et que c'est à lui de l'interrompre où il jugera à propos.* Il
se cache, et [55] Panulphe vient. C'est ici où le poète avait

---

45 En blâmant.

à travailler pour venir à bout de son dessein : aussi y a-t-il pensé par avance, et prévoyant cette scène comme devant être son chef-d'œuvre, il a disposé les choses admirablement pour la rendre parfaitement vraisemblable. C'est ce qu'il serait inutile d'expliquer, parce que cela paraît très clairement par le discours même de la dame, qui se sert merveilleusement de tous les avantages de son sujet et de la disposition présente des choses, pour faire donner l'hypocrite dans le panneau. Elle commence par dire qu'*il a vu combien elle a prié Damis de se taire, et le dessein où elle était de cacher l'affaire ; que si elle ne l'a pas poussé plus fortement, il voit bien qu'elle a dû ne le pas faire* [E iiij] [56] *par politique* ; qu'*il a vu sa surprise à l'abord de son mari, quand Damis a tout conté.* Ce qui était vrai, mais c'était pour l'impudence avec laquelle Panulphe avait d'abord soutenu et détourné la chose ; *et comme elle a quitté la place, de douleur de le voir en danger de souffrir une telle confusion ; qu'au reste il peut bien juger par quel sentiment elle avait demandé de le voir en particulier, pour le prier si instamment de refuser l'offre qu'on lui fait de Mariane pour l'épouser ; qu'elle ne s'y serait pas tant intéressée, et qu'il ne lui serait pas si terrible de le voir entre les bras d'une autre, si quelque chose de plus fort que la raison et l'intérêt de la famille ne s'en était mêlé ; qu'une femme fait beaucoup en effet dans ses premières déclarations que de promettre le secret ; qu'elle reconnaît bien* [57] *que c'est tout que cela, et qu'on ne saurait s'engager plus fortement.* Panulphe témoigne d'abord quelque doute par des interrogations qui donnent lieu à la dame de dire toutes ces choses en y répondant. Enfin, insensiblement ému par la présence d'une belle personne qu'il adore, qui effectivement avait reçu avec beaucoup de modération, de retenue et de bonté la déclaration de son amour, qui le cajole à présent et qui le paye de raisons assez plausibles, il commence à s'aveugler, à se rendre, et à croire qu'il se peut faire que c'est tout de bon qu'elle parle, et qu'elle ressent ce qu'elle dit. Il conserve pourtant encore quelque jugement, comme il est impossible à un homme fort sensé de passer tout à fait d'une extrémité à l'au[58]tre ; et, par un mélange admirable de passion et de défiance, il lui demande, après beaucoup de paroles, des assurances *réelles* et des faveurs pour gages de la vérité de ses paroles. Elle répond en biaisant ; il réplique en pressant. Enfin, après quelques façons[46], elle témoigne se rendre[47] ; il triomphe, et voyant qu'elle ne lui objecte plus que le péché, il lui découvre le fond de sa morale, et tâche à lui faire comprendre qu'*il hait le péché autant et plus qu'elle ne fait* ; mais que, dans l'affaire dont il s'agit entre eux, *le scandale en effet est la plus grande offense, et c'est une vertu de pécher en silence* ; que quant au fond de la chose, *il est avec le Ciel des accommodements*. Et après une longue déduction des adresses[48] des directeurs modernes, il conclut [59] que *quand on ne se peut sauver par l'action, on se met à couvert par son intention.* La pauvre dame, qui n'a plus rien à objecter, est bien en peine de ce que son mari ne sort point de sa cachette, après lui avoir fait avec le pied tous les signes qu'elle a pu ; enfin elle s'avise, pour achever de le[49] persuader, et pour l'outrer tout à fait, de mettre le cagot sur son chapitre. Elle lui[50] dit donc *qu'il voie à la porte s'il n'y a personne qui vienne ou qui écoute, et si par hasard son mari ne passerait point.* Il répond, en se disposant pourtant à lui obéir, que *son mari est un fat*[51], *un homme préoccupé*[52]

---

46 *Façons* : manières affectée, réserves et réticences affectées.
47 Elle manifeste son intention de se rendre.
48 *Adresses* : moyens ingénieux, fourbes (ceux de la casuistique, employés par les directeurs de conscience modernes).
49 Son mari, Orgon.
50 À Panulphe.
51 *Fat* : sot.
52 *Préoccupé* : disposé favorablement (à l'égard de Panulphe).

jusqu'à l'extravagance, et de sorte qu'*il est dans un état à tout voir sans rien croire*. Excellente adresse du poète, qui a appris d'Aristote[53] qu'il n'est rien de plus sensible que [60] d'être méprisé par ceux que l'on estime, et qu'ainsi c'était la dernière corde qu'il fallait faire jouer, jugeant bien que le bonhomme souffrirait plus impatiemment[54] d'être traité de ridicule et de fat par le saint frère, que de lui voir cajoler sa femme jusqu'au bout, quoique, dans l'apparence première et au jugement des autres, ce dernier outrage paraisse plus grand.

En effet, pendant que le galant va à la porte, le mari sort de dessous la table, et se trouve droit devant l'hypocrite, quand il revient à la dame pour achever l'œuvre si heureusement acheminée. La surprise de Panulphe est extrême, se trouvant le bonhomme entre les bras, qui ne peut exprimer que confusément son étonnement et son admiration[55]. [61] La dame, conservant toujours le caractère d'honnêteté qu'elle a fait voir jusqu'ici, paraît honteuse de la fourbe qu'elle a faite au bigot, et lui en demande quelque sorte de pardon en s'excusant sur la nécessité. Toutefois le bigot ne se trouble point, conserve toute sa froideur naturelle et, ce qui est d'admirable, ose encore persister après cela à parler comme devant. Et c'est où il faut reconnaître le suprême caractère de cette sorte de gens, de ne se démentir jamais quoi qui arrive, de soutenir à force d'impudence toutes les attaques de la fortune, n'avouer jamais avoir tort, détourner les choses avec le plus d'adresse qu'il se peut, mais toujours avec toute l'assurance imaginable, et tout cela parce que les hommes jugent des [F] [62] choses plus par les yeux que par la raison, que peu de gens étant capables de cet excès

---

53   Référence exacte à *Rhétorique*, Livre II, 2.
54   Supporterait avec plus de difficulté.
55   *Admiration* : étonnement extrême, stupeur.

de fourberie, la plupart ne peuvent le croire, et qu'enfin on ne saurait dire combien les paroles peuvent sur les esprits des hommes.

Panulphe persiste donc dans sa manière accoutumée ; et pour commencer à se justifier près de *son frère*, car il ose encore le nommer de la sorte, dit quelque chose du *dessein qu'il pouvait avoir* dans ce qui vient d'arriver ; et sans doute il allait forger quelque excellente imposture, lorsque le mari, sans lui donner loisir de s'expliquer, épouvanté de son effronterie, *le chasse de sa maison, et lui commande d'en sortir.* Comme Panulphe voit que ses charmes[56] ordinaires ont perdu leur vertu, sachant bien que, quand [63] une fois on est revenu de ces entêtements extrêmes, on n'y retombe jamais, et pour cela même voyant bien qu'il n'y a plus d'espérance pour lui, il change de batterie ; et sans pourtant sortir de son personnage naturel de dévot, dont il voit bien dès là qu'il aura extrêmement besoin dans la grande affaire qu'il va entreprendre, mais seulement comme justement irrité de l'outrage qu'on fait à son innocence, il répond à ces menaces par d'autres plus fortes, et dit que *c'est à eux à vuider la maison dont il est le maître* en vertu de la donation dont il a été parlé ; et les quittant là-dessus, les laisse dans le plus grand de tous les étonnements, qui augmente encore lorsque le bonhomme se souvient d'une certaine cassette, dont [F ij] [64] il témoigne d'abord être en extrême peine, sans dire ce que c'est, étant trop pressé d'aller voir si elle est encore dans un lieu qu'il dit ; il y court, et sa femme le suit.

Le cinquième acte commence par le mari et le frère. Le premier, étourdi de n'avoir point trouvé cette cassette, dit qu'elle est de grande conséquence ; et que *la vie, l'honneur*

---

56 *Charmes* : pouvoir quasi magique. Il faut corriger l'orig. *ces* en *ses*.

et la fortune de ses meilleurs amis, et peut-être la sienne propre, dépendent des papiers qui sont dedans. Interrogé pourquoi il l'avait confiée à Panulphe, il répond que c'est encore *par principe de conscience*; que Panulphe lui fit entendre que, *si on venait à lui demander ces papiers, comme tout se sait, il serait contraint de nier de les avoir pour ne pas trahir* [65] *ses amis; que pour éviter ce mensonge, il n'avait qu'à les remettre dans ses mains où ils seraient autant dans sa disposition qu'auparavant, après quoi il pouvait sans scrupule nier hardiment de les avoir.* Enfin le bonhomme explique merveilleusement à son beau-frère, par l'exemple de cette affaire, de quelle manière les bigots savent intéresser la conscience dans tout ce qu'ils font et ne font pas, et étendre leur empire par cette voie jusqu'aux choses les plus importantes et les plus éloignées de leur profession.

Le frère fait, dans ces perplexités, le personnage d'un véritable honnête homme, qui songe à réparer le mal arrivé, et ne s'amuse point à le reprocher à ceux qui l'ont causé, comme font la plupart des gens, surtout quand [F iij] [66] par hasard ils ont prévu ce qu'ils voient. Il examine mûrement les choses, et conclut à la désolation commune, que le *fourbe étant armé de toutes ces différentes pièces régulière-ment, peut les perdre de toute manière,* et que c'est une affaire sans ressource. Sur cela le mari s'emporte pitoyablement, et conclut par un raisonnement ordinaire aux gens de sa sorte, *qu'il ne se fiera jamais en homme de bien.* Ce que son beau-frère relève excellemment, en lui remontrant *sa mau-vaise disposition d'esprit, qui lui fait juger de tout avec excès, et l'empêche de s'arrêter jamais dans le juste milieu, dans lequel seul se trouve la justice, la raison et la vérité; que de même que l'estime et la considération qu'on doit avoir pour les véritables gens de bien ne doit point passer jusqu'aux méchants qui savent* [67] *se couvrir de quelque apparence de vertu, ainsi l'horreur qu'on*

doit avoir pour les méchants et pour les hypocrites ne doit point
faire de tort aux véritables gens de bien, mais au contraire doit
augmenter la vénération qui leur est due, quand on les connaît
parfaitement. Là-dessus la vieille arrive, et tous les autres.
Elle demande d'abord *quel bruit c'est qui court d'eux par le*
monde ? Son fils répond que c'est que *Monsieur Panulphe le*
veut chasser de chez lui, et le dépouiller de tout son bien, parce
qu'il l'a surpris caressant sa femme[57]. La suivante sur cela,
qui n'est pas si honnête que le frère, ne peut s'empêcher de
s'écrier : *Le pauvre homme !* comme le mari faisait au premier
acte touchant le même Panulphe. La vieille, encore entêtée
du saint personnage, n'en veut [F iiij] [68] rien croire, et
sur cela enfile un long lieu commun *de la médisance et des*
méchantes langues. Son fils lui dit qu'*il l'a vu*, et que ce n'est
pas un ouï-dire. La vieille, qui ne l'écoute pas, et qui est
charmée de la beauté de son lieu commun, ravie d'avoir
une occasion illustre comme celle-là de le pousser bien loin,
continue sa légende[58], et cela tout par les manières ordinaires
aux gens de cet âge, des proverbes, des apophtegmes, des
dictons du vieux temps, des exemples de sa jeunesse, et des
citations de gens qu'elle a connus. Son fils a beau se tuer
de lui répéter qu'*il l'a vu*, elle, qui ne pense point à ce qu'il
lui dit, mais seulement à ce qu'elle veut dire, ne s'écarte
point de son premier chemin. Sur quoi la suivante encore
mali[69]cieusement, comme il convient à ce personnage,
mais pourtant fort moralement, dit au mari *qu'il est puni*
selon ses mérites, et que, comme il n'a point voulu croire longtemps
ce qu'on lui disait, on ne veut point le croire lui-même à présent
sur le même sujet. Enfin la vieille, forcée de prêter l'oreille
pour un moment, répond en s'opiniâtrant que *quelquefois*
il faut tout voir pour bien juger, que l'intention est cachée, que la

---

57 *Caresser* une femme, c'est la courtiser.
58 *Légende* : propos interminable.

passion préoccupe et fait paraître les choses autrement qu'elles ne sont, et qu'enfin il ne faut pas toujours croire tout ce qu'on voit ; qu'ainsi il fallait s'assurer mieux de la chose avant que de faire éclat. Sur quoi son fils, s'emportant, lui repart brusquement, qu'*elle voudrait donc qu'il eût attendu pour éclater que Panulphe eût… Vous me feriez dire quelque* [70] *sottise.* Manière admirablement naturelle de faire entendre avec bienséance une chose aussi délicate que celle-là.

Le pauvre homme serait encore à présent, que je crois, à persuader sa mère de la vérité de ce qu'il lui dit, et elle à le faire enrager, si quelqu'un n'heurtait à la porte. C'est homme qui, à la manière obligeante, honnête, caressante et civile dont il aborde la compagnie, soi disant venir[59] de la part de Monsieur Panulphe, semble être là pour demander pardon et accommoder toutes choses avec douceur, bien loin d'y être pour sommer toute la famille, dans la personne du chef, de vuider la maison au plus tôt ; car enfin, comme il se déclare lui-même, *il s'appelle Loyal, et depuis trente ans il est sergent à verge en* [71] *dépit de l'envie,* mais tout cela, comme j'ai dit, avec le plus grand respect et la plus tendre amitié du monde. Ce personnage est un supplément admirable du caractère bigot, et fait voir comme il en est de toutes professions, et qui sont liés ensemble bien plus étroitement que ne le sont les gens de bien, parce qu'étant plus intéressés, ils considèrent davantage et connaissent mieux combien ils se peuvent être utiles les uns aux autres dans les occasions – ce qui est l'âme de la cabale. Cela se voit bien clairement dans cette scène ; car cet homme, qui a tout l'air de ce qu'il est, c'est-à-dire du plus raffiné fourbe de sa profession, ce qui n'est pas peu de chose, cet homme, dis-je, y fait l'acte du monde le plus sanglant, avec toutes

---

59 Disant qu'il vient.

les [72] façons qu'un homme de bien pourrait faire le plus
obligeant ; et cette détestable manière sert encore au but des
Panulphes, pour ne se faire point d'affaires nouvelles, et au
contraire mettre les autres dans le tort par cette conduite, si
honnête en apparence, et si barbare en effet[60]. Ce caractère
est si beau que je ne saurais en sortir ; aussi le poète, pour le
faire jouer plus longtemps, a employé toutes les adresses de
son art. Il fait lui dire[61] plusieurs choses d'un ton et d'une
force différente par les diverses personnes qui composent la
compagnie, pour le faire répondre à toutes selon son but ;
même pour le faire davantage parler, il le fait proposer et
offrir une espèce de grâce, qui est un délai d'exécution,
mais accompagné de circonstan[73]ces plus choquantes que
ne serait un ordre absolu. Enfin il sort, et à peine la vieille
s'est-elle écriée : *Je ne sais plus que dire, et suis tout ébaubie*,
et les autres ont-ils fait réflexion sur leur aventure, que
Valère, l'amant de Mariane, entre et donne avis au mari
que *Panulphe, par le moyen des papiers qu'il a entre les mains,
l'a fait passer pour criminel d'État près du Prince, qu'il sait cette
nouvelle par l'officier même qui a ordre de l'arrêter, lequel a bien
voulu lui rendre ce service que de l'en avertir ; que son carrosse
est à la porte, avec mille louis, pour prendre la fuite*. Sans autre
délibération on oblige le mari à le suivre ; mais comme
ils sortent, ils rencontrent Panulphe avec l'officier, qui les
arrêtent. Chacun éclate contre l'hypocrite en reproches de
di[G][74]verses manières ; à quoi étant pressé, il répond
que *la fidélité qu'il doit au Prince est plus forte sur lui que toute
autre considération*. Mais le frère de la dame répliquant à cela,
et lui demandant *pourquoi, si son beau-frère est criminel, il a
attendu, pour le déférer, qu'il l'eût surpris voulant corrompre la
fidélité de sa femme* ; cette attaque le mettant hors de défense,

---

60 En fait.
61 Il lui fait dire.

il prie l'officier *de le délivrer de toutes ces criailleries, et de faire sa charge.* Ce que l'autre lui accorde, mais *en le faisant prisonnier lui-même.* De quoi tout le monde étant surpris, l'officier rend raison[62], et cette raison est le dénouement. Avant que je vous le déclare, permettez-moi de vous faire remarquer que l'esprit de tout cet acte, et son seul effet et but jusqu'ici n'a été que de représenter [75] les affaires de cette pauvre famille dans la dernière désolation, par la violence et l'impudence de l'imposteur, jusque là qu'il paraît que c'est une affaire sans ressource dans les formes ; de sorte qu'à moins de quelque dieu qui y mette la main, c'est-à-dire de la machine[63], comme parle Aristote, tout est déploré[64].

L'officier déclare donc que *le Prince, ayant pénétré dans le cœur du fourbe par une lumière toute particulière aux souverains par-dessus les autres hommes, et s'étant informé de toutes choses sur sa délation, avait découvert l'imposture, et reconnu que cet homme était le même dont, sous un autre nom, il avait déjà ouï parler, et savait une longue histoire toute tissue[65] des plus étranges[66] friponneries et des plus noires aventures dont il* [G ij] [76] *ait jamais été parlé ; que nous vivons sous un règne où rien ne peut échapper à la lumière du Prince, où la calomnie est confondue par sa seule présence, et où l'hypocrisie est autant en horreur dans son esprit qu'elle est accréditée parmi ses sujets ; que cela étant, il a d'autorité absolue annulé tous les actes favorables à l'imposteur, et fera rendre tout ce dont il était saisi ; et qu'enfin c'est ainsi qu'il reconnaît les services que le bonhomme a rendus autrefois à l'État dans les armées, pour montrer que rien n'est perdu près de lui, et que son équité, lorsque moins on*

---

62 *Rendre raison* : expliquer.
63 C'est le fameux *deus ex machina* de la *Poétique*, 1454 b.
64 *Déploré* : perdu, désespéré.
65 *Tissu*, participe passé passif du vieux verbe *tistre*, « tisser ».
66 Extraordinaires.

y pense, des bonnes actions donne la récompense. Il me semble
que si, dans tout le reste de la pièce, l'auteur a égalé tous
les anciens et surpassé tous les modernes, on peut dire
que dans ce dénouement il s'est surpassé lui-même, n'y
ayant rien [77] de plus grand, de plus magnifique et de
plus merveilleux, et cependant rien de plus naturel, de
plus heureux et de plus juste, puisqu'on peut dire que,
s'il était permis d'oser faire le caractère de l'âme de notre
grand monarque, ce serait sans doute dans cette plénitude
de lumière, cette prodigieuse pénétration d'esprit, et ce
discernement merveilleux de toutes choses qu'on le ferait
consister. Tant il est vrai, s'écrient ici ces messieurs dont
j'ai pris à tâche de vous rapporter les sentiments, tant
il est vrai, disent-ils, que le Prince est digne du poète,
comme le poète est digne du Prince.

Achevons notre pièce en deux mots, et voyons comme
les caractères y sont produits dans toutes leurs faces. Le
mari voyant tou[G iij][78]tes choses changées, suivant le
naturel des âmes faibles, insulte au misérable Panulphe ;
mais son beau-frère le reprend fortement, *en souhaitant
au contraire à ce malheureux qu'il fasse un bon usage de ce
revers de fortune, et qu'au lieu des punitions qu'il mérite, il
reçoive du Ciel la grâce d'une véritable pénitence, qu'il n'a pas
méritée.* Conclusion, à ce que disent ceux que les bigots
font passer pour athées, digne d'un ouvrage si saint, qui
n'étant qu'une instruction très chrétienne de la véritable
dévotion[67], ne devait pas finir autrement que par l'exemple
le plus parfait qu'on ait peut-être jamais proposé, de la
plus sublime de toutes les vertus évangéliques, qui est le
pardon des ennemis.

---

67 *Tartuffe* « un ouvrage si saint » ? « une instruction très chrétienne de
    la véritable dévotion » ? Le défenseur de Molière va un peu fort pour
    retourner l'accusation d'impiété faite au dramaturge...

[79] Voilà, Monsieur, quelle est la pièce qu'on a défendue. Il se peut faire qu'on ne voit pas le venin parmi les fleurs, et que les yeux des puissances sont plus épurés que ceux du vulgaire ; si cela est, il semble qu'il est encore de la charité des religieux persécuteurs du misérable Panulphe de faire discerner le poison que les autres avalent faute de le connaître. À cela près, je ne me mêle point de juger les choses de cette délicatesse : je crains trop de me faire des affaires comme vous savez ; c'est pourquoi je me contenterai de vous communiquer deux réflexions qui me sont venues dans l'esprit, qui ont peut-être été faites par peu de gens, et qui, ne touchant point le fond de la question, peuvent être proposées sans manquer au respect que [G iiij] [80] tous les gens de bien doivent avoir pour les jugements des puissances légitimes.

La première est sur l'étrange disposition d'esprit, touchant cette comédie, de certaines gens qui, supposant ou croyant de bonne foi qu'il ne s'y fait ni dit rien qui puisse en particulier faire aucun méchant effet – ce qui est le point de la question –, la condamnent toutefois en général, à cause seulement qu'il y est parlé de la religion, et que le théâtre, disent-ils, n'est pas un lieu où il la faille enseigner.

Il faut être bien enragé contre Molière, pour tomber dans un égarement si visible ; et il n'est point de si chétif[68] lieu commun, où l'ardeur de critiquer et de morde ne se puisse retrancher, [81] après avoir osé faire son fort d'une si misérable et si ridicule défense. Quoi ? si on produit la vérité avec toute la dignité qui doit l'accompagner partout, si on a prévu et évité jusqu'aux effets les moins fâcheux qui pouvaient arriver, même par accident, de la peinture du

---

68 *Chétif* : sans valeur, méprisable.

vice, si on a pris, contre la corruption des esprits du siècle,
toutes les précautions qu'une connaissance parfaite de la
saine Antiquité, une vénération solide pour la religion,
une méditation profonde de la nature de l'âme, une expérience de plusieurs années, et qu'un travail effroyable ont
pu fournir, il se trouvera après cela des gens capables d'un
contresens si horrible que de proscrire un ouvrage qui est le
résultat de tant d'excellents préparatifs, par cette [82] seule
raison qu'il est nouveau de voir exposer la religion dans
une salle de comédie[69] pour bien, pour dignement, pour
discrètement, nécessairement et utilement qu'on le fasse !
Je ne feins pas de vous avouer que ce sentiment me paraît
un des plus considérables effets de la corruption du siècle
où nous vivons : c'est par ce principe de fausse bienséance
qu'on relègue la raison et la vérité dans des pays barbares
et peu fréquentés, qu'on les borne dans les écoles et dans
les églises, où leur puissante vertu est presque inutile, parce
qu'elles n'y sont cherchées que de ceux qui les aiment et
qui les connaissent et que, comme si on se défiait de leur
force et de leur autorité, on n'ose les commettre[70] où elles
peuvent rencontrer leurs en[83]nemis. C'est pourtant là
qu'elles doivent paraître ; c'est dans les lieux les plus pro-
fanes, dans les places publiques, les tribunaux, les palais
des grands seulement que se trouve la matière de leur
triomphe ; et comme elles ne sont, à proprement parler,
vérité et raison que quand elles convainquent les esprits et
qu'elles en chassent les ténèbres de l'erreur et de l'ignorance
par leur lumière toute divine[71], on peut dire que leur essence

---

69 De théâtre.
70 Les engager, les exposer.
71 La lumière « toute divine » de la raison ? Dans un autre contexte, un
    Malebranche pourrait envisager cela, à condition de préciser que c'est
    la Raison universelle qui éclaire notre raison humaine.

consiste dans leur action, que ces lieux où leur opération est le plus nécessaire sont leurs lieux naturels, et qu'ainsi c'est les détruire en quelque façon, que les réduire à ne paraître que parmi leurs adorateurs. Mais passons plus avant.

Il est certain que la religion n'est que la perfection de la rai[84]son, du moins pour la morale, qu'elle la purifie, qu'elle l'élève, et qu'elle dissipe seulement les ténèbres que le péché d'origine a répandues dans le lieu de sa demeure ; enfin que la religion n'est qu'une raison plus parfaite[72]. Ce serait être dans le plus déplorable aveuglement des païens que de douter de cette vérité. Cela étant, et puisque les philosophes les plus sensuels n'ont jamais douté que la raison ne nous fût donnée par la nature pour nous conduire en toutes choses par ses lumières, puisqu'elle doit être partout aussi présente à notre âme que l'œil à notre corps, et qu'il n'y a point d'acceptions de personnes, de temps ni de lieux auprès d'elle, qui peut douter qu'il n'en soit de même de la religion, que cette [85] lumière divine, infinie comme elle est par essence, ne doive faire briller partout sa clarté et qu'ainsi que Dieu remplit tout de lui-même, sans aucune distinction, et ne dédaigne pas d'être aussi présent dans les lieux du monde les plus infâmes que dans les plus augustes et les plus sacrés, aussi les vérités saintes qu'il lui a plu de manifester aux hommes ne puissent être publiées dans tous les temps et dans tous les lieux où il se trouve des oreilles pour les entendre, et des cœurs pour recevoir la grâce qui fait les chérir ?

Loin donc, loin d'une âme vraiment chrétienne ces indignes ménagements et ces cruelles bienséances, qui

---

72 Voilà ce qu'un rationaliste comme La Mothe Le Vayer peut admettre ! Mais c'est un débat philosophique et théologique au XVIIe siècle ; et les chrétiens les plus intransigeants ne peuvent que refuser cette assertion, même en la restreignant au domaine de la morale.

voudraient nous empêcher de travailler à la sanctification de
nos frères partout [H] [86] où nous le pouvons ! La charité
ne souffre point de bornes : tous lieux, tous temps lui sont
bons pour agir et faire du bien ; elle n'a point d'égard à sa
dignité, quand il y va de son intérêt ; et comment pourrait-
elle en avoir, puisque cet intérêt consistant, comme il fait,
à convertir les méchants, il faut qu'elle les cherche pour les
combattre, et qu'elle ne peut les trouver, pour l'ordinaire,
que dans des lieux indignes d'elle ?

Il ne faut donc pas qu'elle dédaigne de paraître dans ces
lieux, et qu'elle ait si mauvaise opinion d'elle-même, que de
penser qu'elle puisse être avilie en s'humiliant. Les grands
du monde peuvent avoir ces basses considérations, eux de
qui toute la dignité est empruntée et relative, [87] et qui
ne doivent être vus que de loin et dans toute leur parure
pour conserver leur autorité, de peur qu'étant vus de près
et à nu, on ne découvre leurs taches et qu'on ne reconnaisse
leur petitesse naturelle. Qu'ils ménagent avec avarice le
faible caractère de grandeur qu'ils peuvent avoir ; qu'ils
choisissent scrupuleusement les jours qui le font davantage
briller ; qu'ils se gardent bien de se commettre jamais en
des lieux qui ne contribuent pas à les faire paraître élevés
et parfaits, à la bonne heure. Mais que la charité redoute
les mêmes inconvénients, que cette souveraine des âmes
chrétiennes appréhende de voir sa dignité diminuée en
quelque lieu qu'il lui plaise de se montrer, c'est ce qui ne
se peut penser sans crime[73] ; et [H ij] [88] comme on a dit
autrefois[74], que plutôt que Caton fût vicieux, l'ivrognerie
serait une vertu, on peut dire avec bien plus de raison que

---

73 *Crime* : faute grave.
74 Sénèque, *De tranquillitate animi*, XVII, 9 : « On a reproché à Caton son
    ivrognerie : bon moyen de réhabiliter ce vice plutôt que de rabaisser
    Caton ».

les lieux les plus infâmes seraient dignes de la présence de cette reine, plutôt que sa présence dans ces lieux pût porter aucune atteinte à sa dignité.

En effet, Monsieur – car ne croyez pas que j'avance ici des paradoxes –, c'est elle qui les rend dignes d'elle, ces lieux si indignes en eux-mêmes : elle fait, quand il lui paît, un temple d'un palais, un sanctuaire d'un théâtre, et un séjour de bénédictions et de grâces d'un lieu de débauche et d'abomination. Il n'est rien de si profane qu'elle ne sanctifie, de si corrompu qu'elle ne purifie, de si méchant qu'elle ne rectifie, rien de si extraordinaire, de si in[89]usité et de si nouveau qu'elle ne justifie. Tel est le privilège de la vérité produite par cette vertu, le fondement et l'âme de toutes les autres vertus.

Je sais que le principe que je prétends établir a ses modifications comme tous les autres ; mais je soutiens qu'il est toujours vrai et constant quand il ne s'agit que de parler comme ici. La religion a ses lieux et ses temps affectés pour ses sacrifices, ses cérémonies et ses autres mystères ; on ne peut les transporter ailleurs sans crime. Mais ses vérités qui se produisent par la parole sont de tous temps et de tous lieux, parce que le parler étant nécessaire en tout et partout, il est toujours plus utile et plus saint de l'employer à publier la vérité et à prêcher la vertu qu'à quelque autre [H iij] [90] sujet que ce soit.

L'Antiquité, si sage en toutes choses, ne l'a pas été moins dans celle-ci que dans les autres ; et les païens, qui n'avaient pas moins de respect pour leur religion que nous en avons pour la nôtre, n'ont pas craint de la produire sur leurs théâtres ; au contraire, connaissant de quelle importance il était de l'imprimer dans l'esprit du peuple, ils ont cru sagement ne pouvoir mieux lui en persuader la vérité que par les spectacles, qui lui sont si agréables. C'est pour cela que leur dieux paraissent si souvent sur la scène, que les dénouements, qui sont les endroits les plus importants du poème, ne se faisaient presque jamais de leur temps que par quelque divinité, et qu'il n'y avait point de pièce qui ne [91] fût une agréable leçon et une preuve exemplaire de la clémence ou de la justice du Ciel envers les hommes. Je sais bien qu'on me répondra que notre religion a des occasions affectées pour cet effet, et que la leur n'en avait point ; mais outre qu'on ne saurait écouter la vérité trop souvent et en trop de lieux, l'agréable manière de l'insinuer au théâtre est un avantage si grand par-dessus les lieux où elle paraît avec toute son austérité, qu'il n'y a pas lieu de douter[75], naturellement parlant, dans lequel des deux elle fait plus d'impression.

Ce fut pour toutes ces raisons que nos pères, dont la simplicité avait autant de rapport avec l'Évangile que notre raffinement en est éloigné, voulant profiter, à l'édification du peuple, de son incli[H iiil][92]nation naturelle pour les spectacles, instituèrent premièrement la comédie[76] pour représenter la Passion du Sauveur du monde et semblables sujets pieux. Que si la corruption qui s'est glissée dans les mœurs depuis ce temps heureux a passé jusqu'au théâtre et l'a rendu aussi profane qu'il devait être sacré, pourquoi, si nous sommes assez heureux pour que le Ciel ait fait naître dans nos temps quelque génie capable de lui rendre sa première sainteté, pourquoi l'empêcherons-nous, et ne permettrons-nous pas une chose que nous procurerions avec

---

75 De se demander.

76 C'est-à-dire le théâtre, ici celui des mystères. Molière reprendra cela dans la Préface du *Tartuffe* pour faire admettre le théâtre aux adversaires chrétiens du théâtre. Mais ici, continuer de faire de Molière un saint prédicateur de la vraie dévotion, un restaurateur du théâtre chrétien, c'est pousser le paradoxe (et l'ironie) trop loin, et risquer de desservir Molière.

ardeur, si la charité régnait dans nos âmes, et s'il n'y avait pas tant de besoin qu'il y en a aujourd'hui parmi nous de décrier l'hypocrisie, et de prêcher la véritable dévotion ?

[93] La seconde de mes réflexions est sur un fruit véritablement[77] accidentel, mais aussi très important, que non seulement je crois qu'on peut tirer de la représentation de *L'Imposteur*, mais même qui en arriverait infailliblement. C'est que jamais il ne s'est frappé un plus rude coup contre tout ce qui s'appelle galanterie solide en termes honnêtes[78], que cette pièce ; et que si quelque chose est capable de mettre la fidélité des mariages à l'abri des artifices de ses corrupteurs, c'est assurément cette comédie, parce que les voies les plus ordinaires et les plus fortes par où on a coutume d'attaquer les femmes y sont tournées en ridicule d'une manière si vive et si puissante, qu'on paraîtrait sans doute ridicule quand on voudrait les em[94]ployer après cela, et par conséquent on ne réussirait pas.

Quelques-uns trouveront peut-être étrange ce que j'avance ici ; mais je les prie de n'en pas juger souverainement qu'ils n'aient vu représenter la pièce, ou du moins de s'en remettre à ceux qui l'ont vue ; car bien loin que ce que je viens d'en rapporter suffise pour cela, je doute même[79] si sa lecture toute entière pourrait faire juger tout l'effet que produit sa représentation. Je sais encore qu'on me dira que le vice dont je parle étant le plus naturel de tous, ne manquera jamais de charmes capables de surmonter tout ce que cette comédie y pourrait attacher de ridicule. Mais je réponds à cela deux choses : l'une, que dans l'opinion de tous les gens qui connaissent le monde, [95] ce péché,

---

77   À la vérité, assurément.
78   La volonté de séduire une femme et de la détourner de son devoir.
79   Je me demande même.

moralement parlant, est le plus universel qu'il puisse être ;
l'autre, que cela procède beaucoup plus, surtout dans les
femmes, des mœurs, de la liberté et de la légèreté de notre
nation, que d'aucun penchant naturel, étant certain que,
de toutes les civilisées, il n'en est point qui y soit moins
portée par le tempérament que la Française. Cela supposé,
je suis persuadé que le degré de ridicule où cette pièce ferait
paraître tous les entretiens et les raisonnements qui sont
les préludes naturels de la galanterie du tête-à-tête, qui
est la dangereuse, je prétends, dis-je, que ce caractère de
ridicule, qui serait inséparablement attaché à ces voies et à
ces acheminements de corruption, par cette représentation,
serait assez puissant et assez [96] fort pour contrebalancer
l'attrait qui fait donner dans le panneau les trois parts des
femme qui y donnent.

C'est ce que je vous ferai voir plus clair que le jour, quand
vous voudrez ; car comme il faut pour cela traiter à fond du
ridicule, qui est une des plus sublimes matières de la véritable morale, et que cela ne se peut sans quelque longueur et
sans examiner des questions un peu trop spéculatives pour
cette lettre, je ne pense pas devoir l'entreprendre ici. Mais
il me semble que je vous vois plaindre[80] de ma circonspection à votre accoutumée, et trouver mauvais que je ne
vous dise pas absolument tout ce que je pense. Il faut donc
vous contenter tout à fait ; et voici ce que vous demandez.

[97] Quoique la nature nous ait fait naître capables de
connaître la raison pour la suivre, pourtant, jugeant bien
que si elle n'y attachait quelque marque sensible qui nous
rendît cette connaissance facile, notre faiblesse et notre
paresse nous priveraient de l'effet d'un si rare avantage,
elle a voulu donner à cette raison quelque sorte de forme

---

80   Que je vois que vous vous plaignez... et que vous trouvez.

extérieure et de dehors reconnaissable. Cette forme est, en général, quelque motif de joie et quelque matière de plaisir que notre âme trouve dans tout objet moral. Or ce plaisir, quand il vient des choses raisonnables, n'est autre que cette complaisance délicieuse qui est excitée dans notre esprit par la connaissance de la vérité et de la vertu ; et quand il vient de la vue de l'ignorance et de l'erreur, [I] [98] c'est-à-dire de ce qui manque de raison, c'est proprement le sentiment par lequel nous jugeons quelque chose ridicule. Or, comme la raison produit dans l'âme une joie mêlée d'estime, le ridicule y produit une joie mêlée de mépris, parce que toute connaissance qui arrive à l'âme produit nécessairement dans l'entendement un sentiment d'estime ou de mépris, comme dans la volonté un sentiment d'amour ou de haine.

Le ridicule est donc la forme extérieure et sensible que la providence de la nature a attachée à tout ce qui est déraisonnable, pour nous en faire apercevoir, et nous obliger à le fuir. Pour connaître ce ridicule, il faut connaître la raison dont il signifie le défaut, et voir en quoi [99] elle consiste. Son caractère n'est autre, dans le fond, que la convenance, et sa marque sensible, la bienséance, c'est-à-dire le fameux *quod decet* des Anciens ; de sorte que la bienséance est, à l'égard de la convenance, ce que les platoniciens disent que la beauté est à l'égard de la bonté, c'est-à-dire qu'elle en est la fleur, le dehors, le corps et l'apparence extérieure ; que la bienséance est la raison apparente, et que la convenance est la raison essentielle. De là vient que ce qui sied bien est toujours fondé sur quelque raison de convenance, comme l'indécence sur quelque disconvenance, c'est-à-dire le ridicule sur quelque manque de raison. Or, si la disconvenance est l'essence du ridicule, il est aisé de voir pourquoi la galanterie de [I ij] [100] Panulphe paraît ridicule, et l'hypocrisie en général aussi ; car ce n'est qu'à cause que les actions secrètes des bigots ne conviennent pas à l'idée que leur dévote grimace et l'austérité de leurs discours a fait former d'eux au public.

Mais quand cela ne suffirait pas, la suite de la représentation met dans la dernière évidence ce que je dis ; car le mauvais effet que la galanterie de Panulphe y produit le fait paraître si fort et si clairement ridicule, que le spectateur le moins intelligent en demeure pleinement convaincu. La raison de cela est que, selon mon principe, nous estimons ridicule ce qui manque extrêmement de raison. Or, quand des moyens produisent une fin fort différente de celle pour quoi on [101] les emploie, nous supposons, avec juste sujet, qu'on en a fait le choix avec peu de raison, parce que nous avons cette prévention générale qu'il y a des voies partout, et que quand on manque[81] de réussir, c'est faute d'avoir choisi les bonnes. Ainsi, parce qu'on voit que Panulphe ne persuade pas sa dame, on conclut que les moyens dont il se sert ont une grande disconvenance avec sa fin, et par conséquent qu'il est ridicule de s'en servir.

Or non seulement la galanterie de Panulphe ne convient pas à sa mortification apparente et ne fait pas l'effet qu'il prétend, ce qui le rend ridicule, comme vous venez de voir ; mais cette galanterie est extrême, aussi bien que cette mortification, et fait le plus méchant effet qu'elle pouvait [I iij] [102] faire, ce qui le rend extrêmement ridicule, comme il était nécessaire pour en tirer le fruit que je prétends.

Vous me direz qu'il paraît bien, par tout ce que je viens de dire, que les raisonnements et les manières de Panulphe semblent ridicules, mais qu'il ne s'ensuit pas qu'elles le semblassent dans un autre, parce que, selon ce que j'ai établi, le ridicule étant quelque chose de relatif, puisque

---

81 *Manquer de* : échouer à.

c'est une espèce de disconvenance, la raison pourquoi ces
manières ne conviennent pas à Panulphe n'aurait pas lieu
dans un homme du monde qui ne serait point dévot de
profession comme lui, et par conséquent elles ne seraient
pas ridicules dans cet homme comme dans lui.

Je réponds à cela que l'excès de [103] ridicule que ces
manières ont dans Panulphe fait que, toutes les fois qu'elles
se présenteront au spectateur dans quelque autre occasion,
elles lui sembleront assurément ridicules, quoique peut-être
elles ne le seront pas tant dans cet autre sujet que dans
Panulphe. Mais c'est que l'âme, naturellement avide de
joie, se laisse ravir nécessairement à la première vue des
choses qu'elle a conçues une fois comme extrêmement ridicules, et qui lui rafraîchissent l'idée du plaisir très sensible
qu'elle a goûté cette première fois ; or, dans cet état, l'âme
n'est pas capable de faire la différence du sujet où elle voit
ces objets ridicules, avec celui où elle les a premièrement
vus. Je veux dire qu'une femme qui sera pressée par les
mêmes raisons que Pa[I iiij][104]nulphe emploie, ne peut
s'empêcher d'abord[82] de les trouver ridicules, et n'a garde
de faire réflexion sur la différence qu'il y a entre l'homme
qui lui parle et Panulphe, et de raisonner sur cette différence, comme il faudrait qu'elle fît, pour ne pas trouver
ces raisons aussi ridicules qu'elles lui ont semblé quand
elle les a vu proposer à Panulphe.

La raison de cela est que notre imagination, qui est le
réceptacle naturel du ridicule, selon sa manière ordinaire
d'agir en attache si fortement le caractère au matériel dans
quoi elle [le] voit, comme sont ici les paroles et les manières
de Panulphe, qu'en quelque autre lieu, quoique plus décent,
que nous trouvions ces mêmes manières, nous sommes

---

82 Aussitôt.

d'abord frap[105]pés d'un souvenir de cette première fois, si elle a fait une impression extraordinaire, lequel, se mêlant mal à propos avec l'occasion présente et partageant l'âme à force de plaisir qu'il lui donne, confond les deux occasions en une, et transporte dans la dernière tout ce qui nous a charmés et nous a donné de la joie dans la première : ce qui n'est autre que le ridicule de cette première.

Ceux qui ont étudié la nature de l'âme et le progrès de ses opérations morales ne s'étonneront pas de cette forme de procéder, si irrégulière dans le fond, et qu'elle prenne ainsi le change, et attribue de cette sorte à l'un ce qui ne convient qu'à l'autre. Mais enfin c'est une suite nécessaire de la violente et forte im[106]pression qu'elle a reçue une fois d'une chose, et de ce qu'elle ne reconnaît d'abord et ne juge les objets que par la première apparence de ressemblance qu'ils ont avec ce qu'elle a connu auparavant, et qui frappe d'abord les sens.

Cela est si vrai, et telle est la force de la prévention, que je croirais prouver suffisamment ce que je prétends, en vous faisant simplement remarquer que les raisonnements de Panulphe, qui sont les moyens qu'il emploie pour venir à son but, étant imprimés dans l'esprit de quiconque a vu cette pièce comme ridicules, ainsi que je l'ai prouvé, et par conséquent comme mauvais moyens, naturellement parlant, toute femme près de qui on voudra les employer après ce[107]la, les rendra inutiles en y résistant, par la seule prévention où cette pièce l'aura mise qu'ils sont inutiles en eux-mêmes.

Que si pourtant, malgré tout ce que je viens de dire, on veut que l'âme, après le premier mouvement qui lui fait embrasser avec empressement la plus légère image du ridicule, revienne à soi et fasse à la fin la différence des sujets, du moins m'avouerez-vous que ce retour ne se fait pas d'abord, qu'elle a besoin d'un temps considérable pour faire tout le chemin qu'il faut qu'elle fasse pour se désabuser de cette première impression, et qu'il est quelques instants où la vue d'un objet qui a paru extrêmement ridicule dans quelque autre lieu, le représente encore comme tel, quoique peut-être il ne le soit pas dans celui-ci

[108] Or ces premiers instants sont de grande considération dans ces matières, et font presque tout l'effet que ferait une extrême durée, parce qu'ils rompent toujours la chaîne de la passion et le cours de l'imagination, qui doit tenir l'âme attachée dès le commencement jusqu'au bout d'une entreprise amoureuse afin qu'elle réussisse, et parce que le sentiment du ridicule, étant le plus froid de tous, amortit et éteint absolument cette agréable émotion et cette douce et bénigne chaleur qui doit animer l'âme dans ces occasions. Que le sentiment du ridicule soit le plus froid de tous, il paraît bien, parce que c'est un pur jugement plaisant et enjoué d'une chose proposée. Or il n'est rien de plus sérieux que tout ce qui a quelque [109] teinture de passion ; donc il n'y a rien de plus opposé au sentiment passionné d'une joie amoureuse que le plaisir spirituel que donne le ridicule.

Si je cherchais matière à philosopher, je pourrais vous dire, pour achever de vous convaincre de l'importance des premiers instants en matière de ridicule, que l'extrême attachement de l'âme pour ce qui lui donne du plaisir, comme le ridicule des choses qu'elle voit, ne lui permet pas de raisonner pour se priver de ce plaisir, et par conséquent qu'elle a une répugnance naturelle à cesser de considérer comme ridicule ce qu'elle a une fois considéré comme tel. Et c'est peut-être pour cette raison que, comme il arrive souvent, nous ne saurions traiter sérieuse[K][110]ment de certaines choses, pour les avoir d'abord envisagées de quelque côté ou ridicule, ou seulement qui a rapport à

quelque idée de ridicule que nous avions, et qui nous l'a
rafraîchie. Combien donc, à plus forte raison, cette première impression fait-elle le même effet dans les occasions
aussi sérieuses que celles-ci ! Car, comme je viens de le
remarquer, il ne faut point dire que ce soient des affaires à
être traitées en riant, n'y ayant rien de plus sérieux que ces
sortes d'entreprises (ce que je veux bien répéter, parce qu'il
est[83] fort important pour mon but), et rien qui soit plus
tôt démonté par le moindre mélange de ridicule, comme
les experts le peuvent témoigner. Et tout cela parce que le
sentiment du ridicule est le plus choquant, le [111] plus
rebutant, et le plus odieux de tous les sentiments de l'âme.

Mais s'il est généralement désagréable, il l'est particulièrement pour un homme amoureux, qui est le cas de
notre question. Il est peu d'honnêtes gens qui ne soient
convaincus par expérience de cette vérité ; aussi est-il bien
aisé de la prouver. La raison en est que, comme il n'y a
rien qui nous plaise tant à voir en autrui qu'un sentiment
passionné, ce qui est peut-être le plus grand principe de la
véritable rhétorique, aussi n'y-a-t-il rien qui déplaise plus
que la froideur et l'apathie qui accompagne le sentiment
du ridicule, surtout dans une personne qu'on aime ; de
sorte qu'il est plus avantageux d'en être haï, parce que,
quelque passion qu'une femme ait pour [K ij] [112] vous,
elle est toujours favorable, étant toujours une marque que
vous êtes capable de la toucher, qu'elle vous estime, et
qu'elle est bien aise que vous l'aimiez ; au lieu que ne la
toucher point du tout, et lui être indifférent, à plus forte
raison lui paraître méprisable pour peu que ce soit, c'est
toujours être à son égard dans un néant le plus cruel du
monde, quand elle est tout au vôtre[84]. De sorte que, pour

---

83   Parce que cela est, c'est.
84   À votre égard.

peu qu'un homme ait de courage ou d'autre voie ouverte pour revenir à la liberté et à la raison, la moindre marque qu'il aura de paraître ridicule le guérira absolument, ou du moins le troublera, et le mettra en désordre, et par conséquent hors d'état de pousser une femme à bout pour cette fois, et elle de même en sû[113]reté quant à lui. Ce qui est le but de ma réflexion.

Mais non seulement quand l'impression première de ridicule qui se fait dans l'esprit d'une femme, lorsqu'elle voit les mêmes raisonnements de Panulphe dans la bouche d'un homme du monde, s'effacerait absolument dans la suite par la réflexion qu'elle ferait sur la différence qu'il y a de Panulphe à l'homme qui lui parle, non seulement, dis-je, quand cela arriverait, cette première impression ne laisserait pas de produire tout l'effet que je prétends, comme je l'ai prouvé ; mais il est même faux qu'elle puisse être effacée entièrement, parce que, outre que ces raisonnements paraissent ridicules, comme je l'ai fait voir, ils le sont en effet, et ont toujours réellement quelque de[K iij] [114]gré de ridicule dans la bouche de qui que ce soit, s'ils n'en ont pas partout un aussi grand que dans Panulphe. La raison de cela est que si le ridicule consiste dans quelque disconvenance, il s'ensuit que tout mensonge, déguisement, fourberie, dissimulation, toute apparence différente du fond, enfin toute contrariété[85] entre actions qui procèdent d'un même principe, est essentiellement ridicule. Or tous les galants qui se servent des mêmes persuasions que Panulphe sont en quelque degré dissimulés et hypocrites comme lui ; car il n'en est point qui voulût avouer en public les sentiments qu'il déclare en particulier à une femme qu'il veut perdre. Ce qu'il faudrait qui fût, pour qu'il fût vrai de dire que ses sentiments de tête-à-[115]tête n'ont aucune

---

85 *Contrariété* : contradiction.

disconvenance avec ceux dont il fait profession publique,
et par conséquent aucune indécence ni aucun ridicule ; et
le premier fondement de tout cela est ce que j'ai établi dès
l'entrée de cette réflexion, que la providence de la nature
a voulu que tout ce qui est méchant eût quelque degré
de ridicule, pour redresser nos voies par cette apparence
de défaut de raison, et pour piquer notre orgueil naturel
par le mépris qu'excite nécessairement ce défaut, quand
il est apparent comme il est par le ridicule. Et c'est de là
que vient l'extrême force du ridicule sur l'esprit humain,
comme de cette force procède l'effet que je prétends. Car
la connaissance du défaut de raison d'une chose que nous
donne [K iiii] [116] l'apparence de ridicule qui est en elle
nous fait la mésestimer nécessairement, parce que nous
croyons que la raison doit régler tout. Or ce mépris est
un sentiment relatif, de même que toute espèce d'orgueil,
c'est-à-dire qui consiste dans une comparaison de la chose
mésestimée avec nous, au désavantage de la personne dans
qui nous voyons cette chose, et à notre avantage. Car quand
nous voyons une action ridicule, la connaissance que nous
avons du ridicule de cette action nous élève au-dessus de
celui qui la fait, parce que, d'une part, personne n'agissant
irraisonnablement à son su, nous jugeons que l'homme qui
l'a faite ignore qu'elle soit déraisonnable et la croit raisonnable, donc qu'il est dans l'erreur et dans [117] l'ignorance,
que naturellement nous estimons des maux ; d'ailleurs,
par cela même que nous connaissons son erreur, par cela
même nous en sommes exempts ; donc nous sommes en
cela plus éclairés, plus parfaits, enfin plus que lui. Or cette
connaissance d'être plus qu'un autre est fort agréable à
la nature ; de là vient que le mépris qui enferme cette
connaissance est toujours accompagné de joie. Or cette joie
et ce mépris composent le mouvement qu'excite le ridicule

dans ceux qui le voient ; et comme ces deux sentiments sont fondés sur les deux plus anciennes et plus essentielles maladies du genre humain, l'orgueil et la complaisance dans les maux d'autrui, il n'est pas étrange que le sentiment du ridicule soit si [118] fort et qu'il ravisse l'âme comme il fait, elle qui se défiant, à bon droit, de sa propre excellence depuis le péché d'origine, cherche de tous côtés avec avidité de quoi la persuader aux autres et à soi-même par des comparaisons qui lui soient avantageuse, c'est-à-dire par la considération des défauts d'autrui.

Enfin il ne faut pas, pour dernière objection, qu'on me dise que tous les sentiments que j'attribue aux gens, et sur lesquels je fonde mon raisonnement dans tout ce discours, ne se sentent pas comme je les dis ; car ce n'est que dans les occasions qu'il paraît si on les a, ou non. Ce n'est pas qu'alors même on s'aperçoive de les avoir ; mais c'est seulement que l'on fait des actes qui supposent nécessairement qu'on [119] les a ; et c'est la manière d'agir naturelle et générale de notre âme, qui ne s'avoue jamais à soi-même la moitié de ses propres mouvements, qui marque rarement le chemin qu'elle fait, et qu'on ne pourrait point marquer aussi, si on ne le découvrait et si on ne le prouvait de cette sorte par la lumière et par la force du raisonnement.

Voilà, Monsieur, la preuve de ma réflexion ; ce n'est pas à moi à juger si elle est bonne, mais je sais bien que si elle l'est, l'importance en est sans doute extrême ; et s'il faut estimer les remèdes d'autant plus que les maladies sont incurables, vous m'avouerez que cette comédie est une excellente chose à cet égard, puisque tous les autres efforts qui se font contre la galanterie [120] sont absolument vains. En effet, les prédicateurs foudroient, les confesseurs exhortent, les pasteurs menacent, les bonnes âmes gémissent, les parents, les maris et les maîtres veillent sans cesse et font des efforts continuels aussi grands qu'inutiles, pour brider l'impétuosité du torrent d'impureté qui ravage la France ; et cependant, c'est être ridicule dans le monde que de ne s'y laisser pas entraîner ; et les uns ne font pas moins de gloire d'aimer l'incontinence[86], que les autres en font de la reprendre. Le désordre ne procède d'autre cause que de l'opinion impie où la plupart des gens du monde sont aujourd'hui que ce péché est moralement indiffèrent, et que c'est un point où la religion contrarie directement la raison naturelle. Or [121] pouvait-on combattre cette opinion perverse plus fortement, qu'en découvrant la turpitude naturelle de ces bas attachements et faisant voir par les seules lumières de la nature, comme dans cette comédie, que non seulement cette passion est criminelle, injuste et déraisonnable, mais même qu'elle l'est extrêmement, puisque c'est jusques à en paraître ridicule ? Voilà, Monsieur, quels sont les dangereux effets qu'il y avait juste sujet d'appréhender que la représentation de *L'Imposteur* ne produisît. Je n'en dirai pas davantage, la chose parle d'elle-même.

Je rends apparemment un très mauvais service à Molière par cette réflexion, quoique ce ne soit pas mon dessein, parce que je lui fais des ennemis d'autant de [L] [122] galants qu'il y en a dans Paris, qui ne sont pas peut-être les personnes les moins éclairées ni les moins puissantes. Mais qu'il ne s'en prenne qu'à lui-même. Cela ne lui arriverait pas, si, suivant les pas des premiers comiques et des modernes qui l'ont précédé, il exerçait sur son théâtre une censure impudente, indiscrète et mal réglée, sans aucun soin des mœurs, au lieu de négliger, comme il a fait, en faveur de la vertu et de la vérité, toutes les lois de la coutume et de l'usage du beau monde, et d'attaquer ses plus chères maximes et ses

---

86 *Incontinence* : manque de retenue dans les plaisir sexuels.

franchises les plus privilégiées, jusque dans leurs derniers retranchements[87].

Voilà, Monsieur, ce que vous avez souhaité de moi. Gardez-vous bien de croire, pour tout que je viens de dire, que je m'inté[123]resse[88] en aucun manière dans l'histoire que je vous ai contée, et de pendre pour l'effet de quelque opinion préméditée l'effort que j'ai fait pour vous plaire. Je parle sur les suppositions que je forge, et seulement pour me donner matière de vous entretenir plus longtemps, comme je sais que vous le voulez. À cela près, peu m'importe qui que ce soit qui ait raison ; car quoique cette affaire me paraisse peut-être assez de conséquence, j'en vois tant d'autres de cette sorte aujourd'hui, qui sont ou traitées de bagatelles ou réglées par des principes tout autres qu'il faudrait, que n'étant pas assez fort pour résister aux mauvais exemples du siècle, je m'accoutume insensiblement, Dieu merci, à rire de tout comme les autres, et à ne regarder toutes les [L ij] [124] choses qui se passent dans le monde que comme les diverses scènes de la grande comédie qui se joue sur la terre entre les hommes. Je suis,

MONSIEUR,

Votre, *etc.*

Le 20 août 1667.

---

87   La phrase, avec une légère ironie, est toute à la louange de Molière et de son originalité.

88   *S'intéresser*, c'est prendre parti. L'auteur de la *Lettre* se veut détaché, impartial, sans préjugé.

INDEX NOMINUM[1]

---

1   Les critiques contemporains sont distingués par le bas-de-casse.

INDEX DES PIÈCES DE THÉÂTRE

TABLE DES MATIÈRES

TARTUFFE,
OU L'IMPOSTEUR